Gert Prokop

Wer stiehlt schon Unterschenkel?

Gert Prokop

Wer stiehlt schon Unterschenkel?

Kriminalgeschichten
aus dem
21. Jahrhundert

·NB·

Verlag Das Neue Berlin

Timothy Truckle

Sagen Sie ruhig: Alles gelogen. Wahrscheinlich würde ich es auch nicht glauben, wäre ich nicht selbst in der Alten Welt gewesen und hätte Timothy Truckle dort kennengelernt.

Ich saß in der „Stardust"-Bar im 1112. Stockwerk des „Nebraska", einem der sechs Skyscraper von Chicago, und genoß den zweigefärbten Himmel. Wenn ich mich nach links drehte, sah ich hinter der Panoramascheibe den sternübersäten Nachthimmel, über den die TELEXOM-Satelliten ihre Bahnen zogen. Der Mond zeigte nur eine schmale Sichel, so daß der rote Fleck im Meer der Tränen, wo vor zehn Jahren LUNIK 571 explodiert war, im Schatten lag und der Trabant wie der gute alte Silbermond aussah, von dem jahrtausendelang die Backfische geschwärmt und Generationen von Dichtern gezehrt haben. Drehte ich mich aber nach rechts, konnte ich die Abendsonne beobachten.

Ich habe mich in diese Stunde zwischen Tag und Nacht verliebt, und ich muß gestehen, daß ich mich oft nach der „Stardust"-Bar zurücksehne, ja, daß ich wieder in die Staaten fahren würde, nur um diesen Augenblick noch einmal zu erleben. Wo kann man heute Sonne und Mond zugleich erblicken, seit Flugzeuge und Raumgleiter keine Fenster mehr haben? Die Tage, an denen die Wolkendecke aufreißt und man vom Erdboden aus wenigstens einen der beiden sehen kann, sind selten genug, und wer einmal den zweifarbenen Himmel gesehen hat, empfindet mit Wehmut, wie unvollkommen das Video trotz aller technischen Perfektion bleibt.

Ich weiß natürlich, warum wir keine Hochhäuser bauen, die über die Wolken ragen, ich akzeptiere die Gründe, sie sind logisch und unanfechtbar, und doch habe ich Sehnsucht nach dieser Stunde, in der Sonne und Mond sich begegnen – ich bin halt ein unverbesserlicher Lyromantiker. Aber hätte ich sonst die Einreise in die USA bekommen? So seltsam es anmuten mag, ein Band Lyrik ist eine der wenigen Chancen, in die Alte Welt zu gelangen, seit Gedichte dort die einzige geduldete Literatur darstellen. Keiner meiner Romane, nicht einmal die Reportagen vom Saturn hätten mir ein Visum verschaffen können, doch das schmale Bändchen „Liebesgedichte aus dem Kosmos“ bescherte mir eine Einladung von der Chicagoer Akademie, die sich als „Heimstätte der Weltlyrik“ versteht.

So reiste ich in die UNITED STATES oder, wie man sie dort zumeist nennt, die NIGHTED STATES, eine mir bis dahin unbekannte Ableitung von night – Nacht, die man wohl am treffendsten mit umnachtet übersetzt. Wie diese Verballhornung entstanden ist, habe ich nicht herausfinden können. Die einen sagten, sie sei nach dem Abfall der südlichen Staaten aufgekommen, als Spötter meinten, nun könne man nicht mehr von Vereinigten Staaten sprechen, und das U von United wegließen; andere erklärten es so, daß die Gegensätze im Land derart groß geworden seien, daß nichts sie mehr vereinen könne; sehr einleuchtend erscheint mir die Version, daß der Ursprung des Wortspiels in der Gleichsetzung der USA mit der übermächtigen Geheimpolizei NSA, der National Security Agency, liegt.

Dem Programm nach hätte ich jenen Abend eigentlich auf einem Kolloquium über die Geschichte des Automobils verbringen sollen, doch die Einladung war – wie so viele andere auch – kurzfristig und ohne Angabe von Gründen zurückgezogen worden. Da ich keine Lust hatte, schon wieder ins Lichttheater zu gehen oder in meinem Appartement vor dem Videomat zu hocken, war ich in die Bar hinaufgefahren und hoffte, es würde sich vielleicht ein Gesprächspartner finden.

Der Barkeeper merkte natürlich sofort, daß ich kein Staatler war, und zeigte sich weder an einem Gespräch über Lyrik noch an Informationen aus der Welt interessiert; wahrscheinlich hatte er Angst, daß man ihn vor das „Komitee für unpatriotisches Verhalten“ zitieren und er am Ende seine Arbeit verlieren würde.

Er mixte mir einen Drink und stellte sich demonstrativ an das andere Ende des langen Tresens und putzte Gläser; er putzte sie tatsächlich mit der Hand, eine der Besonderheiten der „Stardust“-Bar.

Je näher der Augenblick des Sonnenuntergangs rückte, desto mehr füllte sich die Bar, bald waren alle Hocker am Tresen besetzt, nur die Plätze neben meinem Sitz blieben leer. Der Barkeeper zog jedesmal die Augenbrauen in die Höhe, wenn jemand sich nichtsahnend neben mich setzen wollte. Ich überlegte gerade, ob ich die Hoffnung auf ein Gespräch begraben und nur den Sonnenuntergang abwarten oder ob ich mir noch einen zweiten Drink leisten sollte – die Preise in der „Stardust"-Bar sind ihrer exquisiten Höhenlage angepaßt, und ich hatte ohnehin Schwierigkeiten, mit meinen Dollars auszukommen, denn ein paar Wochen sind viel zuwenig, sich an Geld zu gewöhnen –, da kam Timothy Truckle.

Ein Raunen ging durch den Raum, es galt einer langbeinigen Schönheit, dem Star einer Videoshow, die damals das Tagesgespräch von Chicago war. Das Mädchen interessierte mich nicht, ich hatte sie bereits auf dem Bildschirm erlebt und alles von ihr gesehen, was es an einem Mädchen zu sehen gibt. Ich fand, daß sie, wie die meisten Frauen, angezogen hübscher aussah. Ich beobachtete Tom, den schwarzen Liftboy, einen Hünen von mindestens zwei Meter vierzig, auch eine der Sehenswürdigkeiten der Bar, nicht weil er so ein Riese, sondern weil er ein Neger war und, wie man mir versicherte, der einzige Farbige in der Stadt, der einen derartigen Posten bekleidete. In den anderen Lifts zur Bar arbeiteten lupenreine Weiße, engagementslose Schauspieler, die von Berufs wegen die Manieren der alten Zeit kennen, denn es war Mode, sich nach dem Geschmack des 19. Jahrhunderts einzurichten. Der Lift, den Tom bediente, sollte sogar ein Original aus dem Edison-Museum sein, und er sah wirklich echt aus: mausgraue Seidentapeten mit rosa und gold gestickten Mustern, Papageien und Kolibris in kunstvoll verschlungenen Blätterranken, dazu geschliffene gläserne Spiegel und Messingleisten; ja, Sie haben richtig gelesen, Messing.

Ich hätte gern ein Interview mit dem schwarzen Riesen gemacht, aber ich wußte, es war zwecklos, das zu versuchen. Niemand würde sich auf ein Interview mit einem Nichtstaatler einlassen, schon gar nicht ein Farbiger, der nachts in einem weißen Distrikt arbeiten durfte. Tom hielt die Tür des Lifts auf, als wartete er, daß jemand einsteige, dann aber stieg noch jemand aus, ging, nein, schritt auf den Bartresen zu, jeder Zentimeter ein König, ein winziger, er maß höchstens anderthalb Meter.

„Hallo, Melvin", begrüßte er den Barkeeper.

„Hallo, Mister Tiny“, erwiderte der flüsternd und hob warnend seine Augenbrauen.

Tiny reagierte nicht. Er legte beide Hände auf den Hocker neben mir und verlangte gebieterisch: „Count down!“ Der Barkeeper gab seine Grimassen auf, drückte einen Knopf und ließ den Sitz zu Boden gleiten.

Tiny setzte sich in Positur und begann zu zählen. „Zehn, neun, acht . . .“, seine Stimme war überraschend tief, „. . . zwei, eins, zero.“ Der Hocker schob sich in die Höhe, bis Tiny beide Ellenbogen auf den Tresen legen konnte. Er bestellte Whisky, dann sah er mich an.

„Ich bin Timothy Truckle, aber alle sagen Tiny* zu mir. Und Sie sind – lassen Sie mich überlegen –, Sie sind einer von DRAUSSEN.“

Er benutzte nicht das übliche „Outlar“, das von Amts wegen eingeführt war, wohl um an „Outlaws“, an Geächtete, an Verbrecher zu erinnern, sondern sagte „Outdoors“, was nicht nur mit DRAUSSEN, sondern auch mit „im Freien“ übersetzt werden kann.

„Sie sind der Mann, der über die Saturn-Expedition geschrieben hat, stimmt's?“

„Stimmt.“ Ich stellte mich vor.

„Angenehm.“ Er schmunzelte.

„Sie sind mutig“, sagte ich. „Bisher hat sich noch niemand getraut, mit mir zu sprechen, es sei denn, er hatte einen offiziellen Auftrag dazu.“

Seine Antwort war ein Wortspiel mit der Doppeldeutigkeit seines Namens: „I'm just a truckle, but I don't like to truckle. – Ich bin nur ein Rädchen, aber ich mag nicht zu Kreuz kriechen.“

Er sah mich aufmerksam an, ob ich es verstanden hätte, und ich antwortete mit einem Wortspiel: „Die Geschichte ist voller kleiner Männer, die große Männer waren – Hannibal, Napoleon, van Meeren, Ulubi.“

„Vor allem Napoleon!“ Er kicherte. „Melvin, geben Sie dem Mann einen Whisky. Auf meine Rechnung.“ Er sah mir in die Augen. „Ich liebe Whisky. Und den Sonnenuntergang. Ich bin überaus konservativ. Privat. In meinem Job benutze ich die modernste Technik.“

---

* tiny = winzig

Während er den Sonnenuntergang beobachtete, überlegte ich, was für einen Job Timothy Truckle haben könnte.

„Sie erraten es doch nicht", sagte er plötzlich. „Ich bin Detektiv, wenn Sie wissen, was das ist." Er amüsierte sich über meine Verblüffung und bestellte noch ein zweites Mal Whisky für uns.

So begann meine Bekanntschaft mit Timothy Truckle, bei einem halben Dutzend Whiskys in der Bar und zwei weiteren Dutzend in seinem Appartement, zwischendurch servierte er Mokka und rabenschwarzen Tee; ich glaube, Timothy hatte Angst, daß ich mich betrinken und dann Unsinn verzapfen könnte. Ich mußte unentwegt erzählen, dafür versprach er mir einen zweiten Abend, an dem ich ihn ausquetschen könne. Die Saturn-Expedition interessierte ihn nicht sonderlich, er fragte nach hunderttausend zum Teil alltäglichen, ja banalen Kleinigkeiten des Lebens bei uns.

Wir trafen uns tatsächlich am nächsten Abend und danach jeden Tag, und ich war nicht böse, daß sich meine Abreise verschob, weil die Juni-Maschine sich verspätete. (Ich wurde allerdings unruhig, als es hieß, sie fiele vielleicht ganz aus, und ich befürchten mußte, bis zum September in der Alten Welt bleiben zu müssen, den ganzen, entsetzlichen Staatensommer hindurch mit seinen Smogwochen, Orkanen und Staubregen.) Ich schützte eine Stirnhöhlenreizung vor, um mich von allen Abendterminen drücken zu können, und ich bin sicher, meine Programmgestalter waren nicht traurig darüber.

Während der abendlichen „rush-hour", der Stunde des größten Verkehrsandrangs, in der es selbst in einem so exklusiven Haus wie dem „Nebraska" zu chaotischen Zuständen kommt, begab ich mich in Timothys Appartement und blieb bis zum Morgenansturm; ein Glück, daß ich im Kosmostraining gelernt hatte, mit Mikroschlaf zu leben.

Timothy bewohnte ein Appartement der Preisstufe Super in der 827. Etage, die zwar noch unter den Wolken, aber über dem Smog lag und sogar ein Außenfenster besaß. Die für dortige Verhältnisse riesige Wohnung war mit niedrigen, Timothys Größe angepaßten Möbeln eingerichtet, einer interessanten Mischung aus modernstem Komfort und alten, mit Sicherheit echten, größtenteils hölzernen Möbeln; schon an der Wohnungstür hing neben dem Communicator-Taps eine alte Klingel, ein Löwenkopf aus Messing.

Der größte Raum war das Arbeitszimmer, trotzdem wirkte es klein, denn es wurde fast ganz von Timothys Computer Napoleon eingenommen, ein recht veraltet anmutendes Gerät, das mir von Tag zu Tag mehr den Eindruck machte, als sei sein schmuckloses, schon stumpf gewordenes und verschrammtes Chassis eine Potemkinsche Fassade, hinter der sich ein ungewöhnlich leistungsfähiges Elektronengehirn verbarg. Einmal versprach sich Timothy und nannte Napoleon „frisiert"; ich erinnerte mich an einen Videostreifen, in dem ich diesen Ausdruck schon einmal gehört hatte, es ging dort um einen Fanclub, dessen Mitglieder Automobile nachgebaut, aber mit Hubjet ausgerüstet hatten.

Das Bad war auch für unsere Verhältnisse verschwenderisch groß und perfekt eingerichtet. Außerdem leistete sich Timothy statt des sonst üblichen Restaumaten den Luxus einer Küche, und wenn sie auch nicht so gut ausgerüstet war wie die unserer Gourmetows, so will ich doch gerne glauben, daß Timothy Truckle, von einigen Bigbossen abgesehen, die beste Küche von Chicago besaß. Seine Sammlung von Kochbüchern aus allen Zeiten und Nationen war sehenswert, und das Essen, das er in diesen Tagen bereitete, hätte jedem Champion zur Ehre gereicht. Das Prunkstück des Appartements aber war ohne Zweifel ein kleiner, schmuckloser Raum, den Timothy Mausoleum nannte, ein schalltotes, abhörsicheres Gemach, in dem wir die meiste Zeit zubrachten.

Ich habe nur wenige Wohnungen in den Staaten betreten dürfen, aber es ist offenkundig, daß Timothys Appartement einen Luxus darstellte, wie ihn sich nur die „oberen Zehntausend" leisten können. Das soll eine alte Redewendung sein, kann aber jetzt, da es zum allgemeinen Wunschtraum und Statussymbol geworden ist, oberhalb der Smogschicht zu leben, wörtlich genommen werden.

Timothy bestritt, daß er zur Upperclass zähle, er müsse sich durch Arbeit ernähren, wenn auch durch gutbezahlte; er war der teuerste Detektiv der Staaten, wie ich von anderen erfuhr.

Ich fragte ihn, wie er darauf gekommen sei, Detektiv zu werden.

„Das war Daddys Idee", antwortete er. Ich bin nicht sicher, ob er wirklich seinen Vater meinte, denn als ich ihn fragend ansah, grinste er.

„Ich war sofort begeistert", erklärte er, „ich erinnerte mich an den Helden eines Comic strips aus meiner Kindheit, einen Detektiv, der so klein war, daß er nie auffiel. Aber was glauben Sie, wie sehr man auffällt, wenn man so klein ist wie ich! Als Junge träumte ich davon, Astronaut zu werden, und weil schon damals abzusehen war, daß ich winzig bleiben würde, rechnete ich mir große Chancen aus. Doch bevor ich soweit war, setzte die Isolation ein, und wir hatten keine Raumfahrt mehr. Dann wurden die Gesetze über die Annulierung minderwertigen Nachwuchses verabschiedet. Niemand wollte noch jemanden einstellen, der nach den neuen Gesetzen gar nicht hätte am Leben bleiben dürfen. Da saß ich nun mit vier Diplomen und zwei Doktorhüten. Sollte ich Spike-Jockei werden oder mich als Abnormität im Zirkus zur Schau stellen? So wurde ich Detektiv. Aber, wer weiß, ohne die verschwundenen Eisberge . . ."

Wir hier DRAUSSEN vergessen zu leicht, welch ein Problem Trinkwasser ist. Ohne die Zuteilung von Eisbergen wären die USA nicht in der Lage, auch nur ihren dringendsten Bedarf an Wasser zu decken.

Man kann sich die Aufregung vorstellen, als plötzlich Eisberge auf ihrem Weg zwischen Atlantikküste und Eriesee verschwanden, obwohl der eigens zu diesem Zweck angelegte Kanal von keinem Schiff befahren werden darf und Kilometer für Kilometer mit Elektronenaugen gesichert ist. Auch daß man die Eisberge von Flugzeugen begleiten ließ und alle paar Minuten fotografisch kontrollierte, half nichts – immer wieder verschwand ein Eisberg spurlos, als hätte er sich in Sekundenschnelle in Luft aufgelöst.

Die Erklärung, die Timothy Truckle dafür fand, war so simpel, daß die eine Hälfte Amerikas über die Unfähigkeit von NSA und FBI, Polizei und Militär lachte, während die andere zutiefst bestürzt war; Timothy hatte das Vertrauen in die Allmacht der Technik in den Grundfesten erschüttert.

Er hatte etwas getan, was jeder andere für total verrückt gehalten hätte: Er war selbst an den Eisbergkanal gefahren und hatte sich an Ort und Stelle durch Augenschein überzeugt, was los war, hatte in lebensgefährlichen, halsbrecherischen Scooterfahrten zwei Eisberge begleitet und war selbst vor den Müll- und Schlammwüsten nicht zurückgeschreckt. Plötzlich sah er, wie der Eisberg in einen Felshangar gelotst wurde; hier wurden die Berge aufgetaut und per Pipeline abtransportiert, von wem, wurde nie veröffentlicht. Für die elektronische Überwachung hatten die Wasserdiebe einen fliegenden Videoschirm eingesetzt, der den Eisberg scheinbar noch ein paar hundert Kilometer weiterschwimmen ließ, wo dann natürlich keine Spuren entdeckt werden konnten.

Diese Fahrt kostete Timothy fast das Leben. Sein Skaphander hatte nicht annähernd gehalten, was in der Garantieerklärung versprochen worden war, ein drittes Mal hätte Timothy die Strahlungen der Müllwüsten nicht überlebt; er lag fast ein halbes Jahr im Krankenhaus und mußte sich ein Dutzend Geschwülste aus Armen und Beinen schneiden lassen.

Sein Erfolg machte ihn mit einem Schlag berühmt und wohlhabend: Außer einem lebenslangen Abonnement für alle Wassersorten der Staaten erhielt Timothy eine Erfolgsprämie, von der er das Appartement im „Nebraska“ erwerben und Napoleon anzahlen konnte. Noch wichtiger für ihn aber war die Genehmigung für das Mausoleum, das ihm erst die Voraussetzung bot, zum gefragten Detektiv der Upperclass aufsteigen zu können; welcher Bigboss will sich schon einem Privatdetektiv anvertrauen, wenn er nicht absolut sicher ist, daß wirklich kein Dritter zuhören kann!

So konnte die staatliche Überwachung auch nicht hören, was Timothy mir berichtete. Manchmal wunderte ich mich, wie offen er mit mir sprach; er verließ sich wohl auf seine Menschenkenntnis, die schließlich eines der Geheimnisse seines Erfolges ist. Ich schätze mich glücklich, daß Timothy Vertrauen zu mir faßte. Sonst hätte ich ihn, den ich für einen der bemerkenswertesten Charaktere der Erde halte, nie kennengelernt und hätte wohl nie von seinen, in diesem Buch zum erstenmal veröffentlichten Kriminalfällen erfahren, die Sie, liebe Leser, so unglaublich sie Ihnen auch erscheinen mögen, getrost glauben dürfen, denn Timothy Truckle verabscheut nichts mehr als Lügen. Höchstens noch gepanschten Whisky.

Wer stiehlt schon Unterschenkel?

1.

Der Communicator leuchtete, als Timothy aus dem Bad kam.

Timothy zögerte, er hatte die Haare bereits entfärbt und den Abendmantel übergeworfen, einen graublauen Seidenmantel, dessen zarte Stickereien ihn als ein Tschengli-Original auswiesen. Er kuppelte den Bildgeber aus und gab den Communicator frei.

„Hallo, Tiny, sind Sie da? Ich kann nichts sehen!" Paddingtons unverwechselbare Stimme quäkte aus dem Lautsprecher; der Professor hatte als junger Mann seinen Kehlkopf bei einem Selbstversuch für ein Krebsmittel eingebüßt.

„Hallo, Edward! Mein Bildgeber scheint wieder mal zu streiken. Ich sehe Sie gut."

Timothy kannte den Professor nur als einen kühlen, von unerbittlicher Logik kontrollierten Denker, den nichts aus der Ruhe bringen konnte. Jetzt schwitzte Paddington. Das nervös zuckende Gesicht und eine in die Stirn pendelnde Haarsträhne standen in krassem Gegensatz zu der steifen Eleganz des hohen Kragens und der perlengeschmückten elisabethanischen Schleife, die Paddington trug, um seinen künstlichen Kehlkopf zu verbergen.

„Kommen Sie so schnell wie möglich", bat er. „Sie müssen mir helfen."

„Es ist fast Mitternacht, Edward!"

„In der Klinik ist eingebrochen worden, bereits zum drittenmal."

Timothy schluckte die aufwallende Wut hinunter. Es gelang ihm, nur verwundert zu tun. „Da rufen Sie mich?"

„Es ist kein gewöhnlicher Einbruch, Tiny, im Gegenteil, etwas für Sie. Hier in der Klinik –"

„Hören Sie, Edward", unterbrach Timothy, „ich verlasse das ‚Nebraska' seit Jahren kaum noch – und schon gar nicht nachts."

„Bitte!“ Paddington sah so verloren aus, daß Timothy ihn trösten mußte.

„Gut, erzählen Sie.“

„Nicht am Apparat. Ich habe Angst. Es ist alles so unheimlich.“

Timothy überlegte. „Erinnern Sie sich, daß Sie mir vor einem Jahr Material über die Periodation durchgaben? Glauben Sie, daß Sie die Frequenz noch irgendwo haben?“

Paddington nickte eifrig. „Ich spreche gleich das Wichtigste auf Kristall.“

Timothy fuhr einen Sessel vor den Communicator und stellte die Frequenz ein. Kurz darauf zeigte ein bläuliches Glühen, daß der Professor sendete.

Timothy konnte sich zwar nicht vorstellen, was an einem Einbruch in eine Klinik der PUBLIC HEALTHFARE geheimnisvoll sein sollte, aber was es auch war, diese Frequenz konnte niemand entziffern, außer dem Zentralcomputer der Regierung natürlich, der diese Codefrequenz genehmigt hatte. Selbst die Spezialisten der Konzerne hätten eine Weile zu knabbern, ehe sie herausbekämen, welche Phasenverschiebung Timothy benutzte. Falls sie überhaupt auf die Idee kamen, daß jemand im Zeitalter der Superkurzwellen noch nach dem guten alten Prinzip des Herrn Morse arbeitete.

Natürlich verfügte Timothy auch über einen modernen Frequenzmodulator; ja, wenn jemand das Handwaschbecken im Mausoleum auseinandernehmen würde, das selbst ein Fachmann kaum von einem original Meißner Porzellanbecken aus dem 19. Jahrhundert unterscheiden konnte, er hätte in den isolierenden Porzellanschichten eigenartig verschlungene Muster einer elektronischen Schaltung gefunden und im Knie des Abflußrohres einen Quaserkopf – vorausgesetzt, der eingebaute Nihilator hätte versagt und nicht die ganze Anlage in die Luft gesprengt.

Doch davon wußten nur Timothy und der Große Bruder, selbst die NSA hatte keine Ahnung, daß es gelungen war, über den Quaserschwingquarz Gespräche zu übertragen.

Ein leiser Gongschlag meldete das Ende der Übertragung. Der Professor erschien auf dem Bildschirm.

„Ich höre es mir jetzt an“, sagte Timothy, „und melde mich dann wieder.“

„Ich möchte lieber warten.“

„Wo sind Ihre Gedanken, Edward?“ Timothy schüttelte den Kopf.

„Wenn ich mir die Aufzeichnungen vor eingeschaltetem Apparat anhöre, hätten Sie es mir gleich unverschlüsselt mitteilen können.“

Paddington wurde rot wie ein Mädchen bei seinem ersten Pornotrip. „Natürlich! Entschuldigen Sie, ich bin völlig durcheinander.“

Timothy schaltete sich aus und ließ seinen Sessel in das Mausoleum gleiten.

„Es ist jetzt schon der dritte Fall“, hörte er Paddingtons Stimme. „Der erste Diebstahl geschah am vorigen Sonnabend, und es war purer Zufall, daß ich ihn entdeckte, der zweite am Montag, der dritte heute. Es gibt keine Spuren für einen Einbruch, und die Polizei hält es für einen Studentenulk, aber ich weiß, was ich sage: Es ist Diebstahl. Was wäre das für ein Ulk, den man erst nach Wochen entdeckt! Andererseits, wer stiehlt schon Unterschenkel?

Das Verrückteste an der Sache: Das am Sonnabend verschwundene Exemplar war am Montag wieder da, dafür verschwand ein anderer Schenkel. Der befand sich heute früh wieder an seinem Platz, nun fehlt ein dritter. Und gerade den wollten wir übermorgen transplantieren. Bei Lionell McCall. Sie haben wahrscheinlich von seinem Unfall gehört. Wir waren so glücklich, daß der Zufall uns McCall als Patienten bescherte. Es könnte uns sehr helfen, wenn er zufrieden ist. Wo soll ich so schnell ein neues Bein hernehmen? Männerschenkel dieser Größe sind denkbar knapp. Bitte, kommen Sie und sehen sich alles an. Morgen früh ist die Klinik voller Leute.“

Timothy fuhr in den Arbeitsraum zurück. Der Professor hockte ungeduldig vor seinem Gerät.

„Nun, was ist, Tiny?“

„Ich komme jetzt auf keinen Fall. Aber die Sache interessiert mich. Keine Spuren, sagten Sie? Wer hat untersucht?“

„Inspektor Hopkins.“

„Hopkins ist gut. Wenn er nichts findet, dann gibt es auch keine Spuren. Rufen Sie ihn an, und lassen Sie ihn weiter untersuchen. Und besuchen Sie mich morgen. Gute Nacht.“

2.

Timothy bat den Professor in den Arbeitsraum.

„Im Wohnzimmer wäre es gemütlicher", sagte er, „aber ich habe noch nicht aufgeräumt. Es ist einfach zu früh."

Paddington überhörte den Vorwurf. Er musterte die Einrichtung.

„Ich hatte es mir viel größer vorgestellt", sagte er. „Ihr berühmter Napoleon befindet sich woanders, ja?"

„Sie stehen direkt vor ihm. Darf ich vorstellen: Napoleon – Professor Paddington."

Paddington betrachtete verwirrt Napoleons stumpfgrauen Bauch, trat einen Schritt zurück, ging zur Seite, um Napoleons Tiefe zu begutachten, dann blickte er Timothy mißtrauisch an. „Er sieht nicht gerade sehr leistungsfähig aus."

Timothy schmunzelte vergnügt. „Sie sind nicht der erste, der darauf hereinfällt, Edward. Die meisten lasse ich in ihrem Irrtum, aber Ihnen will ich die Wahrheit verraten. Napoleon ist ziemlich betagt, aber erstaunlich leistungsfähig; er bringt siebzehn Megadat."

„Siebzehn? Dieser Zwerg? Unser Computer hat vier Megadat und nimmt fast einen Saal ein!"

„Der gute alte Napoleon stammt noch aus der Zeit der Minimisierung", erklärte Timothy. „Er repräsentiert nicht einmal das kleinste Modell seiner Leistungsgruppe. Es soll Computer mit über zwanzig Megadat gegeben haben, die noch nicht einmal halb so groß waren. Überrascht? Sie fragen sich jetzt, warum man heute nicht mehr so niedliche Computer baut, nicht wahr? Weil das Metall knapp geworden ist."

„Das ist doch absurd, Tiny. Gerade weil das Metall immer knapper wird, muß man bestrebt sein, sowenig wie möglich davon zu verbrauchen."

„Im Gegenteil, Edward! Gerade weil Metall immer knapper, also immer teurer wird, ist man bestrebt, immer mehr davon zu verwenden. So absurd ist die Welt, zumindest unsere. Wie schwer ist Ihr Computer etwa, dreißig Tonnen? Nehmen wir einmal an, er hätte nur fünfundzwanzig Tonnen Übergewicht, das ergäbe allein durch den Metallpreis einen Profit von – nun, Napoleon?"

Napoleons Geber spuckte einen kurzen Streifen aus: + + ca. 4750,00 % + n. + + +

„Ich wollte es eigentlich in Dollar wissen“, maulte Timothy.

„Und wir können nur einen Bruchteil der möglichen Untersuchungen durchführen, weil wir uns keinen größeren Computer leisten können“, stöhnte Paddington. „Aber sprechen kann Ihr Napoleon noch nicht.“

„Im Prinzip schon“, erwiderte Timothy. „Darf ich Ihnen etwas zu trinken anbieten?“

„Einen Schluck Wasser vielleicht?“

„Arktis, Missouri, Delaware, Chippewa . . .?“

„Es scheint Ihnen ja blendend zu gehen, Tiny!“

„Im Moment kann ich nicht klagen. Das Wasser bekomme ich allerdings umsonst.“

Paddington blickte mißtrauisch, doch Timothy gab keine weitere Erklärung. Er holte eine Dose Arktis-Wasser, riß den Verschluß auf und stellte dem Professor ein Glas hin; mit dem Eingießen mußte er warten. Paddington drehte das Glas zwischen den Fingerspitzen und betrachtete das eingeschliffene Muster.

„Richtiges Glas! Tiny, Sie sind ein Snob.“

„Warum sind Sie eigentlich sicher, daß es sich um Diebstähle und nicht um dumme Streiche handelt?“ fragte Timothy. „Vielleicht ist auch das dritte Bein wieder da, wenn Sie nachher in die Klinik kommen.“

„So ein Transplantat ist ein äußerst kompliziertes Ding“, erläuterte Paddington. „Es wird einem Gefrierschock ausgesetzt, dann lagern wir es bei minus achtzig Grad. Wenn es aus dem Freezer genommen wird, muß es sofort an ein transportables System angeschlossen werden, sonst treten Gewebeveränderungen auf, vor allem in den Nervenbahnen, und machen es wertlos. Ich war heute nacht nicht untätig, Tiny. Ich habe die beiden zurückgebrachten Transplantate noch einmal gründlich untersucht: Wer auch immer sie sich ausgeborgt hatte, er hat sie ordnungsgemäß behandelt.“

„Vielleicht hatten Ihre Eisbeine die Klinik überhaupt nicht verlassen, sondern wurden nur an einem anderen Ort aufbewahrt?“

„Nein. Wir kühlen immer noch mit Ammoniaklösungen. Wir sind ein öffentliches Institut und haben nicht die Mittel, uns die neuesten Apparaturen zu leisten. Die Transplantate sind in der Zwischenzeit aber mit Labinol gekühlt worden.“

„Und wer benutzt Labinol?“

„Die Regierungskrankenhäuser und einige der Trustkliniken. Doch warum sollten die Unterschenkel stehlen lassen? Sie brauchten uns nur anzurufen."

„Und dann würden Sie das gesuchte Ersatzteil abgeben?"

„Selbstverständlich. Einmal fühlen wir uns durch den ärztlichen Eid verpflichtet, jedermann zu helfen; zum anderen gibt es ein Gesetz, nach dem wir die kommerziellen Kliniken beliefern müssen. Bei uns fällt doch unvergleichlich mehr Material an. Welcher Reiche käme schon auf die Idee, seinen Leichnam für die Entnahme von Ersatzteilen herzugeben? Bei uns aber sterben arme Leute, und viele versuchen, ihren Familien noch etwas zukommen zu lassen, indem sie ihren Körper für Transplantate zur Verfügung stellen." Professor Paddington seufzte. „Wenn Sie wüßten, wie viele, Tiny! Und nicht nur Sterbende."

„Wurde etwas an den Unterschenkeln verändert?"

„Nichts. Wir haben sie so zurückbekommen, wie sie gestohlen wurden."

„Ich meine, ob Sie etwas änderten, wodurch die Transplantate vielleicht an Wert gewannen. Sind es außergewöhnliche oder seltene Typen?"

„Nicht außergewöhnlich und auch nicht gerade selten. Der erste Unterschenkel war sogar vom häufigsten Typ, mM-l-35, der zweite und der dritte sind in ihrer Art schon ein wenig seltener, mG-l-52 beziehungsweise r."

„Würden Sie das freundlicherweise für einen gewöhnlichen Sterblichen übersetzen?"

„Entschuldigen Sie, Tiny, das kleine m bedeutet männlich, das große M heißt Mittel, das G groß, l heißt links, r rechts; die Zahl gibt die Länge in Zentimetern an. Das heißt, es wurde zuerst ein mittelgroßer Typ gestohlen, danach ein sehr großer, schließlich nahm man statt eines linken einen rechten Unterschenkel."

„Vom gleichen Spender?"

Paddington sah überrascht auf. „Daran habe ich noch gar nicht gedacht." Er holte eine Brieftasche hervor, entnahm ihr drei Formulare und studierte sie. „Das sind die Pässe", erklärte er.

„Was ich Ihnen eben nannte, ist natürlich nur die Grobklassifikation – Sie haben recht, Tiny. Beide Unterschenkel stammen vom gleichen Spender, sind also immunbiologisch identisch."

„Scheint kein rechter Sinn dahinterzustecken, was? Man müßte doch vorher wissen, ob man ein rechtes oder ein linkes Bein braucht."

Paddington zuckte mit den Schultern.

„Wie schwer ist es, bei Ihnen einzubrechen?"

Paddington erklärte es umständlich. „Bestimmt kein Problem für einen geübten Einbrecher", schloß er, „aber der Dieb muß sich in der Freezertechnik auskennen, soviel ist sicher." Paddington goß sich den Rest aus der Dose ein. „Werden Sie den Fall übernehmen?"

„Glauben Sie, daß die PUBLIC HEALTHFARE mich bezahlen kann?"

Der Professor druckste. „Ich weiß, Sie sind teuer, Tiny, doch das ist noch das wenigste. Der Aufsichtsrat müßte das Geld bewilligen, und der soll nach Möglichkeit nicht von den Diebstählen erfahren."

„Warum nicht?" Timothys Frage kam wie eine gestochene Linke. Paddington zuckte zusammen.

„Sie wissen doch, wie sehr wir von der öffentlichen Meinung abhängig sind. In vierzehn Tagen ist die Konferenz, auf der unsere Mittel für das nächste Quartal bewilligt werden." Er schnaufte. „Sie kennen die Kampagne gegen die öffentlichen Institute. Es gibt einen starken Druck, auch noch die letzten Kliniken zu privatisieren. Wenn jetzt bekannt wird, daß es bei uns zu Unregelmäßigkeiten gekommen ist, befürchte ich das Schlimmste."

„Ja, glauben Sie, es bleibt geheim, wenn die Polizei daran arbeitet?"

„Inspektor Hopkins hat es mir versprochen. Er hat die Untersuchungen nur nachts vorgenommen und will die Unterlagen erst weitergeben, wenn der Fall geklärt ist. Er fühlt sich mir verpflichtet, Tiny. Wir haben seiner Frau einen neuen Arm eingepflanzt, den sie sich privat nie hätte leisten können. Und wegen des Geldes – ich denke, meine Ersparnisse werden reichen, Sie für ein paar Tage zu engagieren."

„Warum wollen Sie Ihr Geld opfern, Edward?"

„Warum bin ich Arzt geworden, Tiny?" Paddington nestelte an seiner Schleife.

„Kann es sein, daß die ganze Angelegenheit ein Manöver der Trustkliniken ist, um die PUBLIC HEALTHFARE zu diskreditieren?"

„Warum hätte man dann die Transplantate zurückbringen sollen?"

„Was ist mit Lionell McCall? Wie kommt ausgerechnet der Bigboss der GENERAL MOTORS & SKYDRIVERS zu Ihnen?"

„Er stürzte in der Nähe unserer Klinik ab. Dann war er ein paar Tage transportunfähig, und inzwischen fand er es wohl ganz amüsant, sich von der PUBLIC ein neues Bein geben zu lassen. Sein Geiz ist doch sprichwörtlich."

„War es ein Unfall, Edward?"

„Sie denken an seinen Neffen?"

Timothy nickte. Die Querelen zwischen Lionel McCall und seinem Neffen waren Stadtgespräch. King Code, wie man Humphrey McCall nannte, weil er sich schon vor dem Aufstehen eine Ladung Codepermin in die Adern schoß, war eine der größten Skandalnudeln von Chicago, hatte aber trotz seiner verrückten, zynischen und dekadenten Geschichten die Sympathien auf seiner Seite, weil es ihm immer wieder gelang, seinen allgemein verhaßten, mit Menschenleben skrupellos spielenden Onkel reinzulegen. Und weil er ein erstklassiger Trompeter war, einer der wenigen, die noch ein altes Instrument vollendet beherrschten.

„Einen Augenblick habe ich auch daran gedacht", gestand Paddington, „und daß die ersten Diebstähle nur davon ablenken sollten, aber das Ergebnis ist ja nur, daß McCall ein paar Tage länger warten muß. Ich glaube, King Code hätte sich etwas anderes einfallen lassen, zum Beispiel das Operationsteam zu bestechen, seinem Onkel ein zu kurzes Bein anzusetzen."

„Ich werde ihn mir trotzdem mal vorknöpfen", sagte Timothy. „Außerdem werde ich mich erkundigen, was es für die GENERAL bedeutet, wenn der Bigboss länger im Krankenhaus liegen muß. Sie beschaffen mir schnell eine Liste aller Kliniken und Spezialisten, die sich mit Transplantationen befassen, und aller Institute, die mit Labinol-Kühlung arbeiten. Und schalten Sie heute nacht eine Verbindung zwischen Ihrem Riesendummkopf von Computer und meinem Napoleon, ich brauche die Personal- und Sicherheitsdaten."

„Aber Tiny, wenn das herauskommt!"

„Etwas müssen Sie schon riskieren, wenn Sie wollen, daß der teuerste Detektiv der Staaten umsonst für Sie arbeitet."

„Sagten Sie umsonst?"

„Meinen Sie, ich lasse mich von einem Armenarzt und einem

Polizisten beschämen? Außerdem soll man sich gut mit den Medizinmännern stellen. Vielleicht brauche ich einmal Ihre diskrete Hilfe. Haben Sie nicht ein paar Tabletten gegen Übelkeit? Mir ist ziemlich oft zum Kotzen."

„Mir auch", sagte Paddington und streichelte Napoleons Bauch.

3.

Timothy programmierte Napoleon, dann rief er seinen Freund Josuah Trevers an, der nicht nur aus Neigung, sondern auch von Berufs wegen zu den bestinformierten Leuten von Chicago zählte; Joe war Hauptarchivar der ICC*. Timothy bestellte bei ihm alles über Lionell McCall und King Code, über Transplantationskliniken und den Streit um die PUBLIC HEALTHFARE, über Diebstähle von Transplantaten und Verbrechen, in denen Transplantate eine Rolle gespielt hatten. Joe fragte nicht wozu. Er hatte es sich längst abgewöhnt, Fragen zu stellen. Timothy versprach ihm ein chinesisches Abendessen und einen ausführlichen Bericht, sobald der Fall abgeschlossen wäre.

Während Napoleon noch den Zentralcomputer nach diesen Themen abfragte, beauftragte Timothy den Communicator, eine Verbindung zu Smiley Hepburn herzustellen. Es dauerte keine zehn Minuten, Smiley saß gerade in seinem Büro, das den hochtrabenden Titel eines „first class allsuper detective and investigations staff" trug, in Wirklichkeit aber nur aus ihm und einem Communicator bestand. Nichtsdestoweniger war Smiley einer der Besten in seinem Metier, und er hatte für alle Arten von Jobs erstklassige Leute an der Hand.

„Wenn du deine Nase noch nicht total versoffen hast", sagte Timothy, „solltest du sie mal wieder für mich schnuppern lassen." Er erzählte alles, was er wußte; er konnte sich auf Smileys Verschwiegenheit verlassen. „Ich habe so ein Gefühl, als könnte etwas Großes dahinterstecken", schloß er. „Vielleicht findest du jemand, der ein neues Bein braucht. Kannst du nicht verbreiten, du hättest jemand an der Hand, der jedes Transplantat besorgen kann?"

---

* ICC = Information & Communication Company – eine der beiden großen Fernseh- und Nachrichtengesellschaften der Staaten.

Paddington stand schon am späten Nachmittag wieder vor der Tür des Appartements und winkte mit einer Weinflasche.

„Beaujolais", erklärte er. „Ein Patient hat ihn mir verehrt. Ich wollte ihn nicht alleine trinken, und ein guter Wein verlangt Gläser." Er lächelte verlegen. „Haben Sie schon etwas –?"

Timothy legte den Zeigefinger an die Lippen. Er stellte zwei Römer auf den Tisch, nahm behutsam die Flasche und studierte das Etikett. Dann entfernte er mit zeremonieller Sorgfalt die Stanniolkapsel, zog den Korken mit einem altertümlichen Zieher, schnupperte an dem Kork, nickte zufrieden, goß eine Probe ein, begutachtete die Farbe, sog das Aroma tief ein, kostete schmatzend und schenkte endlich die Gläser voll.

„Auf Ihr Wohl, Edward."

„Auf das Ihre, Tiny."

Sie tranken sich zu wie zwei Verschwörer.

„Kaum zu glauben, daß es Leute gibt, die alle Tage so etwas haben", stöhnte Paddington.

„Und ohne einen Cent dafür zu zahlen", ergänzte Timothy, „während unsereins, falls er überhaupt eine Flasche Naturwein bekommt, Unsummen ausgeben muß."

„Sie meinen die DRAUSSEN?" Paddington blickte sich verstört um. „Werden Sie nicht überhört?"

„Doch!" Timothy zeigte über die Schulter zu einem Kristallkäfig, der an der Decke klebte. „Natürlich werde ich überhört; ich weiß nur nicht, von wem alles." Er kicherte. „Ich kenne außer Polizei und FBI, der NSA und dem Komitee für moralische Aufrüstung noch eine ganze Reihe von Leuten, die sich für mich interessieren dürften. Ich hoffe jedoch, daß ich nur den amtlichen Zuhörer habe, und vor dem habe ich nichts zu verheimlichen. Sie etwa?"

„Natürlich nicht!" beteuerte Paddington.

Als sie die Gläser geleert hatten, winkte Timothy dem Professor. Sie ließen ihre Sessel in das Mausoleum rollen.

„Gibt es einen schwarzen Markt für Transplantate?" begann Timothy.

„Nein, wozu auch? Von Ausnahmen abgesehen, gibt es genügend Transplantate, ich meine, im Verhältnis zu den wenigen Möglichkeiten für solche Operationen. Wir haben zu wenige Spezialisten und viel zuwenig dafür geeignete OP-Säle. In der Regel müssen die Patienten Monate warten, bis sie an die Reihe kommen; in der Zwischenzeit hat sich allemal ein passendes Ersatzteil gefunden. Obwohl wir nicht sehr viel zahlen können."

„Und in den Trustkliniken?"

„Auch dort gibt es lange Wartezeiten. Schon um die Preise hochzuhalten. Aber wenn denen ein Teil fehlt, bekommen sie es von uns. Zum Selbstkostenpreis." Paddington lachte bitter. „Wenn Sie wüßten, Tiny, was für Preise die ihren Patienten berechnen! – Sie dachten, jemand hätte die Schenkel genommen, um sie unter der Hand zu verkaufen?"

„Wäre das ausgeschlossen?"

„Warum hätte man dann die ersten beiden zurückgebracht?"

„Weil man sie nicht los wurde. Und weil so die Chance größer war, daß der Diebstahl lange Zeit unentdeckt blieb. Es war ja nur ein Zufall, daß Sie den ersten bemerkten und daraufhin jeden Abend den Bestand überprüften, nicht wahr?"

„Das stimmt. Wenn wir nur wüßten, wer der Dieb ist!"

„Das weiß ich."

Ein Strahlen ging über das Gesicht des Professors. „Sie haben den Fall gelöst?"

„Ich fürchte, so einfach ist die Sache nicht. Ich habe noch keine Ahnung, warum die Unterschenkel gestohlen wurden. Warum drei so verschiedene Exemplare? Napoleon sagt, weil das erste und das zweite Bein nicht paßten. Das erste sei zu groß gewesen, das zweite habe die richtige Größe gehabt, sei aber ein linkes gewesen, während ein rechtes gebraucht wurde. Das befriedigt mich nicht. Die Bezeichnung auf dem Cooler ist so einfach, daß nicht einmal ein Dummkopf sich vergreifen konnte, geschweige denn einer Ihrer Mitarbeiter. Was Sie mir eben erzählt haben, bestärkt mich in meiner Ansicht, daß die Unterschenkel auf Bestellung gestohlen wurden; sollte man da nicht vorher gewußt haben, was man braucht? Sollte man das erst nach dem Diebstahl festgestellt haben, etwa durch eine Art Anprobe? Klingt ziemlich absurd, nicht wahr?"

„Fragen Sie doch den Halunken! Wer ist es?"

„Ich habe Napoleon die Daten Ihrer Mitarbeiter durchrechnen lassen. Es kann nur jemand sein, der mit den Freezern umzugehen und einen Cooler sachgemäß anzuschließen versteht, er muß außerdem die Möglichkeit haben, mit einem Gepäckstück von der Größe eines Transportcoolers ein und aus gehen zu können, und er muß zu allen drei Tatzeiten in der Klinik gewesen sein – also Carruthers oder Truman."

„Carruthers!" rief Paddington. „Carruthers ist heute nicht zum Dienst erschienen. Wir müssen ihn uns gleich vorknöpfen. Er soll gestehen, wo der Unterschenkel geblieben ist."

„Das wird er selbst nicht wissen. Wenn hinter dieser Geschichte, wie ich vermute, eine große Sache steckt, dann wurden zwischen Dieb und Endverbraucher mehrere Stationen geschaltet, um die Spur zu verwischen." Timothy trommelte mit den Fingerspitzen. „Warum drei so verschiedene Beine?"

„Fragen wir Carruthers!"

„Wenn man ihn noch findet. Inspektor Hopkins kümmert sich schon um ihn. Wir können ja mal hören, was er erreicht hat."

Sie fuhren zurück in den Arbeitsraum. Timothy ließ sich mit dem Polizeipräsidium verbinden. Hopkins war gerade zurückgekommen.

„Carruthers ist tot", sagte er. „Wir haben ihn in seiner Wohnung gefunden. Es sieht aus wie ein Raubüberfall."

„Irgend etwas Außergewöhnliches?" erkundigte sich Timothy.

„Ja, vielleicht. Auf dem Fußboden lag eine zertretene Tube mit Talkum."

„Talkum? Wozu, um Himmels willen, braucht man Talkum?" Auch Paddington blickte ratlos.

„Fragen Sie doch Ihren neunmalklugen Napoleon", schlug Hopkins vor.

Napoleon wußte nicht einmal, was Talkum war. Timothy raunzte ihn an, er solle gefälligst seine Bildungslücken schließen.

„Ende der Spur", sagte er dann. „Ich hatte es mir gedacht."

Paddington stand enttäuscht auf. „Wenn ich nach Hause will, wird es jetzt höchste Zeit. Oder kann ich Ihnen noch helfen, Tiny?"

„Setzen Sie sich an den Communicator, und finden Sie heraus, ob irgendwo eine Unterschenkeltransplantation ins Haus steht. Rufen Sie mich, sobald Sie fertig sind. Ich bin im Schlafzimmer."

„Wollen Sie etwa zu Bett gehen?"

„Ja, das will ich." Timothy schmunzelte. „Ich kann auch von dort aus mit Napoleon arbeiten. Hier stören wir uns nur gegenseitig."

4.

Es dauerte lange, bis Paddington sich meldete. Er öffnete die Tür nur einen Spaltbreit und hustete. Timothy winkte ihn herein.

Zwei Drittel des Schlafzimmers wurden von einem großen, von Wand zu Wand reichenden Bett eingenommen, über dessen Kopfende sich ein Schaltpult hinzog, das an den Kommandostand einer Fabrik oder eines Kraftwerks erinnerte. Die vierte Wand war ein riesiger Videoschirm, auf dem gerade Blitz, Donner und Sturm tobten; plötzlich prasselte schwerer Regen hernieder, der dunkle Himmel teilte sich zu Wolken, zwischen denen ein strahlender Sonnenball aufging und ein tosendes Meer mit berghohen Wellen in allen Schattierungen von Blau und Grün aufleuchten ließ.

„Setzen Sie sich!“ Timothy wies auf das Fußende des Bettes. „Was halten Sie von einem Kaffee?“ Er wartete die Antwort nicht ab, sondern zauberte gleich eine Mokkamaschine aus seinem Bettbord, kurz darauf zog Kaffeearoma durch den Raum.

„Sie leben“, sagte Paddington.

„Ja, es hat Vorteile, ein begehrter und hochbezahlter Dienstmann der Bigbosse zu sein. Haben Sie etwas gefunden?“

Paddington schüttelte den Kopf. „In keiner Chicagoer Klinik liegt jemand, der auf einen Unterschenkel dieser Größe wartet. Eine G 52 – das bedeutet ja einen Mann von mindestens zwei Metern. Ich konnte mir ohnehin nicht vorstellen, daß einer meiner Kollegen ein Transplantat ohne Paß verarbeitet, und der liegt immer noch in unserem Safe.“

„Aber möglich wäre es?“

„Wenn man das Teil neu bestimmt.“ Er nahm einen Schluck Kaffee. „Andererseits sind alle in Frage kommenden OP-Säle ausgebucht. Zumindest in den nächsten vier Wochen ist eine Operation mit unserem Unterschenkel nicht möglich.“

„Wenn man Sie nicht beschwindelt hat.“

„Warum sollte man?“

„Weil einer Ihrer lieben Kollegen einen Haufen Dollar dafür bekommt, wenn er die Operation heimlich ausführt.“

„Erstens“, sagte Paddington mit Nachdruck, „habe ich nicht nur mit Kollegen gesprochen, sondern auch noch mit Leuten aus ihren Teams, auf die ich mich verlassen kann“ – er betonte das „ich“ –, „zweitens kosten solche OP-Säle Millionen und werden im Vierschichtsystem, also ohne Pause, ausgenutzt, um den höchstmöglichen Profit herauszuarbeiten, da kann man nichts verheimlichen, und drittens kenne ich alle Chirurgen in Chicago, die solch eine Transplantation durchführen könnten; niemand von ihnen würde eine kriminelle Operation riskieren.“

„Kann man Ihr Eisbein ausgeflogen haben?“

„Kaum. Es gibt noch keine Transportcooler, in denen man Transplantate dieser Größe länger als eine halbe Stunde frisch halten kann. Was glauben Sie, was wir schon für Probleme haben, sie von einer Klinik in die andere zu schaffen, ohne Hubschrauber wäre das unmöglich. Aber selbst wenn man von einem Landeplatz in der Nähe unserer Klinik gestartet wäre –“, er schüttelte den Kopf, „es gibt keine Klinik außerhalb der Stadt, die näher als eine Flugstunde liegt.“

„Muß es unbedingt eine Klinik sein? Könnte man nicht einen Operationssaal improvisieren?“

„Improvisieren! Man braucht eine Herz-Lungen-Leber-Maschine, eine künstliche Niere, einen Neuronentestator, Superspeed-Nähmaschinen – das ganze Arsenal der modernen Medizintechnik. Und ein eingespieltes Team!“

Timothy sah ihn fragend an.

„Neben dem Chefoperateur noch drei, besser vier Assistenten, zwei Anästhesisten – also mindestens einer. Und vier Schwestern. Das ist das Minimum. Je weniger Leute es sind, desto besser müssen sie aufeinander eingespielt sein.“

„Wie lange dauert die Vorbereitung?“

„Zwischen zwei und vierzehn Tagen, kommt darauf an, wie groß die Unverträglichkeitsspanne ist.“

„Der Patient muß also schon Tage vorher in der Klinik sein?“

„Nicht unbedingt. Wenn man seine Werte hat, genügt es, wenn er einen Tag vor der Operation kommt; angepaßt wird nicht der Patient, sondern das Transplantat.“ Paddington blickte sich um, wohin er die leere Tasse stellen könnte. Timothy nahm sie ihm ab. „Aber es gibt anscheinend in ganz Chicago auch keinen Patienten, der auf einen zweiundfünfziger Unterschenkel wartet. Zumindest steht niemand auf den Wartelisten der offiziellen Kliniken und der registrierten

Ärzte. Vielleicht bei den CAPOs*, sollten die keine eigenen Kliniken haben?"

„Die CAPOs!" Timothy lachte, daß ihm fast die Tasse aus der Hand gefallen wäre. „Was sind Sie doch für ein braver Bürger, Edward! Sie glauben wohl alles, was über Ihr Video flimmert? Die CAPOs sind nichts als eine Erfindung cleverer Journalisten und Public-Relations-Manager."

„Wollen Sie behaupten, der ganze Kampf gegen die CAPOs sei nur –"

„Ein Märchen", ergänzte Timothy, „eine hübsche Geschichte für naive Gemüter, damit die etwas zum Gruseln haben und nicht soviel über andere Dinge nachdenken."

„Und die COSA NOSTRA, die MAFIA?"

„Das war einmal. Im vorigen Jahrhundert. Glauben Sie mir, Edward, es gibt längst keine Unterscheidung mehr zwischen sauberen und schmutzigen Unternehmen. Zumal die Ausnutzung der heutigen Gesetze in der Regel mehr Geld einbringt als ihre Verletzung. Die alten Verbrechersyndikate haben schon im vorigen Jahrhundert damit begonnen, ihr Geld in ganz normale Firmen zu stecken, und seit ihre Haupteinnahmequellen, Glücksspiel, Rauschgift und Prostitution, vor sechzig Jahren legalisiert und damit allen Kapitalgruppen öffentlich zugänglich wurden, haben sich auch die sogenannten seriösen Konzerne darauf gestürzt. Da geht es nur noch darum, wer welche Märkte beherrscht. Und wenn es darauf ankommt, greifen sie allesamt zum Verbrechen."

Paddington sah ihn ungläubig an.

„Schon gut, lassen wir das." Timothy blickte gedankenverloren zur Videowand, wo sich jetzt feine Wolkenschleier über einer fast spiegelglatten See bildeten. „Den Unterschenkel auszufliegen hat also keinen Sinn. Und in ganz Chicago gibt es weder eine Klinik für unseren Fall noch einen Arzt, noch einen Patienten. Warum, zum Teufel, hat man dann Ihr Eisbein gestohlen? Und auch noch zweimal umgetauscht. Warum wurde Carruthers ermordet?"

Paddington zuckte hilflos mit den Schultern. Timothy ließ den Kopf sinken. Es dauerte lange, bis er wieder den Professor ansah.

---

* CAPO = Spitzname für Verbrecherorganisation, abgeleitet von Al Capone, dem Gangsterkönig Chicagos im 20. Jahrhundert.

„Vergessen Sie alles“, sagte er mit Nachdruck. „Ich möchte, daß Sie zu niemandem darüber sprechen. Bitten Sie Hopkins, daß er seine Untersuchungen einstellt. Sagen Sie ihm, mit Carruthers' Tod sei die Sache für Sie erledigt. Es wird auch kaum noch einen weiteren Diebstahl geben. Wer auch immer den Unterschenkel braucht, er scheint jetzt den richtigen zu haben. Und verraten Sie niemandem, daß Sie deshalb bei mir waren. Verlassen Sie morgen früh das ‚Nebraska‘ so unauffällig wie möglich, und kommen Sie vorläufig nicht wieder her. Rufen Sie auch nicht an. Ein Toter ist genug.“

Timothy griff an das Schaltpult, kurz darauf füllte Musik den Raum, eine altertümliche Sinfonie aus dem 18. oder 19. Jahrhundert; Paddington hatte sie noch nie gehört. Er hockte auf dem Bettrand und traute sich nicht, Timothy in seinen Gedanken zu stören. Schließlich räusperte er sich; als das nichts half, stieß er Timothy an. Der drehte sich nur auf die Seite und begann zu schnarchen. Paddington ging ins Arbeitszimmer und legte sich auf einen der Sessel.

5.

Den nächsten Tag verbrachte Timothy mit fieberhafter Arbeit. Kaum daß er Professor Paddington verabschiedet hatte, bombardierte er alle möglichen Leute mit Anfragen, ließ sich immer neue Daten überspielen und diskutierte stundenlang mit Napoleon, bis ihm der Schädel brummte. Er sah auf die Uhr. „Okay“, murmelte er, „ist ohnehin Zeit für den Sonnenuntergang.“

Es dauerte nicht lange, bis er sich für den Frack entschieden hatte, um so länger stand er vor dem Colorator; das Rubinrot, das er sich schließlich ausgesucht hatte, gefiel ihm dann doch nicht, er ließ den Stoff löschen und orange färben, für das Hemd wählte er ein sattes Lila. Dann saß er lange vor dem Spiegel und kämmte sorgfältig sein dichtes Haar, bis es die richtig abgestimmte mattlila Tönung angenommen hatte, am Schluß färbte Timothy eine Strähne über der Stirn orange. Er war sehr mit sich zufrieden, als er in den Spiegel blickte.

Tom begrüßte ihn mit einem breiten Lachen, verbeugte sich tief, doch sein Kopf reichte trotzdem nicht zu Timothy hinunter.

„Oh, Massa Tiny“, sagte er in dem Negersklavenslang, der ebenso wie die mit Goldschnüren verzierte Uniform zu seiner Rolle als Liftboy der „Stardust“-Bar gehörte, „warum ich nicht wissen, Sie heute in Orange kommen, ich sonst ziehen blau an.“

Timothy blinzelte ihm zu. Als sie den 1112. Stock erreicht hatten, riß Tom die Lifttür mit solch einem Krach auf, daß alle Köpfe in der Bar herumflogen. Er nahm Haltung an, als brächte er den Präsidenten der Staaten. Timothy ließ sich viel Zeit auf seinem Weg zum Tresen, blickte aufmerksam nach links und rechts, hin und wieder schenkte er einem der Gäste ein Lächeln. Er schien das Staunen und die Bewunderung, die er erregte, zu genießen.

Der Barkeeper hatte den Stuhl schon heruntergefahren. Timothy winkte ihm wohlwollend zu. „Hallo, Melvin?“

„Hallo, Mister Tiny!“

Timothy zählte seinen Count down, und sobald er beide Ellenbogen auf die Platte des Tresens legen konnte, bestellte er Old Finch, vierstöckig und ohne Eis.

„Für mich auch“, sagte jemand hinter ihm, „aber mit Eis.“

Es war Smiley Hepburn, und er trug einen Smoking! Timothy musterte ihn belustigt.

„Guck mich nicht so an!“ brummte Smiley. „Alles deinetwegen. Ich war bei einem Empfang der Medizinischen Akademie. Die Einladungskarte kostet dich hundert Dollar. Da ich nun schon so piekfein angezogen war, wollte ich gleich mal deine stinkvornehme Bar beglücken und auf dein Wohl trinken – und auf deine Rechnung. Dachte mir, daß du dir den Sonnenuntergang angucken wirst; wenn nicht, wäre ich nachher runtergekommen. Prost.“

„Prost.“ Timothy deutete zur Westfront, wo die Sonne sich anschickte, in die Wolken zu tauchen.

Smiley hatte nicht viel erreicht, das Wichtigste war eine Namensliste von Chirurgen, die wegen krimineller Operationen aus der Ärztekammer ausgestoßen worden waren. Timothy verschwand für einen Augenblick hinter der Bar und gab sie Napoleon durch. Und einem Bekannten bei der Flugüberwachung.

Gegen Mitternacht hatten sie alle Whiskysorten gekostet und nahmen den Kognak in Angriff.

„Mann“, sagte Smiley mit schwerer Zunge, „das wird ’ne

Rechnung, so hoch wie deine Bar hier. Wer zahlt 'n das? Wer ist dein Klient?"

„Ich bin mein eigener Klient. Ich kann es nun mal nicht vertragen, wenn ich etwas nicht verstehe."

„Du bist gut." Smiley kicherte. „Als ob diese Welt noch zu verstehen wäre! Verstehst du etwa, warum es schon seit drei Wochen kein frisches Brot mehr gibt? Oder warum der alte Foreman sich alle halbe Jahre 'ne neue Frau nimmt, wo der doch gar nicht mehr kann, oder warum die UNIVERSAL sich 'ne Herde Taucher ausbildet, wo's doch gar kein richtiges Wasser mehr gibt, oder warum wir 'ne Weltraumbehörde haben, wo wir doch nicht mal mehr 'n klitzekleinen Sputnik starten dürfen? Verstehst du das?"

Er schlug Timothy auf die Schulter, daß der fast vom Barhocker gefallen wäre.

Der Barkeeper beugte sich zu Timothy. „Es ist nicht meinetwegen", flüsterte er, „aber für Ihr Image wäre es sicher besser, Tiny . . ."

„Halt's Maul!" lallte Smiley. „Tiny braucht kein Image. Tiny ist der Größte, und wenn einer von den Lackaffen hier das bestreiten will, dann hau' ich ihm in die Fresse."

Er versuchte sich umzudrehen und rutschte dabei vom Hokker. Tom stand im Nu neben Smiley und lotste ihn zum Fahrstuhl.

„Dein Image", stänkerte Smiley, als sie den Lift verließen, „'n richtiger Affenfatzke bist du geworden, Tiny. Apfelsinenfrack und blaue Haare! Count down an der Bar!"

Timothy boxte ihm in den Bauch. „Halt die Luft an, Smiley. Was denkst du, warum ich diesen Zirkus mache? Ein Zwerg, das ist nur komisch – bestenfalls. Aber ein eitler, arroganter, versnobter Zwerg, das ist schon wieder etwas – eine Attraktion!"

Napoleon begrüßte sie mit einem Räuspern. Timothy nahm den Streifen aus dem Geber, hielt ihn Smiley hin. „Kannst du das lesen? Ich nicht. Die Buchstaben tanzen ja. Die tanzen einfach!"

„Du bist blau", erklärte Smiley, „das ist alles. Du brauchst einen Schnaps. Wo steht dein Whisky?"

Timothy nestelte an Napoleon herum. „Ich will dir ausnahmsweise einmal erlauben, mit mir zu reden. Was willst du?"

„Sir“, tönte Napoleon, „Sie hatten mich gebeten, meine Kenntnisse in bezug auf Talkum zu vervollständigen. Talkum ist ein monoklin kristallisierendes, blättrige Aggregate bildendes Mineral, das sich fettig anfühlt, ein stark wasserhaltiges Magnesiumsilikat der Formel $3\,MgO \cdot 4\,SiO_2 \cdot H_2O$. In gemahlenem Zustand wurde Talkum früher als absorbierender Grundstoff und als Füllmittel in Pudern, Pasten, Schüttelmixturen und Tabletten verwendet, auch als Gleitmittel für Gummi und Plast, zum Beispiel bei Operationshandschuhen, Taucheranzügen und Gymnastikbekleidung. Gestatten Sie, Sir, daß ich mir dazu eine Bemerkung erlaube?“

„Ich gestatte nicht“, knurrte Timothy. Er ließ den Servicewagen heranrollen.

Smiley begutachtete die Flaschen. „Da haben wir ja alles, was das Herz begehrt“, sagte er. „Ich verstehe nicht, warum du in diese teure Bar gehst. Nur wegen des Sonnenuntergangs?“

„Und weil da meine Kundschaft sitzt. Heute abend waren mindestens zehn Milliarden Dollar dort versammelt.“

„Du bist zu ehrgeizig, Tiny. Wenigstens beim Whisky soll man nicht an Arbeit denken. Wozu auch? Du hast doch alles: ein Appartement im ‚Nebraska‘, sogar über dem Smog, einen eigenen Computer, ein Mausoleum, Aufträge, soviel du willst, Erfolg, Geld.“

„Nur das Wichtigste“, sagte Timothy leise, „das habe ich nicht: Liebe.“

„Wer Geld hat, hat auch Liebe, wenn er nur will.“

„Du meinst Sex, Smiley. Liebe kann man nicht kaufen.“

Smiley legte die Hand auf Timothys Arm. „Entschuldige, Tiny. Komm, wir trinken noch einen. Was ist eigentlich los mit diesem Unterschenkel?“

„Wenn ich das nur wüßte.“ Timothy rieb sich die Nasenspitze. „Warum läßt einer einen Unterschenkel stehlen, wenn er ihn fast umsonst von der PUBLIC HEALTHFARE bekommen könnte? Das hat nur einen Sinn, wenn die Operation illegal ist. Warum illegal? Einen Unterschenkel kann man sich ganz öffentlich ersetzen lassen. Ja, wenn es eine Gesichtsveränderung wäre! Warum tauscht man das Bein zweimal um? Warum läßt man nicht gleich das richtige stehlen? Obendrein scheint es überhaupt niemanden zu geben, der ein Bein dieser Größe braucht!“

Napoleon räusperte sich.

„Was willst du?“ fragte Timothy.

„Wenn niemand einen Unterschenkel dieser Klassifikation benötigt“, tönte Napoleon, „dann ist das Transplantat mit größter Wahrscheinlichkeit jemandem zugedacht, der es erst benötigen wird.“

„Vielleicht ’ne Selbstverstümmelung, was? Zuerst wollte der Mann sein kurzes Bein nehmen, dann lieber eins seiner großen und schließlich nicht das linke, sondern das rechte.“

„Laß doch den ollen Napoleon“, grölte Smiley, „der ist ja besoffen.“

6.

Der Notruf holte Timothy aus dem Bett. Paddington war am Apparat.

„Entschuldigen Sie, Tiny, kann ich für einen Augenblick herunterkommen? Ich rufe aus der Halle an. Es ist sehr wichtig.“

„Dann müssen Sie warten, Edward. Ich brauche mindestens eine halbe Stunde.“

Timothy schaffte es in zwanzig Minuten, Smiley wachzurütteln und hinauszuwerfen, sich zu duschen, anzuziehen und die Wohnung halbwegs aufzuräumen. Als der Professor kam, stand schon der Tee auf dem Tisch.

„Ich weiß nicht, ob es Sie noch interessiert“, sagte Paddington, „aber es gibt doch eine Möglichkeit für eine Transplantation. Ich habe mir gleich ein Aerotaxi bestellt, als ich es erfuhr.“ Er machte eine beruhigende Handbewegung. „Ich habe gut aufgepaßt. Niemand ist mir gefolgt.“

„Sehr gut“, lobte Timothy.

„Der OP-Saal der UNIVERSAL-Klinik in der Dreiundachtzigsten Straße wurde für übermorgen in der Frühschicht gesperrt, angeblich wegen einer Reparatur. Die vorgesehene Operation wurde abgesetzt, das Team hat außerplanmäßigen Urlaub bekommen.“ Paddington sah Timothy triumphierend an. „Dieser OP-Saal war schon am vorigen Freitag aus dem gleichen Grund gesperrt. Es wurde aber nichts repariert!“

„Einen Moment“, sagte Timothy. „Mittwoch abend wurde zum erstenmal ein Unterschenkel bei Ihnen gestohlen, nicht wahr?“

„Und Donnerstag früh wiedergebracht.“

„Warum hat Carruthers nicht schon am Donnerstag den

zweiten Unterschenkel gestohlen? Dann hätte die Operation am Freitag früh noch stattfinden können."

„Die Zeit hätte nicht ausgereicht, das Transplantat anzupassen."

Timothy schüttelte nachdenklich den Kopf. „Da muß noch etwas anderes sein, Edward. Glauben Sie, daß Carruthers sich in der Beinlänge geirrt haben kann?"

Timothy ging zum Communicator und ließ sich die eingegangenen Communics geben. Plötzlich stieß er einen Pfiff aus. „Vorige Woche Dienstag ist ein gewisser Doktor Benito Ramirez in Chicago eingetroffen."

„Meinen Sie den Ramirez, der damals versucht hat, einen Affen mit Menschenarmen auszustatten?"

Timothy antwortete nicht. Er überflog fieberhaft die Communics. „Und er ist nicht allein gekommen, da waren noch zwei Chirurgen auf der Passagierliste, die ebenfalls aus der Ärztekammer ausgeschlossen sind. Ich möchte wetten, sie hatten auch noch Anästhesisten und Schwestern bei sich."

Timothy fischte ein weiteres Communic heraus. „Sonnabend nacht ist Ramirez wieder abgeflogen." Er nippte gedankenversunken an seinem Tee. „Napoleon hat heute nacht etwas gesagt", murmelte er plötzlich. „Napoleon, wiederhole deine Vermutung über die Unterschenkel!"

„Wenn niemand einen Unterschenkel der Sorte mG-r-52 benötigt, dann ist das Transplantat mit größter Wahrscheinlichkeit jemandem zugedacht, der es erst benötigen wird. – Sie bemerkten darauf, Sir, ob es etwa ein Unfall sein solle, der erst stattfinden würde, oder gar eine Selbstverstümmelung, und –"

„Stopp!" Timothy schaltete Napoleons Snarr ab. „Das könnte es sein: ein Mann, der sein Bein verlieren wird, bei einem – nennen wir es vorläufig Unfall. Die Operation wird vorbereitet. Aber der Mann springt ab. Das Bein wird zurückgebracht und, als ein neuer Mann gefunden wurde, das zweite Bein gestohlen. Ramirez überprüft noch, ob das Transplantat geeignet und wie es anzupassen ist, dann reist er ab."

„Warum dann später noch einmal der Umtausch in ein rechtes Bein?"

„Vielleicht, weil es für den ‚Unfall' egal ist, welches Bein der Mann verliert, nicht aber für ihn." Timothy sprang auf und tigerte durch den Raum. „Wir haben jetzt eine Klinik, einen Operationstermin und einen Chirurgen. Wir müssen also nur noch einen Zweimetermann finden, der lieber rechts als links ein neues Bein haben will. Wollen wir wetten, daß Ramirez spätestens morgen abend wieder nach Chicago kommt?" Timothy blickte zur Uhr. „Bleiben mir maximal zweiunddreißig Stunden."

„Wollen Sie nicht lieber die Finger von der Sache lassen oder wenigstens die Polizei einschalten? Ich meine, wenn wirklich die UNIVERSAL dahintersteckt –. Ich habe ein schlechtes Gewissen, Tiny. Schließlich habe ich Sie da hineingezogen."

„Beruhigen Sie sich, Edward. Das hat nichts mit Ihnen zu tun, aber alles mit meiner Neugier. Ich kann es nicht ertragen, wenn ich mit der Nase in einen Misthaufen falle und nicht herausbekomme, was da so stinkt. Und die Polizei? Die UNIVERSAL hat genügend Polizisten auf ihren Bakschischlisten, um es sofort zu erfahren. Damit würde ich uns wirklich in Gefahr bringen, und bestenfalls würde das Unternehmen verschoben. Aber wir wissen ja nicht einmal, was und wo es steigen soll. Wir haben nur Vermutungen; darauf würde nicht mal Hopkins anspringen."

„Man könnte die Operation verhindern."

„Wozu?" Timothy stellte sich vor Paddington hin. „Wissen Sie, Edward, die Operation interessiert mich nicht, Ihren Unterschenkel bekommen Sie ohnehin nicht wieder. Oder können Sie beweisen, daß er bei Ihnen gestohlen wurde?"

„Natürlich. Anhand des Passes."

„Und wenn es längst einen gefälschten Paß gibt?"

„Dann nicht." Paddington saß da wie ein Häufchen Elend.

„Selbst wenn man einen Durchsuchungsbefehl erwirken könnte, glauben Sie, man dürfte während der Operation dort eindringen? Können wir nachweisen, daß es sich um eine illegale Transplantation handelt? Es verstößt gegen kein Gesetz, wenn die UNIVERSAL Ramirez beschäftigt. Was wir verhindern müssen, ist nicht die Transplantation, sondern dieser ... ‚Unfall'. Gehen Sie jetzt, Edward. Ich muß nachdenken. In einer meiner Gehirnwindungen geistert eine Idee herum, die muß ich packen."

So schwer war Timothy schon lange nichts mehr gefallen. Immer wieder gab er Napoleon Freispielzeit und versuchte inzwischen auf alle mögliche Weise, sich zu konzentrieren. Er stieg in die Wanne, legte sich ins Bett, ließ sich in willkürlicher Reihenfolge Gemälde vorführen, drückte blind die Tastatur des Musikspeichers und hörte nacheinander Fugen von Bach und banale Schlager, ließ die unterschiedlichsten Streifen über den Videoschirm laufen, darunter einen Gleitflug über den Ozean, Scooterrennen durch den Grand Cañon, Drachensteigen über der Wüste und das Puppenspiel von Don Quichote – nichts wollte helfen.

Schließlich ging er in die Küche und begutachtete seine Vorräte. Er beschloß, einen schwedischen Hefekranz zu backen.

Timothy schluckte zwei Lilaperlen, um für eine Stunde ganz abzuschalten. Dann war er nur noch damit beschäftigt, Butter zu Sahne zu rühren, Hefe in Milch einzuweichen, Teig zu kneten; er wartete geduldig, daß der in eine Serviette gewickelte Teigklumpen sich vom Grund des Eimers mit kaltem Wasser lösen und aufsteigen sollte, knetete dann Zucker unter, rollte den Teig aus, streute Mandeln, Rosinen und Sukkade darauf und formte eine lange Teigrolle. Wenn jemand Timothy beobachtet hätte, er wäre nie auf die Idee gekommen, daß der sich mit einem der schwierigsten Fälle seiner Praxis herumschlug. Während Timothy den Zuckerguß vorbereitete, stellte sich die Erinnerung ein. Nicht aber die Lösung.

Timothy fluchte lauthals auf die verdammte Sauferei und auf Smiley, der nie genug bekommen konnte – mitten in einem hundsgemeinen arabischen Fluch verstummte er, rannte zum Communicator und ließ sich mit Smiley Hepburn verbinden.

„Du mußt dich erinnern“, überfiel er ihn. „Du hast gestern eine Brandrede gehalten, wie wenig du die Welt noch verstehst. Wiederhole bitte alles, was dir einfällt. Jedes Wort!“ Timothy lauschte mit geschlossenen Augen. Plötzlich hellte sich sein Gesicht auf. „Danke, das war's!“

Bevor Smiley noch etwas sagen konnte, hatte Timothy schon die Verbindung unterbrochen und rannte ins Mausoleum. Im Vorbeihuschen streichelte er Napoleon und rief ihm zu: „Und du bist doch der Größte!“

Er setzte sich vor das Handwaschbecken, schraubte den Wasserhahn ab, zog eine dünne Glasfaserlitze aus dem Rohr, klappte das Ende auseinander, holte zwei Kapseln aus dem Hahn und stöpselte sie auf die beiden Litzenenden, steckte die eine Kapsel ins Ohr, die andere in den Mundwinkel. Dann drehte er an einer Schraube der Warmwasserleitung und setzte so den Schwingquarz in Betrieb. Er mußte fünf lange Minuten warten, bis sich der Große Bruder meldete. Die Stimme klang blechern, kaum menschlich.

„Du mußt mir wieder mal helfen", sagte Timothy. „Ich suche einen Betrieb oder ein Institut mit direktem Zugang zum Wasser."

„Das ist Geheimhaltungsstufe zwei", erwiderte der Große Bruder. „Darüber verfügt nur der Regierungscomputer."

„Brauchte ich sonst deine Hilfe? Morgen nacht wird irgendwo in Chicago eine große Schweinerei inszeniert. Frag mich nicht, was; ich weiß es selbst noch nicht."

„Wenn es schiefgeht, fliegen wir beide auf."

„Was soll schiefgehen! Verlaß dich auf mich. Niemand wird erfahren, daß du den Regierungscomputer anzapfen kannst. Bitte!"

„Nun gut, ich versuch's. Aber vor morgen früh wird es nichts."

„Okay. Morgen früh reicht. Ich fühle mich ohnehin nicht stark genug, mir die Nacht um die Ohren zu schlagen."

„Bist du krank?" erkundigte sich der Große Bruder besorgt.

„Nur verkatert."

„Du sollst doch nicht soviel trinken, Tiny."

„Hast ja recht. Aber ab und zu muß ich mich mal besaufen, sonst werde ich verrückt an dieser schönen Welt."

7.

„Müssen wir wirklich in das Mausoleum?" stöhnte Paddington. „Ich hasse schalltote Räume."

Timothy schob ihn durch die Tür. „Jetzt auch noch?" Er zeigte zu dem Tisch, auf dem eine Flasche Moselwein und venezianische Gläser standen. „Ich denke, Sie wollen die Lösung unseres Falles erfahren? Es gibt da ein paar Dinge, die niemand wissen darf. Es ist schon leichtsinnig, daß ich es Ihnen erzähle. Ich verlasse mich darauf, daß Sie schweigen."

„Natürlich. Aber wenn es Sie in Schwierigkeiten bringt –"

„Wissen Sie, Edward, es wird mir guttun, darüber zu sprechen. Und mit wem, wenn nicht mit Ihnen? Mein Herz ist schon so voll, daß ich dauernd Angst haben muß, daß mir mal der Mund übergeht, wie das Sprichwort sagt."

Timothy öffnete die Flasche und goß ein. Paddington kostete bedächtig. Ein Strahlen zog über sein Gesicht.

„Etwas spukte in meinem Kopf herum", erklärte Timothy. „Schließlich fiel es mir wieder ein. Beim Kuchenbacken."

„Wobei?"

Timothy überhörte die Frage. „Jemand hatte mir erzählt, daß die UNIVERSAL Taucher ausgebildet hatte. Ja, Taucher! Obwohl es doch so gut wie keinen öffentlichen Zugang zu Wasser mehr gibt; in Chicago und Umgebung schon gar nicht. Außerdem – erinnern Sie sich? –, bei dem toten Carruthers fand die Polizei eine zertretene Tube mit Talkum. Napoleon hat herausbekommen, daß man Talkum früher als Gleitmittel beim Anlegen von Kleidung aus Gummi oder Plast benutzte. Natürlich dachte ich zuerst an Gummihandschuhe und Operation und legte es ad acta. Doch welcher Chirurg benutzt heute noch Gummihandschuhe? Aber Taucher brauchen Talkum, um ihre Anzüge anzuziehen. Jetzt mußte ich nur noch die einzelnen Fakten in den richtigen Zusammenhang bringen."

Timothy nahm einen großen Schluck. Paddington trank ihm zu.

„Carruthers stiehlt einen Unterschenkel, Carruthers wird ermordet. Man findet bei Carruthers Talkum. Taucher brauchen Talkum. Die UNIVERSAL hat Taucher ausgebildet. Die UNIVERSAL hat auch einen OP-Saal für Transplantationen. Ramirez war in Chicago. Und er ist gestern wiedergekommen. Was ich suchen mußte, war also eine Stelle, die etwas mit Tauchern zu tun haben und an der ein Mann sein Bein verlieren konnte."

Timothy trank sein Glas aus und goß nach.

„Die meisten Wasserzugänge in Chicago sind so abgesichert, daß ein Mensch sie unmöglich passieren kann. Was blieb, waren ein paar Dutzend Zugänge aus Betrieben und Instituten, die radioaktiven und sonstwie giftigen Müll direkt in Unterwasserfrachter schicken. Nur in einem einzigen von ihnen waren die Sicherheitseinrichtungen derart, daß ein Mann, der sie passieren wollte, nur ein Bein riskieren mußte, und selbst das hätten wir fast nicht gefunden."

Timothy stand auf und lief durch den Raum, während er weitersprach. „Wenn die Sache nicht so verrückt angefangen hätte, wäre ich wahrscheinlich nie auf die Lösung gekommen, doch in diesem Fall schien das Absurde geradezu normal zu sein.“ Er blieb vor Paddington stehen. „Es ist das Kernforschungsinstitut des MONOLINE-Konzerns. Der Schacht, durch den sie dort den zu Packs gepreßten Müll in die Unterwasserfrachter schicken, ist groß genug, daß ein Zweimetermann ihn bequem passieren kann. Doch alles, was durch den Schacht wandert, muß durch ein Bündel verschiedenartiger Strahlen, die auch die stabilsten Moleküle knacken. Deshalb hatte ich das Institut zuerst aussortiert. Aber die Strahlenkanone ist teuer. Also hat man Biosensoren davorgeschaltet und mit einem Ultraschallwerfer gekoppelt, sicher nicht nur, um den Schacht vor Eindringlingen zu schützen, sondern auch, damit nicht Ratten oder Schlammbarsche die teure Strahlenfalle auslösen.“

„Also eine doppelte Todesfalle“, sagte Paddington.

„Ja. Aber die beiden Fallen sind miteinander gekoppelt. Wenn die Biosensoren ansprechen und den Ultraschallstoß auslösen, wird die Strahlenkanone für ein paar Sekunden blokkiert, damit beispielsweise eine Ratte nicht noch die Kanone auslöst, bevor sie krepiert. Wenn nun aber jemand, so haben Napoleon und ich ausgerechnet, einen schallsicheren Skaphander trägt und nur, sagen wir, einen Fuß hinhält? Dann wird nur der zerschallt, und er kann die blockierte Strahlenkanone ungehindert passieren.“

„Warum sollte er dann nicht einfach eine Ratte oder einen Fisch vor sich her treiben?“

„Ja, warum? An diesem Punkt war ich nahe daran, zu verzweifeln. Aber dann stellte Napoleon eine Frage: Vielleicht will man nicht hinein-, sondern herausdringen?“

Timothy setzte sich wieder. Er blinzelte Paddington vergnügt zu. „Das war es! Ich habe mich sofort erkundigt. Die Strahlenkanone ist tatsächlich von beiden Seiten mit Biosensoren gekoppelt. Und nun bekam die so absurd erscheinende Angelegenheit Hand und Fuß, denn das MONOLINE-Institut ist so abgesichert, daß niemand etwas Lebendes hineinschmuggeln kann. Die Mitarbeiter müssen sogar nackt durch eine Schleuse. Also mußte Mister X selbst ’ran. Wahrscheinlich ist es nicht allzu schwer, durch ein IMAGO vorzutäuschen, daß er nach Hause gegangen sei. Er läßt sich also einschließen, kann in Ruhe stehlen, steigt dann in einen Container oder was weiß ich und läßt sich in den Schacht sinken.

An den Biosensoren steckt er den Fuß heraus, löst den Ultraschall aus und blockiert so die Strahlenfalle. Inzwischen haben die Taucher den Unterwasserfrachter beiseite geräumt und nehmen Mister X in Empfang. Er wird in die Klinik gebracht, wo Doktor Ramirez schon darauf wartet, ihm ein neues Bein anzusetzen."

Paddington nickte begeistert. „Klingt sehr logisch, Tiny. Nur, entschuldigen Sie, Ihre Ausgangspunkte sind nicht gerade seriös. Ich meine, daß man bei Carruthers Talkum gefunden hat und daß Taucher Talkum benötigen –"

Paddington brach mitten im Satz ab. Er starrte verwirrt auf den kichernden Timothy.

„Der Witz ist", sagte Timothy, „daß auch Taucher heute kein Talkum mehr verwenden. Na, Hauptsache, es hat uns zur richtigen Lösung gebracht."

„Ihre Kombinationen waren also richtig?"

„Frings, der Sicherheitschef der MONOLINE, war vor zwei Stunden hier, um sich bei mir zu bedanken. Ich habe ihm gestattet, das Ganze als sein Verdienst hinzustellen, und mir so, wie er sagte, ‚einen Freund fürs Leben' gewonnen."

„Und die Feindschaft der UNIVERSAL."

„Hat irgend jemand von der UNIVERSAL gesprochen? Ich nicht. Zu niemandem, Edward, verstehen Sie?"

Paddington nickte eifrig.

„Ich habe Frings nur gesagt, daß ich von einem Einbruchsversuch erfahren hätte und wie er wahrscheinlich durchgeführt werden sollte."

„Und die haben Mister X gefaßt? Wer war es?"

„Ich habe Frings nicht gefragt." Timothy machte eine lange Pause. Er lag still in seinem Sessel, seine Lippen waren zu schmalen Strichen zusammengepreßt.

Paddington musterte ihn verwirrt.

„Er ist tot", sagte Timothy schließlich. „Sie hätten ihn bequem abfangen und festnehmen können. Aber sie haben sich einen Spaß daraus gemacht, ihn in die eigene Falle zu jagen. Sie haben den Safe mit einer zusätzlichen Sicherung versehen, und als die anzeigte, daß Mister X sich an ihm zu schaffen machte, sind sie mit lautem Krach eingedrungen, so daß Mister X in Panik geriet und auf dem vorbereiteten Weg fliehen wollte. Aber Frings hatte die Koppelung der Sperren aufgehoben. Es nutzte Mister X nichts, daß er sein Bein herausstreckte und zerschallen ließ, Sekunden später wurde er von der Strahlenkanone erfaßt."

„Trotzdem ist es ein Erfolg", sagte Paddington. „Sie wollten diesen ‚Unfall' verhindern, Tiny, und das haben Sie geschafft, obwohl Sie praktisch nichts in Händen hatten. Nur durch brillante Kombination . . ."

„Hören Sie doch auf!" unterbrach Timothy wütend. „Erfolg! Ich wollte einen Einbruch verhindern und habe einen Mord begünstigt!"

„Dafür können Sie nichts, Tiny!"

Timothy antwortete nicht. Er starrte zur Decke.

„Nun werden wir nie erfahren, warum der linke Unterschenkel noch gegen einen rechten umgetauscht wurde", sagte Paddington.

„Ich bin sicher, daß Ramirez bei der ersten Untersuchung festgestellt hat, daß Mister X das rechte Bein ohnehin bald verlieren müßte. Vielleicht hatte er Krebs? Ich nehme weiter an, daß Mister X daraufhin die Bedingung gestellt hat, gleich das rechte Bein auszutauschen."

„Hat Ihnen Frings verraten, was man bei der MONOLINE stehlen wollte."

„Wissen Sie, was schweres Wasser ist?"

„Natürlich, Deuteriumoxyd, ein Ausgangsprodukt für die Kernverschmelzung."

„Wissen Sie auch, was schweres Gold ist?"

Paddington sah ihn entgeistert an.

„Ein Transuran. Die Wissenschaftler vermuten seit nahezu hundert Jahren, daß es irgendwo hinter der Ordnungszahl 126 wieder Elemente mit stabilen Atomkernen geben könnte, künstliche Stoffe, die nicht sofort wieder zerfallen. Man verspricht sich von diesen Transuranen völlig neue Werkstoffe mit noch unbekannten oder bislang unerreichbar erscheinenden Eigenschaften. Irgend jemand hat mir erzählt, daß die MONOLINE seit längerem daran arbeitet, sogenanntes schweres Gold zu gewinnen."

„Das würde allerdings den ganzen Aufwand erklären!" Paddington seufzte. „Mir würden schon ein paar Unzen normales Gold genügen."

„Damit kann ich Ihnen nicht dienen", sagte Timothy. „Aber was halten Sie von einer Tasse Kaffee und frischem schwedischem Hefekranzkuchen?"

„Sagten Sie Hefe?“

„Ja, sagte ich. Wissen Sie nicht, was Hefe ist?“

„Doch, wir haben bei uns in der Klinik Hefepilzkulturen für die Bakteriologie. Ich wundere mich nur, was Hefe mit Kuchen zu tun haben sollte.“

Der Tod der Unsterblichen

1.

Brooker war gut informiert. Natürlich, wer sonst. Er kam Timothy nicht mit Geld.

„Man hat mir gesagt", so teilte er in seinem Hologramm mit, „daß ich Sie für kein Geld überreden kann, mich aufzusuchen. Andererseits verlasse ich selbst Harlington so gut wie nie, und auf keinen Fall würde ich zur Zeit nach Chicago kommen. Aber ich muß Sie sprechen. Das ist mein Angebot: eine Kiste 1982er Château Neuf du Pape. Ich brauche Ihnen nicht zu sagen, welche Überwindung mich dieses Angebot kostet. Also, wann kommen Sie? Geben Sie Patton Bescheid. Mein Helicopter holt Sie ab."

Timothy verglich die Kontrollfrequenz, die unter der Nachricht lag, mit den Werten, die Brookers Sekretär ihm angekündigt hatte.

Die Nachricht war echt.

Was, zum Henker, mochte Brooker von ihm wollen? Die UNITED CHEMICAL hatte ihre eigene Polizeitruppe und eine ganze Kompanie von Detektiven, und wenn Brooker nur mit dem kleinen Finger winkte, stand nicht nur die Polizei von ganz Indiana, sondern auch das FBI stramm.

Timothy stand auf, tigerte durch das Zimmer. Er überlegte, ob einer seiner Fälle Brookers Interesse erregt haben könnte, aber ihm fiel nichts ein, und dann hätte Brooker wohl nur einen Beauftragten geschickt. Timothy ließ das Hologramm noch einmal abtasten, aber es enthielt keine weiteren Informationen. Er rief Josuah Trevers an.

„Samuel S. Brooker will mich sehen", sagte Timothy, „und er läßt es sich etwas kosten, eine ganze Kiste Château Neuf du Pape, Neunzehnhundertzweiundachtziger."

„Ich werde dir beim Trinken helfen, Tiny."

„Okay. Was gibt es Neues bei der UNITED?"

„Der Präsident hat Brooker vorige Woche besucht –"

„Interessiert mich nicht. Was kann dem Bigboss Kummer bereiten?"

„Keine Ahnung; ihr Problem mit den Syndikaten hat die UNITED gelöst, und sonst –"

„Was war das?" Timothy hatte sich aufgerichtet und hockte mit untergeschlagenen Beinen auf seinem Sessel, die Hände auf die Oberschenkel gestützt.

„Du kannst dich ruhig wieder langlegen, Tiny", sagte Trevers. „Du hockst doch schon wieder im Schneidersitz, oder?"

„Ach, Unsinn", knurrte Timothy und legte sich hin. „Warum eigentlich Schneidersitz?"

„Soll ich es recherchieren? Vielleicht hieß der Mann, der ihn erfunden hat, Schneider. Sicher ein Deutscher. Was die alles erfunden haben. Aber du weißt doch sonst alles."

„Napoleon", korrigierte Timothy, „Napoleon muß alles wissen. Also, was ist mit den Syndikaten?"

„Erledigt. Sie hatten den Chemietrusts neue Transporttarife diktiert, und die wollten sie nicht akzeptieren. Gestern haben sie akzeptiert – nachdem ein halbes Dutzend Transporte in die Luft geflogen sind."

„Was sonst?"

„Brookers Partner, Weaverly, ist vor kurzem gestorben. Sauerstoffnihilation. Blutkrebs."

„Daran sterben Tausende. Was ist mit Brookers Privatleben?"

„Zum fünftenmal verheiratet, mit der vorjährigen Schönheitskönigin, ein Sohn aus erster Ehe, Charles Benedict, der Kronprinz, und zwei Mädchen aus der dritten, Zwillinge, ein Schloß bei Harlington –"

„Ein richtiges Schloß?"

„Sogar ein Original. Sein Großvater hat es aus Schottland kommen lassen, noch kurz vor der Isolation. Du solltest ihn besuchen, das Schloß ist sehenswert."

„Es bleibt mir wohl nichts anderes übrig", stöhnte Timothy. „Du weißt jetzt, wo man mich suchen muß, falls ich verschwunden sein sollte. Seid nett zu Napoleon. Er hat es verdient."

Trevers lachte.

„Deine Angst, aus deinem Bau herauszukriechen, ist grotesk. Wenn dir wirklich einer ans Leben will, nutzt es dir auch nichts, daß du dich in deinem Wolkenkratzer vergräbst. Fahr nach Harlington. Brooker soll eines der besten Klimas der Staaten haben."

2.

Das Schloß war wirklich sehenswert. Timothy setzte sich auf, als der Helicopter die milchige Halbkugel der Klimasphäre durchstieß, die Brookers Landsitz überspannte. In der klaren Luft bildete das Altrot der Ziegel einen wie von Künstlerhand abgestimmten Kontrast zu dem satten Grün des Rasens und der Bäume; ein riesiger englischer Park umgab das Schloß bis zu dem kreisförmigen Wall, der nur schwach durch das Grau schimmerte, das sich immer an den Berührungszonen zwischen der Klimasphäre und dem Boden bildet. Timothy bat Brookers Sekretär, er möge den Helicopter eine Runde um das Schloß drehen lassen. „Wer weiß, ob ich noch jemals Gelegenheit habe, so etwas zu sehen."

Patton programmierte den Autopiloten, und der Helicopter schwenkte in eine Kreisbahn ein. Patton verzog keine Miene. Er hatte die ganze Zeit kein Wort gesagt außer „Guten Tag", als er Timothy auf dem Landeplatz des „Nebraska" in Empfang nahm. Er hatte sich nicht einmal Timothys Identicat geben lassen. Wozu auch, einen Timothy Truckle konnte man nicht nachahmen. Der Helicopter vollendete seinen dritten Kreis um das Schloß und setzte zur Landung an. Direkt vor dem Haus war ein Stück Rasen frei gelassen, das groß genug dafür sein mußte. Timothy dachte, jeden Moment müsse ein Butler in historischem Kostüm vor das Portal treten, doch kein Mensch ließ sich blicken. Das Gelände lag wie ausgestorben, nur aus einem der Schornsteine stieg ein schmaler Rauchfaden. Der Helicopter beschleunigte noch einmal und flog geradenwegs auf das oberste Stockwerk zu. Timothy klammerte sich unwillkürlich an seinen Sitz, da merkte er, wie Patton ihn belustigt von der Seite ansah, und er entspannte sich wieder. Der sollte ihn nicht ängstlich sehen. Die Wand schob sich samt Fenstern und Stuckverzierung zur Seite, verschwand hinter den mächtigen Mauern des Eckturms und gab den Einflug in einen großen Hangar frei, in dem noch ein Helicopter und zwei Turbos standen. Auch hier ließ sich kein Mensch blicken.

Ein Automat rollte auf den Helicopter zu, streckte vier Krakenarme aus und öffnete die Luken am Bug.

Original schottisch, dachte Timothy und mußte lachen. Der Roboter war bestimmt das Modernste, was das 21. Jahrhundert zu bieten hatte. Er hätte sich gerne ein wenig umgesehen, aber Patton führte ihn sofort zum Lift, und der war auch nicht aus dem vergangenen Jahrhundert. Ein Spiegel nahm die Rückseite ein, so daß man auf den ersten Blick sehen konnte, ob sich in den toten Winkeln jemand verbarg. Also hatte Brooker selbst hier Angst, dachte Timothy belustigt.

Der Raum, in den Patton ihn führte, eine Riesenhalle, war wieder ganz im schottischen Stil eingerichtet, sogar echtes Holzfeuer brannte im Kamin. Timothy ließ sich in einen der Sessel fallen und studierte die Einrichtung, aber er hatte noch nicht einmal die Wand abgesehen, als Brooker erschien. Er kam mit weit geöffneten Armen auf Timothy zu, als wolle er ihn umarmen. Timothy drückte sich fest in seinen Sessel und streckte ihm nur die Hand entgegen.

„Ich freue mich, daß Sie gekommen sind, Mister Truckle“, sagte Brooker. Timothy machte ein Gesicht, als wäre es sein tägliches Frühstück, von einem der mächtigsten Leute der Staaten empfangen zu werden. Hinter Brooker hatte ein Diener den Raum betreten, und der trug tatsächlich eine altertümliche Uniform, sie war genau auf Brookers Jagdkostüm abgestimmt. Timothy tippte auf frühes 18. Jahrhundert. Brooker korrigierte ihn.

„Zweite Hälfte“, sagte er. „Eigentlich gehören ja noch meine Greyhounds dazu, aber ich habe sie lieber draußen gelassen. Ich weiß, daß Sie Hunde nicht lieben. Dafür dürfte der Whisky Ihren Geschmack treffen.“

Der Diener fuhr einen Wagen heran, und Timothy mußte zugeben, daß er noch nie eine vollkommenere Auswahl erlesener Whiskys gesehen hatte.

„Sie haben sicher nichts dagegen, wenn wir uns selbst bedienen“, meinte Brooker. „Ich möchte mit Ihnen unter vier Augen sprechen.“

Timothy kicherte. „Vier Augen ist gut. Fernsehaugen zählen für Sie nicht?“ Er winkte mit dem Kopf zur Wand, wo gut ein Dutzend Mikrofone und Kameras hinter den alten Waffen, Wappenschildern und Geweihen versteckt sein konnten.

Brooker lachte. „Wenn ich sage vier Augen, dann meine ich

das auch. Hier bestimme ich. Da hat nicht einmal die Regierung zuzuhören."

Timothy nickte. Natürlich. Und wenn sich trotzdem jemand erdreistete, würde Brooker ihn kurzerhand ablösen lassen. Vielleicht hatten die Bigbosse sogar ein Abkommen, ihre Privatsitze gegenseitig zu respektieren. Timothy wählte lange, bis er sich für einen dreißig Jahre alten „Black & White" entschied.

„Ich habe ein Problem, Mister Truckle", sagte Brooker.

„Und einen vorzüglichen Whisky. Hier möchte ich mal Urlaub machen", sagte Timothy versonnen. „Ein bequemer Sessel draußen auf dem Rasen, dieses reizende Gefährt an meiner Seite, über mir das Rauschen alter Bäume; schade, daß wir keinen blauen Himmel mehr haben, man könnte sich wie auf einem Gemälde von Turner fühlen. Haben Sie auch zuweilen Sehnsucht nach der alten Zeit?"

Brooker prostete ihm zu. „Den Urlaub können Sie haben. Und den blauen Himmel dazu. Airlamcol." Und da er sah, daß Timothy nichts mit dem Wort anfangen konnte, erklärte er es. „Eine neue Erfindung, die es gestattet, die Grenzschicht zwischen Klimasphäre und der öffentlichen Luft einzufärben. Vom strahlendsten Sonnenblau bis zum feinsten Herbstregengrau."

„Und regnen lassen können Sie es unter Ihrem künstlichen Himmel auch, sooft Sie wollen?"

Brooker schüttelte den Kopf. „Nein, regnen nie."

„Ich möchte nicht unter einem regenlosen Himmel leben", sagte Timothy. „Ich liebe Regen. Er gibt uns noch einen Hauch von Natur."

Brooker lachte. „Wenn Sie sich einmal einen Regentropfen unter dem Mikroskop ansähen, würden Sie nicht mehr so sprechen. Das ist doch Illusion. Aber es gibt ja sogar Leute, die davon sprechen, sie gingen an die frische Luft. Wenn Sie einmal frische Luft haben wollen, Mister Truckle, dann nehmen Sie mein Angebot an und machen Urlaub auf Harlington. Unter blauem Himmel, der, nebenbei gesagt, noch den unschätzbaren Vorteil hat, mein Gebiet von ungebetenen Gästen frei zu halten."

„Aber Sie haben trotzdem einen Spiegel im Lift." Timothy grinste. „Was ist der Preis für den Märchenurlaub?"

Brooker wurde ernst. „Finden Sie meinen Mörder."

„Und natürlich, bevor er Sie ermordet hat“, sagte Timothy nachdenklich. „Hat man schon versucht, Sie umzubringen?“

Brooker nickte. „Ein paar dutzendmal. Aber das ist es nicht, was mich beunruhigt. Ich bin es gewohnt, so zu leben. Das ist der Preis der Macht. Es gibt zu viele, die unsereins nicht mögen. Der ganze Pöbel, die Farbigen, die Guerillas vom UNDERGROUND –“

„Die liebe Konkurrenz nicht zu vergessen“, warf Timothy ein.

„Vor acht Wochen ist einer meiner Partner gestorben.“

„Ja, ich weiß. Weaverly. An Blutkrebs.“

Brooker grunzte. „Vorgestern ist mein zweiter Partner gestorben: John P. Lloyd.“

Timothy sah überrascht auf.

„Wir haben es noch geheimgehalten. Die Kriminalisten meinten, sie könnten so leichter untersuchen. Aber ich fürchte, sie finden nichts.“

„Wie ist er gestorben?“

„Offiziell wird Blutkrebs als Todesursache genannt werden. Es ist nicht gut, wenn Leute unseres Schlages ermordet werden können. Aber sie haben keinen Krebs gehabt. Sie sind ermordet worden. Doch wie? Alle sind ratlos: meine Leute, das Staatskriminalamt, sogar die Experten vom FBI. Und ich muß mich fragen, wann ich dran bin. Sie müssen mir helfen!“

„Warum glauben Sie, daß gerade ich Ihnen helfen kann?“

„Weil Sie, wie man mir gesagt hat, einer der besten, wenn nicht sogar der beste Detektiv der Staaten sind. Und weil Sie unabhängig sind. Das ist mehr, als die meisten Menschen von sich behaupten können.“

„Und mehr als wahr ist“, sagte Timothy.

„Haben Sie jetzt auch einen festen Job angenommen?“

„Nein, meine Abhängigkeit ist anderer Art. Napoleon und –. Aber das hat hier nichts zu sagen.“

Brooker fragte nicht. „Wo“, sagte er, „gibt es noch Sicherheit, wenn es möglich war, Weaverly und Lloyd zu ermorden. Bei Weaverly konnte man mir noch einreden, es sei vielleicht doch Blutkrebs gewesen. Aber jetzt? Lloyd und ich haben inzwischen unsere Sicherheitssysteme überprüfen und verstärken lassen. Und doch ist Lloyd tot. Im eigenen Haus ermordet. Ermordet sage ich Ihnen. In seinem eigenen Inneren Reich! Kein Mensch kann sich uns nähern, ohne daß wir dem zustimmen, keiner von uns ißt oder trinkt etwas, ohne daß es nicht zuvor von einem anderen gekostet würde, von den automatischen Kontrollen und der ständigen Überwachung aller, die auch nur irgendwie mit uns zu tun haben, ganz zu schweigen. Es müßte unmöglich sein, jemanden von uns umzubringen, aber Weaverly und Lloyd sind tot. Keine Spur von den Tätern. Nicht einmal eine Ahnung, wie es geschehen ist." Er lehnte sich erschöpft zurück und tupfte Schweiß von der Stirn.

„Von wem bekomme ich die Informationen?" fragte Timothy.

„Von Patton. Sie werden mit niemandem sonst Kontakt aufnehmen. Patton ist auch der einzige, der von Ihrem Auftrag weiß. Er wird alle notwendigen Informationen beschaffen. Offiziell fordert er sie für mich an, es wird also keine Schwierigkeiten geben. Sie können über ihn auch den Zentralcomputer und sämtliche Regierungsstellen benutzen. Alles steht zu Ihrer Verfügung. Retten Sie mich!"

Timothy sah Brooker in die Augen. Er hat tatsächlich Angst, dachte er, Todesangst. Er fragte sich, warum er eigentlich Brooker retten sollte. Gab es einen Grund, ihn der Menschheit zu erhalten? Er genoß einen Augenblick den Gedanken, daß er es vielleicht in der Hand hatte, den da zum Tode zu verurteilen. Aber dann sagte er sich, daß dadurch nichts geändert wäre. Brookers Sohn würde dessen Stelle einnehmen, ein paar Sessel ihre Besitzer wechseln, und sonst würde alles beim alten bleiben.

„Patton steht Ihnen zur Verfügung", sagte Brooker. „Vereinbaren Sie alles mit ihm. Auch Ihr Honorar. Wenn es Ihnen gelingt, können Sie alles verlangen, was Sie wollen."

„Eine Frage, Sir Henry", sagte Timothy. „Warum eigentlich vertrauen Sie Patton?"

„Er ist der einzige, der nur gewinnt, wenn ich lebe. Er hängt geradezu an meinem Leben."

„Noch eine Frage: Warum sind Sie sicher, daß Weaverly und Lloyd ermordet wurden, wenn, wie Sie sagen, die Polizei auf Sauerstoffnihilation durch Blutkrebs erkannte und es keine Spuren gibt, die auf ein Verbrechen hinweisen?"

„So ist es nun wieder nicht. Die Polizei –. Ach was, Patton soll Ihnen das erklären. Kann ich mich darauf verlassen, daß alles, was Sie erfahren, vertraulich bleibt?"

„Sie sind mein Klient", sagte Timothy, „und damit meiner

Diskretion sicher. Gegen jedermann. Und wenn ich jedermann sage, dann meine ich es auch so."

Brooker rief Patton herein und gab ihm die Erlaubnis, über alles offen mit Timothy zu sprechen. Dann begleitete er ihn noch bis zur Tür. „Ich wünsche Ihnen viel Erfolg, Mister Truckle."

3.

Patton gab nur wenig von seiner Zurückhaltung auf. Er beantwortete Timothys Fragen, aber auch nicht mehr. Dafür schleppte er Unmengen von Unterlagen in Timothys Appartement. Timothy sah sie nicht an. Er fragte Patton: „Nun erklären Sie mir erst einmal, warum, zum Henker, sollten die beiden alten Herren nicht eines natürlichen Todes gestorben sein? Sie entschuldigen, wenn ich Krebs in diesem Alter als natürlich ansehe. Alt genug waren sie doch."

Patton nickte. „Lloyd zweiundachtzig und Weaverly sechsundachtzig."

„Alt genug. Wie hat man sie gefunden?"

„In ihren Arbeitszimmern, erstickt, mit Krebsviren im Blut."

„Na also, bei Blutkrebs erstickt man eines Tages. Das kann jedem von uns passieren. Von heute auf morgen. Bei manchem dauert es nicht einmal eine Woche zwischen Ansteckung und Tod."

„Weaverly und Lloyd sind nicht an Blutkrebs gestorben. Trotz der Viren, die man in ihrem Blut gefunden hat. Weder Weaverly noch Lloyd konnten an Krebs sterben."

Timothy sah ihn mit großen Kinderaugen an.

„Sie gehören zum Club der Unsterblichen", sagte Patton.

„Wozu, zum Teufel?"

„Zum Club der Unsterblichen." Jetzt grinste Patton unverschämt breit. „Ja, so nennen sie sich. Ich habe auch nur durch einen Zufall davon erfahren, aber Brooker hat gesagt, ich kann offen mit Ihnen sprechen."

Timothy legte sich bequem zurecht und faltete die Hände über dem Bauch. „Na, dann schießen Sie mal los, junger Mann."

„Es ist natürlich eine Übertreibung", begann Patton, „selbstverständlich sind sie nicht unsterblich. Aber sie haben sich vorgenommen, so alt wie nur irgend möglich zu werden. Nun ja, wer, wenn nicht sie. Vielleicht wissen Sie, daß sich seit dem großen Krach kurz nach der Jahrhundertwende die Chemiebosse einmal im Jahr treffen, wie hart sie sich das ganze Jahr auch bekämpfen mögen. Auf einer dieser Tagungen haben sie beschlossen, ihre eigenen Personen herauszuhalten. Finley von der INTERCHEM hatte die Idee. Er war wohl an Lungenkrebs erkrankt und wußte, daß die UNITED ein Serum entwikkelt hatte, es aber zurückhielt. Es ist ja kein Geheimnis, daß über drei Viertel aller Entdeckungen und Erfindungen erst einmal in den Panzerschränken verschwinden, vieles auf Nimmerwiedersehen, und diese Leute wissen es besser als irgendwer sonst. Finley schlug vor, daß sie sich selbst nichts vorenthalten sollten. Er hatte ein Medikament gegen Arterienverkalkung anzubieten. So haben sie den Club gegründet. Weaverly und Lloyd waren Mitglieder. Deshalb können sie nicht an Blutkrebs gestorben sein."

„Sagen Sie bloß, es gibt schon ein Mittel dagegen."

Patton zuckte nur mit den Schultern.

Timothy mußte an die Kliniken denken, die in den letzten Jahren überall aus dem Boden geschossen waren und in denen Zehntausende, wenn nicht Hunderttausende die letzten ein oder zwei Jahre ihres Lebens verbrachten, in der Hoffnung, doch gesund wieder nach Hause zu kommen. Es mußte ein Bombengeschäft sein, sonst hätte es nie diese Kliniken gegeben. Ihm war speiübel. Er brauchte einen dreistöckigen Whisky.

„Ich glaube nicht, daß ich Brooker helfen kann", sagte er dann.

Patton sah ihn entsetzt an. „Ich kann mir denken, was jetzt in Ihrem Kopf vorgeht", sagte er traurig, „aber ich bitte Sie, versuchen Sie es trotzdem."

„Tut mir leid. Es gibt nichts, wo ich ansetzen könnte."

„Aber Sie haben sich doch noch nicht einmal die Unterlagen angesehen."

„Bestellen Sie Ihrem famosen Mister Brooker einen Gruß von mir, es täte mir leid, aber –"

„Bitte", sagte Patton noch einmal und legte Timothy eine Schachtel Kristalle auf den Tisch. „Sehen Sie wenigstens das durch. Vielleicht können Sie mir einen Tip für die Polizei geben."

„Was, zum Teufel, haben Sie davon?" knurrte Timothy.

„Alles“, sagte Patton leise. „Bitte.“

„Nun reden Sie schon.“

Patton schüttelte den Kopf. Er sah Timothy nicht an. Er starrte zu Napoleon hinüber, auf dessen Bauch das Bereitschaftslicht glimmte. Timothy beobachtete ihn. Als Patton es merkte, ließ er seinen Sessel um neunzig Grad schwenken, so daß er Timothy nur noch sein Profil bot, und schloß die Augen. „Ich flehe Sie an, Mister Truckle“, sagte er fast unhörbar, „tun Sie alles, was in Ihrer Macht steht. Vielleicht kann ich Sie –“

„Nun gut“, brummte Timothy. „Ich schau mal ’rein. Aber nur wegen Ihrer traurigen blauen Augen. Und sagen Sie nicht immer Mister Truckle zu mir. Für Sie bin ich Tiny.“

Patton ergriff impulsiv Timothys Hand und drückte sie. „Ich heiße Harold.“

„Okay, Harold, was haben wir denn als erstes?“

4.

Patton kam jeden Morgen kurz nach neun, und er brachte nicht nur Unterlagen und Antworten auf Timothys Fragen mit, sondern auch regelmäßig einen Korb voller Flaschen, und Timothy konnte sich ausrechnen, daß er bald einen zweiten Raum als Weinkeller einrichten müßte, wenn er sich noch lange an dem Fall aufhielt. Er trank in diesen Tagen kaum etwas.

Der Smog drückte auf Chicago. Timothys Wohnung lag zwar über der schmutziggelben Dunstschicht, die selbst am Nachmittag selten über das 750. Stockwerk anquoll, aber sie reflektierte die Sonnenhitze, ließ sie an den Wänden des Wolkenkratzers hochbranden, und obwohl Timothy Unsummen für eine zusätzliche Klimaanlage ausgegeben hatte, stieg die Temperatur in seinem Appartement auf über dreißig Grad. Timothy dachte voller Wehmut und Neid an den gekühlten Park unter Brookers Privathimmel, aber er war zufrieden, daß es ihm wenigstens erspart blieb, jetzt in einer der unteren Etagen oder gar auf den kochenden Straßen sein zu müssen.

Sie gingen alle halbe Stunde unter die Luftdusche. Timothy hatte Angst, daß Napoleon durchbrennen könnte, und ließ alle umfangreichen Berechnungen über den Zentralcomputer abwickeln. Als Napoleon bei einer Nebenrechnung auf einen Fehler des Zentralcomputers stieß, ließ Timothy ihn zu jeder Untersuchung eine Kontrolle rechnen.

Doch so hart Timothy auch Napoleon, Patton, die Regierungskybernetiker und das FBI für sich arbeiten ließ und sich selbst nicht schonte, er kam zu keinem vernünftigen Schluß. Am Nachmittag des fünften Tages zog er mit Patton das Resümee. Das Ergebnis war niederschmetternd. Patton saß da, als hätte er sein Todesurteil erfahren. Wenn sie den Untersuchungen glauben wollten, konnten die Morde gar nicht geschehen sein.

Weaverly und Lloyd waren erstickt aufgefunden worden, ihre Lungen hatten keinen Sauerstoff mehr aufgenommen, aber warum?

Timothy mußte gestehen, daß er noch nie derart penible Obduktionsbefunde in der Hand gehabt hatte. Sie schlossen mit absoluter Gewißheit aus, daß Lloyd und Weaverly an irgendeiner Krankheit gelitten hatten. Man hatte Krebsviren in ihrem Blut gefunden. Aber die Bundespolizei hatte auf Brookers Anweisung genaue Untersuchungen bei Lloyd vorgenommen und dabei festgestellt, daß die Viren erst nach dessen Tod injiziert worden waren. Nachdem er erstickt war. Gift oder Drogeneinwirkung mußten ausgeschlossen werden, ganz abgesehen davon, daß weder Lloyd noch Weaverly etwas zu sich genommen hätten, ohne daß es vorher peinlich kontrolliert und eine Probe entnommen worden wäre, die achtundvierzig Stunden in einem Tresor aufbewahrt werden mußte. Man behauptete sogar, Weaverlys Frau hätte ihre Lippen immer erst auf eine Folie drücken müssen, bevor sie ihren Mann küssen durfte. Die Untersuchungen schlossen auch aus, daß ihre Herzen oder Lungen plötzlich versagt oder das Blut sich geweigert hätte, Sauerstoff in die Körperzellen zu transportieren. Und sie hatten auch nicht statt des gewohnten Luftgemisches ein anderes, sauerstofffreies Gas eingeatmet. Die Klimaanlagen hatten einwandfrei funktioniert. Kaum etwas war jemals so sorgfältig geprüft worden. Die Ärzte, die die Obduktionen durchgeführt hatten, waren bereit zu schwören, daß sowohl Weaverly als auch Lloyd in den letzten vierundzwanzig Stunden vor ihrem Tod nichts anderes geatmet haben konnten als die beste Luft, die für Geld zu haben war. Das FBI hatte die Räume, in denen die beiden gestorben waren, trotzdem buchstäblich auseinandergenommen und nicht die geringste Spur von einem fremden Gas gefunden.

Alles in allem: Weaverly und Lloyd müßten eigentlich noch leben.

Dabei gab es genügend Leute, die ein hinreichendes Motiv für die Morde gehabt hätten; die Bigbosse der UNITED CHEMICAL zählten schließlich zu den meistgehaßten Menschen der Staaten. Aber Timothy versuchte gar nicht erst, sich einen Überblick über alle zu verschaffen, die ein Motiv gehabt haben konnten, denn wer auch immer Lloyd und Weaverly getötet hatte, er mußte Gelegenheit gefunden haben, an die Ermordeten heranzukommen. Aber wie? Beide waren in ihren Arbeitszimmern gestorben. Mitten in ihren Inneren Reichen, abgeschirmt und beschützt von Dutzenden hochbezahlter Leute und von den besten Sicherheitssystemen der Welt. Sie waren in ihren letzten Stunden allein gewesen. Sie hatten sich zurückgezogen und wollten nicht gestört werden, und wenn sie das sagten, dann war es Gesetz. Und es schien tatsächlich niemand in den fraglichen Stunden bei ihnen gewesen zu sein.

Wer in das Innere Reich wollte, mußte sich in der Schleuse vor den Bildschirm stellen und wurde optisch registriert, auch wenn er die Genehmigung zum Eintritt nicht erhielt. Doch niemand hatte sich um Eintritt beworben. Wenn man nicht jeden Glauben an die Zuverlässigkeit technischer Präzision aufgeben wollte, hatte niemand außer den Toten sich im Inneren Reich aufgehalten. Die Familien waren außerhalb, die Junioren in der Stadt gewesen. Ihre Alibis waren einwandfrei. Sie selbst hatten bei ihrer Rückkehr ihre toten Väter gefunden, weil keiner der Bediensteten sich getraut hätte, ohne Aufforderung in das Innere Reich einzudringen.

Timothy fragte Patton, wie lange die Juniorchefs gebraucht hätten, bis sie den Tod ihrer Väter festgestellt und bekanntgegeben hätten, aber Patton lachte nur.

„Fehlanzeige. Darauf sind andere auch gekommen. Selbst wenn die jungen Leute, die übrigens auch schon gesetzte Herren sind, über magische Kräfte verfügten, mit deren Hilfe sie ihre Väter am Luftholen gehindert hätten, sie sind an diesen Tagen nicht allein nach Hause gekommen, und es waren jedesmal Zeugen dabei, Dienstboten, aber auch angesehene Leute, Freunde aus dem Club, und sowohl Lloyd als auch Weaverly waren schon mindestens eine Stunde tot, als man sie fand.“

„Dann", sagte Timothy, „haben wir eine historische Stunde erlebt. Den unmöglichen Mord." Er goß sich einen dreistöckigen „Johnny Walker" ein. „Tut mir leid, Harold, ich gebe auf."

5.

Am nächsten Morgen sortierte Timothy Napoleons Arbeiten aus dem Wust von Berichten, Aussagen, Berechnungen und Kontrollrechnungen heraus, bevor er die Folien und Kristalle in das Maul des Manipulators fallen ließ, der sie in handliche Container packte. Was für eine Menge Zeugs Patton angeschleppt hatte. Und er hatte alles umsonst durchgearbeitet. Nicht umsonst, aber ohne Ergebnis, und das kränkte ihn mindestens ebenso wie der Verlust seiner Sonderprämie, die er sich in Gedanken schon zusammengestellt hatte. Patton wußte auch über Brookers Weinkeller gut Bescheid.

Timothys einziges Vergnügen in dieser Morgenstunde war es, noch einmal Napoleons Schlußfragen zu lesen, eine Ansammlung absurder Gedanken, wie sie eben nur einem elektronischen Gehirn entspringen können, das sich in seinem bornierten Drang nach Vollständigkeit keinen Gedanken versagte.

Napoleon mußte halt auch bei den eindeutigsten und unzweifelhaftesten Ergebnissen das letzte Wort haben und noch eine Frage hinterherschicken. Zuweilen ärgerte sich Timothy darüber, meistens lachte er, ja, er sammelte Napoleons „letzte Worte" und hatte sogar schon daran gedacht, sie eines Tages als Beispiele absurden Humors zu veröffentlichen. Diesmal jedoch hatte Napoleon in seiner sturen Nach-Denklichkeit eine Frage gestellt, die Timothy aufmerken ließ. Napoleon hatte die automatischen Aufzeichnungen von Lloyds Klimaanlage kontrolliert und bestätigt, daß die ganze Zeit ausreichend Luft in das Arbeitszimmer gepumpt worden war, die Abweichung von der Norm hatte nie mehr als 0,15 Prozent des zugelassenen Limits betragen. Napoleon fragte nun: Wieviel ist 0,15 Prozent?

Timothy wartete ungeduldig, bis Patton erschien. „Setzen Sie sich gar nicht erst, Harold", empfing er ihn, „Napoleon und ich haben eine Frage."

Patton war froh, gleich wieder starten zu können. „Solange

Sie Fragen haben, Tiny, muß ich die Hoffnung noch nicht aufgeben."

Er kam schon nach zwei Stunden wieder zurück. Timothy fragte ihn, wie und woher er selbst die internsten Details aus Lloyds und Weaverlys Privatsphäre in so verblüffend kurzer Zeit bekäme. Patton grinste nur. Aber als Timothy sich schon mit den neuen Unterlagen beschäftigte, hörte er Patton summen. Timothy hatte ein ausgezeichnetes Gehör. Patton summte einen eigenen Text nach der Melodie des „City-Swamps": „Da fragte Lu-fu den Peng-tao, lalala, lalala —"

Timothy schmunzelte. Lu-fu und Peng-tao waren die Privatsekretäre zweier rivalisierender chinesischer Potentaten im ersten Jahrtausend gewesen, sie hatten insgeheim zusammengearbeitet, einmal der einen, dann wieder der anderen Seite einen Sieg oder einen Vorteil zugebilligt und so ihre Herrscher bei Laune gehalten.

„Aber ich bin nicht Liu Mao-tschu", sagte Timothy laut.

Patton sah ihn verblüfft an und wurde rot wie ein kleiner Junge.

„Können Sie etwas entdecken?" fragte er.

Timothy schüttelte den Kopf. „Aber ich habe so ein Kribbeln in der Nasenspitze. Am besten, Sie lassen mich jetzt allein."

Patton ging nur widerwillig. Am nächsten Tag ließ Timothy ihn gar nicht erst ein. Er meldete sich auch nicht am Communicator. Timothy schmunzelte, als er spätabends den Speicher abrief und die immer verzweifelter klingenden Anfragen vorgespielt bekam. Patton hatte alle Stunde versucht, ihn zu erreichen. Timothy gab ihm Nachricht, daß er ihn am nächsten Vormittag erwarte.

6.

„Nun?" fragte Patton aufgeregt. „Spannen Sie mich nicht auf die Folter, Tiny. Haben Sie es?"

„Vielleicht. Ich muß erst noch einiges wissen, bevor ich Ihre Frage beantworten kann." Er führte Patton in das Mausoleum. „Setzen Sie sich."

Patton sah Timothy erwartungsvoll an.

„Als erstes möchte ich wissen, warum Brooker Ihnen so bedingungslos vertraut."

„Das hat mit diesem Fall nichts zu tun. Glauben Sie mir!"
„Ich will wissen, nicht glauben."
Patton zögerte. „Ich möchte lieber nicht darüber sprechen."
Timothy legte sich lang und verschränkte die Hände unter dem Nacken. „Keine Ausflüchte."
„Das ist eine lange Geschichte, Tiny."
„Gut, geben Sie eine Kurzfassung."
„Als ich vierundzwanzig war", begann Patton, „erkrankte ich an Drüsenephemie. Es war aussichtslos für mich. Meine Eltern hätten nie das Geld für die Behandlung aufbringen können, ich war damals noch Student. Da kam ein Mann von der UNITED zu mir. Sie würden mir helfen und die Behandlungskosten übernehmen, wenn ich mich für ihren Sicherheitsdienst verpflichtete. Eine Ablehnung wäre Selbstmord gewesen. Ich wurde in die Klinik der UNITED gebracht, und nach ein paar Monaten war ich geheilt." Patton lachte bitter. „Von der Drüsenephemie. Dann ging ich zur UNITED. Mister Flower empfing mich. Kannten Sie Flower?"
Timothy verneinte.
„Der Sicherheitschef der UNITED. Er war ein Vieh. Flower sagte mir, er freue sich, daß es mir so gut ginge und so weiter, und dann eröffnete er mir, man habe ein neues Medikament angewandt, das leider eine nicht vorhergesehene Nebenwirkung gezeigt hätte, eine Art Antibluterkrankheit; wissen Sie, das Blut gerinnt sofort, selbst in meinen Adern, wenn ich nicht einen bestimmten Wirkstoff einnehme."
„Und den hat die UNITED natürlich?"
„Ja, es sei eine Zufallsentdeckung, sagte Flower, ich könne von Glück reden, daß ich nicht bei der Konkurrenz gelandet sei, die hätte mir nicht helfen können. Er könne es. Und er würde es auch tun. Solange ich ihn nicht enttäusche. Es gibt tatsächlich kein anderes Präparat, Tiny."
Timothy goß ihm einen Whisky ein und reichte ihn hinüber.
„Wir waren zehn, und man hatte uns sorgfältig ausgesucht. Wir hatten alle ausgezeichnete Ergebnisse an der Universität. Keiner einen Intelligenzquotienten unter 195, und wir brauchten nicht lange, um zu wissen, daß wir nicht Opfer eines fehlgeschlagenen medizinischen Versuchs, sondern eines wohlberechneten Anschlags geworden waren und daß wir nicht zufällig erkrankten. Jetzt waren wir von dem Medikament abhängig

und mußten machen, was Flower von uns verlangte. Die Flowerboys."

Er schwieg lange.

„Aber es muß doch möglich sein, herauszubekommen, wie sich das Zeug zusammensetzt", sagte Timothy.

„Wir haben alles versucht, um aus Flowers Gewalt auszubrechen, sechs von uns haben es mit dem Leben bezahlt. Sehen Sie, Tiny, wir haben immer nur eine Tagesration bekommen und sie gleich schlucken müssen. Einer von uns – das Los hatte ursprünglich mich getroffen, aber ich konnte dann nicht unbemerkt fort – hat sich eine Woche lang jeden Tag für ein paar Stunden in eine Klinik der PUBLIC HEALTHFARE geschlichen und untersuchen lassen, wir anderen haben ihn solange abgeschirmt, aber die HEALTHFARE-Leute konnten nicht herausbekommen, was wir brauchten, dazu hätte einer mindestens ein paar Wochen stationär in der Klinik liegen müssen. Als Flower dahinterkam, hat er John die Ration nicht gegeben."

„Flower ist tot?"

„Ja, er ist vor fünf Jahren gestorben, und bis man an seinen Safe kam ... Ich bin der einzige, der es überlebt hat, und das auch nur knapp."

„Von wem bekommen Sie Ihre Ration jetzt? Von Brooker?"

„Ja, jeden Morgen. Und an solchen Tagen wie heute, an denen ich viel außerhalb zu tun habe, geteilte Ration, morgens und abends. Als ich damals wiederhergestellt war, ließ er mich zu sich rufen. Er habe es erst jetzt erfahren, und er hätte es nie zugelassen, wenn er es gewußt hätte, aber er bäte mich, trotzdem weiter für die UNITED zu arbeiten, als sein persönlicher Sekretär, und er hat mir anständige Bedingungen versprochen. Und gehalten."

„Nur das Medikament hat er Ihnen nicht gegeben, oder?"

Patton schüttelte den Kopf.

„Ein wahrer Menschenfreund."

„Er sagte, so würde er mir nie mißtrauen. Er wüßte, er hätte wenigstens einen Menschen, auf den er sich wirklich verlassen könnte. Was sollte ich tun?"

„Wo hat Brooker das Zeug?"

„In seinem Safe im Arbeitszimmer. Ein Identicat-Safe. Er reagiert nur auf Brookers Körperwellen. Und wenn ich versuchte, den Safe mit Gewalt zu öffnen, würde ich nichts mehr darin vorfinden. Er ist mit einer Selbstvernichtungsanlage versehen. Und wenn Brooker eines Tages stirbt . . . Nach drei Tagen erlischt die Sperre, und der Safe kann von jedermann geöffnet werden. Aber ich habe nur einen Tag Zeit. Brookers Tod wird auch mein Tod sein."

„Noch eine Frage, Harold. Irgendwann muß das Zeug doch produziert werden, selbst wenn Brooker noch einen Vorrat hat."

„Er hat noch für Jahre genug in seinem Safe. Er hat mir einmal die Flasche mit den blauen Kügelchen gezeigt. Genug für ein langes Leben, sagte er. Und an ihm solle es nicht liegen. Hoffentlich wird er uralt."

„Wie alt ist er jetzt?"

„Achtundsiebzig."

„Und Sie?"

„Zweiunddreißig."

Timothy legte seine Hand auf Pattons Arm. „Ich werde alles tun, was in meiner Macht steht", sagte er, „das verspreche ich Ihnen."

7.

„Was wollen Sie noch wissen?" fragte Patton.

„Was geschieht, wenn Sie mit zwei großen Taschen in das Schloß wollen?"

„Ich muß sie vom Sicherheitsdienst prüfen lassen und im Zweifelsfall begründen können, wozu ich es brauche."

„Gibt es Ausnahmen?"

„Natürlich. Brooker kann jede Sperre aufheben."

„Und wenn Sie etwas ohne Genehmigung in das Innere Reich bringen wollen?"

„Das ist unmöglich, Tiny."

„Und trotzdem ist es schon gelungen. Bei Lloyd ebenso wie bei Weaverly, und die hatten im Prinzip die gleichen Sicherheitssysteme. Jemand hat zwei große Taschen oder einen Container oder so etwas hinein- und auch wieder herausgebracht."

„Und was sollte darin gewesen sein?"

„Nichts." Timothy kicherte. „Absolut nichts."

Patton kniff die Augen zusammen und sah Timothy mißtrauisch an.

„Ein Container, sagen Sie?"

„Wahrscheinlich doch zwei Taschen", meinte Timothy. „Eine für das Gerät und eine für das Stromaggregat."

„Schlagen Sie sich das aus dem Kopf. So etwas ist unmöglich. Ich weiß ja nicht, was Sie gefunden haben wollen –"

„Nur die Lösung", sagte Timothy mit einem verschmitzten Lächeln, „wie und woran Lloyd und Weaverly gestorben sind. Und es war nicht einmal so schwer." Er hockte sich in seinen Sessel. „Wissen Sie, Harold, warum man diese Art zu sitzen Schneidersitz nennt?"

„Keine Ahnung, was hat das hiermit zu tun?"

„Nichts. Ich dachte, Sie wüßten es vielleicht. Ja, Harold, es brauchte nur ein wenig Denkarbeit. Ich meine wirkliches Denken. Das haben all die hochbezahlten Detektive bis 'rauf zum FBI verlernt. Die verlassen sich auf ihre Computer, aber das sind eben doch nur hochgezüchtete Idioten. Napoleon natürlich ausgeschlossen. Aber verraten Sie es ihm nicht." Timothy erhob sein Glas in Richtung Tür. „Sehen Sie, Harold, die Aufzeichnungen der Klimaanlagen sind nur von den Computern geprüft worden, und die haben auftragsgemäß festgestellt, daß die Abweichungen noch nicht einmal den Toleranzwert erreichten, der Alarm ausgelöst hätte. Damit war für alle der Fall erledigt."

Patton nickte.

„Die höchste Abweichung bei Lloyd betrug null Komma siebzehn Prozent, bei Weaverly null Komma vierundzwanzig. Wenn man sich das einmal ausrechnet, kommt man auf die bemerkenswerte Feststellung, daß es sich in beiden Fällen um fast auf den Kubikzentimeter genau die gleiche Luftmenge handelt: knapp zweieinhalb Kubikmeter. Ein Zufall? Und ist es auch ein Zufall, daß die Abweichung in beiden Fällen fast auf die Sekunde genau vier Minuten beträgt? Und noch etwas: Sowohl Lloyd als auch Weaverly sind in riesigen Räumen erstickt. Kommt Ihnen das nicht komisch vor?"

„Ja", räumte Patton ein, „jetzt, wo Sie mich fragen –"

„Es kommt immer darauf an, richtig zu fragen. Man sollte doch denken, daß es gerade umgekehrt ist, daß einer eher in einem winzigen Zimmer erstickt als in einer Riesenhalle. Ich will Ihnen etwas verraten, Harold, in einem kleineren Raum hätten die beiden nicht ersticken können."

Timothy weidete sich an Pattons verständnislosem Blick.

„Wenn in einem kleineren Raum plötzlich ein paar Kubikmeter Luft weniger geblasen werden, würde sofort die Alarmanlage ansprechen. Ich habe mich gefragt, ob es ein Zufall sein könnte, daß die Klimaanlagen weniger Luft eingaben. Sie werden durch einen Automaten gesteuert, der in den Räumen des Inneren Reiches die Luftdichte mißt. Also wurde weniger Luft gebraucht. Aber niemand hat in dieser Zeit das Innere Reich betreten. Vielleicht ein kleiner Defekt? Genau vier Minuten lang? Und dann hätte die Luftkonzentration abnehmen müssen. Aber sie ist konstant geblieben." Timothy machte eine lange Pause und sah triumphierend zu Patton hinüber. „Es wurde vier Minuten lang weniger Luft in den Raum geblasen, aber die ganzen vier Minuten war die Konzentration gleich, die Luftentnahme weist keine Schwankungen auf, nicht einmal zweieinhalb Kubikmeter."

„Ich verstehe überhaupt nichts", sagte Patton.

„Ich habe auch lange gebraucht, um es zu verstehen. Es ist weniger Luft und zugleich nicht. Es gibt nur eine Lösung, und die ist so simpel, daß es schon einiger Genialität bedarf, um darauf zu kommen: ein Vakuum!"

Es war Patton anzusehen, daß er Timothy noch nicht folgen konnte.

„Mann, Harold, das erklärt doch alles! Die beiden sind erstickt. In riesigen Räumen voller einwandfreier Luft. Ohne Anwendung von Gewalt. Sie waren organisch gesund. Sie haben nichts Giftiges eingeatmet. Sie sind an nichts gestorben. Das ist es. In einem Vakuum. Ich habe mich erkundigt. Es gibt seit kurzem transportable Geräte zur Erzeugung eines Vakuums in beliebigen Räumen, eine Miniaturausgabe von dem künstlichen Himmel, der sich über Brookers Schloß wölbt."

„Und wer sollte nach Ihrer Ansicht ein solches Aggregat in Lloyds Arbeitszimmer geschmuggelt und ihn dazu gebracht haben, ungerührt zuzusehen, wie es in Gang gesetzt wird?"

„Sie haben vorhin gesagt, nur Lloyd oder Weaverly selbst könnten es sein, die Juniorchefs auch?"

Patton nickte.

„Und die Herren Söhne könnten gewiß auch ihre mißtrauischen Väter unter irgendeinem Vorwand übertölpeln."

„Aber warum? Sie haben alles, was sie brauchen."

„Weil sie selbst endlich Chef sein wollen und nicht warten, bis sie hundert Jahre alt werden oder noch länger. Weil ihre

Väter Mitglieder in diesem famosen Club der Unsterblichen sind."

„Ja", sagte Patton, „das wäre ein Motiv. Aber die Junioren haben einwandfreie Alibis."

Timothy grunzte verächtlich. „Dafür gebe ich keinen roten Cent. Ein Junior deckt den anderen. Wer sind denn die Alibizeugen? Allesamt Leute in der gleichen Situation. Eine Art Club zur Bekämpfung der Unsterblichen. Nein, was mir Kopfzerbrechen macht, ist die nun mal nicht zu bestreitende Tatsache, daß selbst die Junioren nicht unbemerkt in ihre Räume im Inneren Reich kommen konnten. Das macht meine schönen Gedanken zunichte. Ja, Harold, wir sind wieder mal am Ende. Wenn man schon keine Beweise hat, muß man wenigstens eine lückenlose Theorie zur Hand haben."

Es dauerte lange, bis Timothy die Augen wieder aufschlug. Dann diktierte er Patton eine ganze Reihe von Wünschen.

„Wollen Sie nicht doch schon mit Brooker sprechen?" fragte Patton. „Ich zittere wirklich um sein Leben. Und wenn es die Söhne sind – Brooker junior und ich sind zur Zeit die einzigen, die der Boss noch an sich rankommen läßt."

„Ihr Chef würde mir doch nicht glauben", sagte Timothy. „Und ich hoffe, der Junior ist nicht so leichtsinnig, etwas zu unternehmen, solange ich an dem Fall arbeite."

„Aber davon weiß er nichts."

„Dann sollten Sie sich schleunigst mal versprechen."

8.

Als Patton die bestellten Unterlagen brachte, fertigte Timothy ihn an der Tür ab. Er müsse allein sein. Für Montag früh ließ Timothy sich bei Brooker anmelden. Patton kam eine halbe Stunde zu früh, um ihn abzuholen. „Nun, haben Sie das Rätsel gelöst, Tiny?" fragte er, noch bevor sie sich begrüßt hatten.

Timothy verzog keine Miene. „Haben Sie etwa daran gezweifelt?" Er holte eine Flasche „Haighs". „Ja", sagte er dann und blickte versonnen in sein Glas, „heute nacht. Dabei war die Antwort so einfach. Man muß wirklich nur die richtigen Fragen stellen, Harold. Wir haben immer gefragt, wie jemand unbemerkt in das Innere Reich kommen konnte. Die Frage lautet: Wie konnte jemand unbemerkt herauskommen?"

Timothy lachte über Pattons verdutztes Gesicht.

„Ja, Harold, so einfach ist es. Passen Sie auf. Zu den Domizilen der Bigbosse gibt es ja auch noch die Landzugänge. Wer sie benutzt, muß die Außenschleuse betreten, sich vor dem Televisor anmelden und wird registriert, bevor er eingelassen wird beziehungsweise bevor er hinausgeht."

Patton nickte.

„Wenn Sie sich erinnern wollen: Weaverly junior hat sich am Mordtag von Charles Benedict Brooker abholen lassen. Der Junior brauchte keine Genehmigung, um die Schleuse passieren zu können, und er kann durch den direkten Zugang zur Schleuse kommen, ohne gesehen zu werden. Er geht also in die Schleuse, läßt sich registrieren, geht aber nicht hinaus, sondern wieder zurück; sein Freund Brooker fährt alleine ab. Dann sucht der Junior seinen alten Herrn unter irgendeinem Vorwand auf und führt ihm sein Gerät vor. Wer weiß, was er angekündigt hat. Der Alte erstickt in seinem Vakuum, Sohnemann injiziert ihm noch die Krebsviren, bringt das Gerät wieder in seine Gemächer und wartet die vereinbarte Zeit ab, geht dann wieder in die Schleuse, wird registriert, läßt Brooker und die anderen herein. Dann gehen sie nicht durch den direkten Zugang ins Innere Reich, sondern erst in den allgemeinen Trakt und nehmen auch noch Dienstboten als Zeugen mit. Ein paar Wochen später dasselbe bei Lloyd. Und irgendeines Tages bei unserem gemeinsamen Freund Brooker. Eine fast perfekte Methode. Von dem transportablen Vakuum wissen erst ganz wenige. Niemand außer den Chefs könnte so ein Ding hineinschmuggeln, und selbst wenn jemand auf die richtige Idee käme, die Täter haben ein Alibi, und welcher Polizist würde es wagen, einem Weaverly oder Brooker vorzuwerfen, er habe gelogen. Für die Polizei ist es da schon besser, festzustellen, daß die Toten an Blutkrebs gestorben sind."

Patton war bleich bis unter die Haut.

„Kommen Sie, Harold, es wird Zeit. Obwohl es für mich gleichgültig ist, welcher Brooker Seniorchef ist, das heißt, nicht ganz. Haben Sie die Aufstellung gemacht?"

Patton holte sie aus seiner Tasche und gab sie Timothy.

9.

Brooker wartete schon in seinem Arbeitszimmer, und auch der Whiskywagen stand bereit. Timothy entschied sich für einen „House of Lords“.

Brooker war sichtlich nervös. „Nun, können Sie mir helfen?“

„Ich kann Ihnen verraten, wer Ihre Partner umgebracht hat und wer Sie ermorden will, aber ob Sie mir glauben? Es ist nur eine Hypothese, die zwar alles logisch erklärt, doch ich kann Ihnen keine ausreichenden Beweise liefern, um den Mörder vor Gericht stellen zu können.“

„Das ist mir gleichgültig“, sagte Brooker. „Hauptsache, ich kann mich vor ihm schützen.“

„Für diesmal bestimmt, wenn man es bei Ihnen überhaupt mit der gleichen Methode versuchen würde, was ich bezweifle. Ich hoffe doch, Ihr Mörder nimmt mich ernst.“

„Schießen Sie los, wer ist es?“

„Wenn Sie gestatten, sprechen wir zuvor noch über das Honorar.“

„Machen Sie das mit Patton ab, er hat Vollmacht.“

„Es geht nicht um das übliche Honorar und die Spesen. Sie hatten mir eine Erfolgsprämie in Aussicht gestellt.“

Es war nicht zu übersehen, daß Brooker Mühe hatte, ruhig zu bleiben. „Sie sollten wissen, daß ich es auf den Tod nicht leiden kann, wenn man mich erpressen will“, sagte er.

„Ja“, stimmte Timothy zu, „da bin ich ganz Ihrer Meinung. Es gibt nichts Erbärmlicheres als einen Erpresser.“

„Also, wieviel? Drei, vier fünf . . .?“

„Was?“ fragte Timothy mit der unschuldigsten Miene.

„Millionen, was sonst?“

„Kein Geld.“

„Was dann?“

„Flaschen“, sagte Timothy sanft und reichte Brooker seine Liste. „Tausend Flaschen.“

Brooker überflog sie nur. „Okay. Obwohl ich mich von dem dreiundzwanziger Tokajer äußerst ungern trenne. Sie wissen, er ist für kein Geld mehr zu bekommen.“

Timothy unterdrückte sein Lachen. Er wußte es. Aber auch, daß Brooker noch zweiundzwanzig Flaschen davon im Keller hatte, und er dachte, daß es großzügig von ihm wäre, nur zehn zu verlangen. „Vielleicht lassen Sie Patton kommen und sagen ihm, daß er inzwischen schon mein Honorar in den Helicopter bringen läßt?“

Brooker verzog den Mund, aber er drückte auf den Knopf, der Patton herbeizitierte, und gab ihm die Liste. Patton mußte vor dem Eingang gewartet haben, so schnell war er da.

„Halten Sie sich bitte bereit“, sagte Timothy. „Ich werde bald zurückfliegen.“ Brooker nickte, und Patton verschwand.

„Nun, wer ist es?“ fragte Brooker.

„Ich würde es vorziehen, die Geschichte auf meine Weise zu erzählen. Schließlich ist die lückenlose Logik diesmal mein einziger Beweis.“

Brooker ließ sich resigniert in seinen Sessel fallen.

„Natürlich gibt es genügend Leute“, begann Timothy, „denen man ein Motiv unterstellen könnte, nicht nur Sie und Lloyd und Weaverly, sondern noch ein paar Dutzend Großer mehr ins Jenseits zu befördern, aber die Art der Verbrechen läßt nur einen winzigen Kreis von Verdächtigen zu. Nachdem ich wußte, womit die Morde verübt wurden –“

„Sie haben es herausbekommen?“ unterbrach Brooker. „Man hat also nicht übertrieben. Sie stecken das ganze FBI in die Tasche.“

Timothy machte eine Handbewegung, die man mit einigem Wohlwollen als Bescheidenheit hätte deuten können. „Weaverly und Lloyd sind erstickt.“

„Ja“, sagte Brooker, schon wieder an der Grenze zur Wut, „so schlau war ich auch ohne Sie. Aber woran?“

„Buchstäblich an nichts.“ Timothy erklärte ihm den Trick mit dem transportablen Vakuum in allen Einzelheiten. „Ich mußte also nur noch herausfinden, wer in der Lage war, eine solche Apparatur unkontrolliert zu Weaverly und Lloyd hineinzubringen und sie in umittelbarer Nähe seines Opfers in Betrieb zu setzen.“

Brooker war ganz entspannt. Er lächelte sogar. „Ich glaube Ihnen, Mister Truckle. Und ich weiß jetzt auch, daß man mich nicht ermorden kann. Ich lasse niemanden so nahe an mich herankommen, und ich werde die Sicherheitsbestimmungen noch verschärfen lassen.“

„Sie würden nicht so gelassen sein, wenn Sie wüßten, wer Ihre Partner umgebracht hat.“

„Wer ist es? Wer?“

Timothy goß sich einen „White Horse“ ein und schlürfte ihn in aller Ruhe, bevor er weitersprach.

„Ich muß Sie darauf aufmerksam machen, daß Sie meine Liste vorhin etwas flüchtig gelesen haben, sonst wäre Ihnen gewiß aufgefallen, daß sie nur neunhundertneunundneunzig Flaschen enthält. Ich denke, jetzt ist es an der Zeit, über die tausendste zu sprechen.“

Brooker sah ihn mit großen Augen an, und als Timothy ihm seinen Wunsch erläuterte, wurde er krebsrot, die Adern auf seiner Stirn schwollen an, daß Timothy schon befürchtete, der Unsterbliche würde einem Schlaganfall erliegen, bevor er erfuhr, wer sein Mörder war.

„Bitte seien Sie so freundlich“, sagte Timothy lächelnd. „Ich denke, Sie können die Flasche entbehren. Notfalls würde ich Ihnen fünf Flaschen von dem Tokajer erlassen.“

Brooker holte die Flasche und stellte sie in Reichweite vor sich auf den Tisch.

„Was würden Sie tun“, fuhr Timothy fort, „wenn Ihr Sohn zu Ihnen käme, er habe eine sensationelle Erfindung aufgetrieben und wolle sie Ihnen zeigen, unter vier Augen, kein Mensch dürfe einstweilen davon erfahren? Wären Sie mißtrauisch, oder würden Sie ihm interessiert zuschauen, wenn er das Gerät –. Ist Ihnen nicht gut, Mister Brooker?“

Brooker war kreidebleich.

„Ach so“, sagte Timothy, „was hat er Ihnen denn angekündigt?“

„Ein Gerät, mit dem man Gedankenfrequenzen entziffern kann“, hauchte Brooker. Timothy konnte ihn kaum verstehen.

„Und wann wollte Ihr Sprößling dem lieben Papa seinen Gedankenleser vorführen?“

„Heute abend“, stöhnte Brooker und starrte mit aufgerissenen Augen ins Leere.

„Dann würde ich an Ihrer Stelle doch mal nachsehen. Sicher hat er das hübsche Ding schon irgendwo in seinen Zimmern.“

Brooker rührte sich nicht. Timothy stand leise auf, nahm die Flasche vom Tisch, hüllte sie in ein Bernhardinerfell, das er ungeniert von der Wand nahm, und drückte auf den Knopf, der Patton herbeirief. Dann ging er auf Zehenspitzen zur Tür. Als Patton öffnete, legte Timothy einen Finger auf seine Lippen und schlich sich hinaus. „Schnell weg, bevor er es sich noch anders überlegt“, sagte er, und er entspannte sich erst, als der Helicopter die Klimasphäre durchstoßen hatte und Brookers Schloß unter der milchigen Halbkugel verschwunden war. Er seufzte. „Ade, Urlaub unter alten Bäumen und blauem Himmel."

Patton knetete seine Finger.

„Wann haben Sie Geburtstag?" fragte Timothy ihn unvermittelt.

„Am dritten Januar."

„Dann nehmen Sie es, wie Sie wollen, als verspätetes oder als verfrühtes Geburtstagsgeschenk", sagte Timothy und schlug das Fell auseinander. „Es ist doch die richtige?"

Patton brachte kein Wort heraus. Er starrte nur auf die Flasche mit den kleinen blauen Kugeln.

„Oder nehmen Sie es als ein Abschiedsgeschenk Ihres bisherigen Chefs. Aber verlangen Sie nicht noch Ihr letztes Gehalt", sagte Timothy kichernd. „Wenn es irgend etwas gibt, das er auf den Tod nicht ausstehen kann, so sagte Brooker mir vorhin, dann sind es Erpresser."

Schneewittchen und der Mann aus dem 20. Jahrhundert

1.

Timothy zögerte. Einen Augenblick dachte er daran, zu fliehen, sich einfach umzudrehen und auszureißen, dann gab er sich einen Ruck, drückte die Brust heraus und ging hinein. Nicht nur, weil er Daniel versprochen hatte, zur Eröffnung seiner Ausstellung herunterzukommen; die über die Grenzen Chicagos berühmten Kunstpremieren im „Nebraska“ waren ausgezeichnete Gelegenheiten, Informationen zu sammeln. Wo sonst konnte man so viele interessante, berühmte und auch bedeutende Leute auf einmal treffen, wo sonst gaben sie sich so ungehemmt, locker und klatschsüchtig? Kunst schien selbst die kaltblütigsten Rechner und die verschlossensten Beamten zu berauschen. Timothy wußte, daß es in Wirklichkeit nicht die Gemälde oder Plastiken waren, sondern die ungezwungene Atmosphäre und die raffinierten Mixturen aus Drogen und Alkohol, die jeder Aussteller freigebig herumreichen ließ, um die Wirkung seiner Werke zu erhöhen.

Der Saal, der fast ein Viertel des 13. Stockwerks einnahm, erschien heute riesig; die Zwischenwände waren herausgenommen, nur kleine, schallschluckende Wandschirme unterteilten den Raum in Kojen, in denen sich Daniels Plastiken voneinander ungestört entfalten konnten. Wie viele mochten es sein? Zehn, zwanzig? Nicht mehr.

Daniel konnte zufrieden sein. Timothy stellte auf den ersten Blick fest, daß über ein Dutzend Bigbosse gekommen waren, auch der Gouverneur von Illinois, der Oberbürgermeister von Chicago und wenigstens drei seiner Stellvertreter, der Chef der NSA, Bloomsfield, und Mommsen Maroon, der Polizeipräsident, ein paar Dutzend Wissenschaftler, die besten und bestbezahlten, versteht sich, nur sie waren würdig, eingeladen zu werden – und möglicherweise Käufer. Journalisten wurden nie zugelassen, dafür war der ganze Klüngel der üblichen Premierenbesucher vertreten, Kritiker, Snobs, Playies, Kollegen, darunter so berühmte wie Jennifer Aap, die die sprechenden Gemälde kreiert hatte, und Brian Joyce, der Erfinder der tautologischen Epen, Abraham Icks, der Maler des Unsichtbaren, Mercury LaGrande, der Barde oder vielleicht besser die Prophetin des Geschlechtertausches, Pete Goodhard, der Viereinhalbtöner, dann der berühmte Couturier Walter W. Macka, der die Bauchbinde eingeführt, und Gerard Shyman, der die Doppelschlingenfrage in den Rang einer Kunst erhoben hatte und immer noch durch das Showbusiness geisterte.

Timothy stürzte sich nicht gleich in die Arbeit, er wollte erst einmal sehen, was Daniel diesmal ausstellte. Es war eine Sensation, daß er ein zweites Mal ins „Nebraska" eingeladen worden war, zumal er schon beim erstenmal ungewöhnlich lange im Licht der Öffentlichkeit gestanden hatte, fast zwei Monate, länger als nahezu alle anderen Kunstmoden der letzten Jahrzehnte, so daß McPerson damals in seinem sonntäglichen „Kunsteintopf" gesagt hatte: „Gott sei Dank, der Danny-Kult ist endlich tot."

Aber nun war Daniel Shopenhower wieder da. Und wie er da war! Timothy wurde bereits von der ersten Plastik so eingefangen, daß er seine Umwelt vergaß. Zum Glück war die dichte Traube der Premierengäste weit entfernt, so daß er ganz allein der Sonic gegenüberstand. Daniel brachte nichts völlig Neues, er hatte nur seine Erfindung weiterentwickelt; auch diese Sonics tönten; sie klangen, gongten, wisperten, schnarrten, läuteten, schrien, dröhnten, jauchzten, weinten, je nachdem, wer und wie er sich der Plastik näherte, sich vor ihr bewegte. Das war nicht neu, neu waren die an Filigran, an Federn, Sonnenstrahlen, japanische Gräser, an indischen Tüll, Kaschmirseide, an Flamingos und Kolibris, an alle Zartheiten der Natur und der menschlichen Kunstfertigkeit erinnernden Gebilde, die unaufhörlich mit ihren Klängen auch ihre Formen und Farben veränderten und Timothy sofort an Klee und Kandinsky denken ließen. Und an Karpolenkow natürlich. Und an Musik. Timothy mühte sich, ein Motiv an die Oberfläche seines Bewußtseins zu zwingen, das irgendwo in seinem Gehirn angeklungen war, etwas Klassisches, ein Menuett? Da verlor die Plastik ihr zartes, porzellanglockenähnliches Klingen und schrie. Sie dröhnte, ächzte und schrie. McPerson, dachte Timothy und drehte sich um. Es war Deborrah Johnson.

Sie hatte das Zeichen ihrer Macht angelegt, natürlich nicht das amtliche Blech, sondern ihren privaten, mit Saphiren besetzten Platinstern, der sie aber nichtdestoweniger als Detektivchef von Chicago auswies. Als ob sie es nötig hätte! Als ob nicht jeder diese fetten Hängebäckchen, die kleine, knubblige Nase und die zu hohe Stirn kannte, diesen massigen Körper und die trippelnden Schritte, die ihr den Spitznamen Bachstelze eingebracht hatten. Wenn auf jemand das Wort publicitygeil zutraf, dann auf sie; kaum ein Tag verging, an dem ihr Bild nicht in den Nachrichten oder einer anderen Sendung erschien.

„Hallo, Tiny", sagte sie in einem Ton, der Timothy einen Schauer über den Rücken jagte und der Plastik ein frostiges Klirren entlockte. „Scheußlich, nicht wahr?" Sie schüttelte den Kopf. „Daß so etwas als Kunst gilt! Das sind doch bestenfalls notdürftig aufgemutzte Psychoschocker. Kunst soll, so finde ich, wenn sie schon nicht unterhält, wenigstens angenehm sein."

Arme Deborrah! dachte Timothy. Er stellte überrascht fest, daß er so etwas wie Mitleid mit der Bachstelze empfinden konnte. Ja, das war sicher der Preis für eine Karriere in den schmutzigen Gefilden dieser Staatsmacht, der Preis für ihre Härte, für all die Scheußlichkeiten, die man über die Praxis der Detektiv-Division erzählte und von denen mindestens das Doppelte stimmte, der Preis für die absurden und menschenverachtenden Gedanken, die hinter dieser hohen Stirn nisten mußten, daß sie niemals in ihrem Leben den unbeschreibbaren, unsagbar schönen Ansturm der Gefühle erleben würde, die Daniels Plastiken auslösten, wenn ihr Betrachter sie richtig zum Tönen bringen konnte.

Immerhin, sie brachte sie wenigstens zum Schreien. Wie viele schafften nicht einmal das, sondern konnten den Sonics nur ein armseliges Grunzen entlocken, wurden nie von den eigenartigen Melodien und sonderbaren Assoziationen beglückt, die zu erleben sie natürlich alle vorgaben, auch wenn sie nichts anderes empfanden als das Gefühl der eigenen Dummheit und Wertlosigkeit.

Das war letztlich auch der Grund gewesen, warum Daniels Plastiken wieder aus der Öffentlichkeit verschwanden, statt wenigstens in ihren gelungensten Exemplaren in die Museen einzuziehen und damit als wertbeständiger Teil der Kultur ausgewiesen zu sein. Aber die Sonics waren teuer, zu teuer für ein Museum, und die Leute, die sich eine leisten konnten, waren selbst in diesem von Heuchelei und Lüge zerfressenen Land nicht bereit, auf Dauer sich selbst und anderen für ihr gutes Geld noch etwas vormachen zu müssen.

„Ich hatte mich schon gewundert, daß ich Sie nicht sah, Debby", sagte Timothy, „wo Sie doch sonst keine Premiere auslassen. Interessieren Sie sich eigentlich für die Kunst oder für die Besucher?"

„Für Kunst schon, wenn auch nicht für so was. Sie wissen wohl nicht, daß ich eine eigene Galerie besitze, Zwerg Allwissend?" Sie lachte dröhnend, die Plastik flatterte erschrocken auf und stieß einen spitzen Schrei aus. Deborrah zog Timothy am Ärmel aus der Reichweite der Sonic.

„Ich war neugierig, ob Daniel Shopenhower eine Auferstehung schaffen würde." Sie schüttelte den Kopf. „Auch er nicht. Nicht mit solchen Scheußlichkeiten. Sie sollten mich mal besuchen kommen, Tiny. Ich besitze eine erstklassige Kollektion von Gemälden des zwanzigsten Jahrhunderts. Ich liebe das gute alte zwanzigste Jahrhundert." Sie kicherte. „Und ich nicht allein. Haben Sie schon gehört, Tiny . . ." Sie blickte sich um, als müsse sie Angst haben, daß jemand sie belauschen könne und sie, ausgerechnet die Bachstelze, beim FBI oder der NSA anzeigen würde. „Haben Sie schon von den Einbrüchen in der Nationalbibliothek und im Zentralarchiv gehört? Ich sage Ihnen, Tiny, wir bekommen eine neue Mode; die Leute, die sie lancieren wollen, decken sich ein. Aber ausgerechnet Zeitungen aus dem vorigen Jahrhundert? Ein Glück, daß das nicht in mein Ressort fällt. Können Sie sich vorstellen, daß Zeitungen einen Boom abgeben? Gut, sie sind selten, seltener als Rubine oder flämische Meister. Aber niemand könnte sie ausstellen, sie kaum den besten Freunden zeigen, ohne Kopf und Kragen zu riskieren. Vielleicht ist es gerade das: der Kitzel der Gefahr. Was glauben Sie?" Sie sah Timothy lauernd an.

„Ich weiß nie", antwortete Timothy, „was Sie damit bezwekken, Debby, wenn Sie mir Top-Secret-Informationen zustekken. Wollen Sie sich bei mir einkratzen? Warum? Oder wollen Sie mich reinlegen?"

„Aber, Tiny! Sie reinlegen? Warum wohl – und wie denn?"

„Tun Sie nicht so scheinheilig. Sie könnten zum Beispiel darauf warten, daß ich es weitererzähle; schon dürften Sie mich wegen Verbreitung staatsgefährdender Nachrichten einsperren lassen. Wieviel gäbe es dafür?"

Die Bachstelze grinste selbstgefällig. „Nach den zwölften, verschärften Durchführungsbestimmungen des Gesetzes zur Nationalen Sicherheit und dem Gesetz zum Schutz der Freiheit mindestens zehn Jahre. Oder Bewußtseinslöschung." Sie legte mit gönnerhafter Miene zwei Finger auf Timothys Schulter und lächelte ihn von oben herab an. „Aber Sie haben ja einflußreiche Freunde, die ihre Hände schützend über Sie legen, nicht wahr? Also vergessen Sie es. Bis später mal." Damit rauschte sie davon.

Es gelang Timothy, im Schatten der dichten Gruppe um Daniel noch zwei Plastiken zu genießen, ohne daß ihn jemand störte. Als er versunken vor einer pulsierenden Goldfadenkugel stand, die nach seinen Handbewegungen sphärische Musik aussandte, löste Daniel Shopenhower sich von dem Schwarm und kam zu Timothy.

„Du bist also gekommen!" rief er schon von weitem. „Was hältst du von meinen Sonics?"

„Es ist das Schönste, was ich seit Jahren gesehen habe. Vielleicht überhaupt in meinem Leben. Die Töne sind reifer, und die Formen – Bitte, lache nicht, Daniel, aber deine Sonics erinnern mich an Märchen."

Daniel drückte ihm impulsiv die Hände. „Du bist der erste, der es erkannt hat. Es sind Märchen. Seit zwei Jahren lebe ich nur noch mit Märchen. Nicht mit den modernen, den Phantastik-, Crime- und Horrormärchen, nein, mit den alten Volksmärchen." Er breitete seine Arme. „Da sind sie: Rotkäppchen, Schneewittchen, Aschenputtel, Frau Holle, die sieben Geißlein –"

„Aber du hast sie nicht so benannt." Timothy bückte sich, um die Inschrift am Sockel zu lesen. „Interstellar Supersonic Golden Six."

„Natürlich nicht. Wer hätte sie sich dann überhaupt angesehen?"

„Welches Märchen ist dies hier?" Timothy wies mit dem Kopf zu der pulsierenden Goldfadenkugel.

„So kannst du es nicht sehen. Ich meine nicht, daß jede Sonic ein bestimmtes Märchen darstellt; aber sie alle haben den Geist der Märchen, ihre Poesie. Und ihre Menschlichkeit."

„Ich würde sie Schneewittchen nennen", sagte Timothy versonnen. „Ich glaube, sie ist die Schönste von allen. Schade, daß ich sie mir nicht leisten kann. Oder bist du inzwischen billiger geworden?"

Daniel sah ihn mit traurigen Augen an. „Du weißt, ich würde sie dir am liebsten schenken. Aber was glaubst du, wie teuer es ist, so etwas zu machen!"

„Schon gut, Daniel."

„Wenn ich zwei der Plastiken verkaufen kann, sollst du sie haben, Tiny. Ach, wenn ich wenigstens eine verkaufen könnte! Ich stecke bis über beide Ohren in Schulden. Wenn ich hier nichts loswerde, bin ich am Ende. Entschuldige mich bitte, aber ich muß mich wieder um die Gäste kümmern."

Timothy gesellte sich zu der Gruppe um Bloomsfield und Maroon; nach zehn Minuten schlenderte er weiter, das Gespräch drehte sich um Frauen und Sex. Plötzlich stand John Modesty Dulles neben ihm. „Mister Truckle, nicht wahr?"

Timothy nickte verwundert. Daß Dulles ihn kannte, mehr noch, ihn ansprach! Dulles tat, als wolle er mit Timothy über eine der Plastiken sprechen, und zog ihn zu einer leeren Koje.

„Man sagte mir, Sie würden hiersein. Ich brauche Sie. Für maximal zehn Tage. Was kostet das?"

„Ich habe keinen festen Tagespreis", sagte Timothy freundlich, aber bestimmt. „Und ich übernehme nur Fälle, die mich interessieren. Niemals nur wegen Geld."

„Nonsens. Jeder Mensch ist käuflich. Wie hoch ist Ihr Preis? Sagen Sie es hinterher, ich akzeptiere blanko. Okay?"

Einen Augenblick schien es, als wolle Timothy explodieren. Sein Kinn reckte sich. Ihm wurde warm an den Ohren. Dann fiel ihm ein, daß er heute ein smaragdgrünes Wams und entsprechend getönte Haare trug und wie albern blutrot leuchtende Ohren davon abstechen würden. Er entspannte. Er lächelte. Er begann zu grinsen.

„Gut", sagte er. „Unter der Voraussetzung, daß Ihr Fall nicht gegen meine Prinzipien verstößt. Mein Preis sind zwei Plastiken. Eine für Sie, und diese hier", er zeigte auf die goldene Kugel, „diese für mich."

Dulles sah Timothy belustigt an, dann nickte er.

„Ich schlage vor, Sie setzen sich unauffällig ab. Ich komme in zehn Minuten in Ihr Appartement. Niemand soll wissen, daß wir miteinander zu tun haben."

Timothy ging zu Daniel und winkte ihn beiseite. „Reserviere die teuerste Sonic für Mister Dulles."

„Meinst du John Modesty Dulles?" fragte Daniel ungläubig.

„Ja. Und Schneewittchen reservierst du für mich. Mister Dulles ist ein großer Mäzen."

2.

Timothy fragte nicht, er führte seinen Gast sofort in das Mausoleum und servierte ihm eine Tasse Pfefferminztee, auf der eine Hanfblüte schwamm.

„Zwölf Tropfen Pernot", sagte er, „so ist es doch richtig?"

Dulles nickte beeindruckt. „Sie scheinen meine intimsten Gewohnheiten zu kennen."

Timothy machte eine Handbewegung, die sowohl Bescheidenheit wie Selbstverständlichkeit ausdrücken konnte.

„Wissen Sie am Ende auch schon, was ich von Ihnen will?"

„Mein Beruf zwingt mich, immer gut informiert, nicht aber telepathisch begabt zu sein. Es muß jedoch wichtig sein, wenn Sie selbst –"

„Ich hielt es für das beste. Zumal die Ausstellung mir einen Vorwand gab, ins ‚Nebraska' zu kommen. Wenn ich Sie zu mir gebeten hätte, wären sonstwas für Gerüchte entstanden."

„Ich wäre auch nicht gekommen", sagte Timothy.

Dulles überhörte es. „Und da Sie das Privileg eines abhörsicheren Raumes genießen, sind wir hier mindestens so ungestört wie bei mir zu Hause."

„So ein Raum ist ein wahrer Segen." Timothy ließ den Sessel in Liegestellung fahren und legte die Hände unter den Kopf. „Ich höre, Mister Dulles."

„Ich will erst Ihr Wort, daß niemand von unserer Unterredung erfährt und daß Sie sich keine Aufzeichnung machen."

„Sie sind mein Klient", antwortete Timothy, als verstünde sich damit alles von selbst.

„Bin ich das wirklich?" polterte Dulles . „Ich denke, Sie wollen erst prüpfen, ob mein Fall nicht gegen Ihre Prinzipien verstößt. Prinzipien! Hätte nicht gedacht, daß ein Privatdetektiv sich Prinzipien leisten kann!"

„Wären Sie sonst zu mir gekommen? Verschwiegenheit, zum Beispiel, ist eines meiner Prinzipien."

„Also gut.“ Dulles nahm einen Schluck, dann legte auch er sich hin. „Wie Sie sicher wissen, befaßt sich unser Konzern unter anderem auch mit Futurefreezing. Wir und die SOLIDAD. Ich will nicht behaupten, daß es der wichtigste Zweig des Unternehmens ist – so viele Leute lassen sich leider nicht einfrieren, um eines schönen Tages wieder geweckt zu werden und ein paar Jahre in einer besseren Zukunft zu leben –, aber immerhin bringt unsere GOLDEN FUTURE wiederum nicht so wenig, daß es uns egal sein kann, was die Konkurrenz macht. Die Leute von der SOLIDAD sind dabei, eine Riesenschweinerei zu starten. Deshalb bin ich hier.“

„Weil die SOLIDAD eine Schweinerei begehen will?“ fragte Timothy belustigt. „Sagen Sie nur, Sie gehen hochmoralisch vor bei Ihren Geschäften.“

„Nonsens! Aber die SOLIDAD ist drauf und dran, den Markt zu monopolisieren. In meiner ersten Wut wollte ich schon den Direktor und die ganze Führungsmannschaft der GOLDEN FUTURE hinauswerfen, aber das nutzt leider auch nichts. Die Sache muß unterbunden werden, und Sie sollen herausbekommen, wie das möglich ist. Okay?“

„Für Schneewittchen tue ich fast alles“, murmelte Timothy.

„Was sagten Sie?“

„Nichts. Bitte weiter. Möchten Sie noch einen Tee?“ Timothy ließ den Servicewagen heranfahren und griff nach der Flasche „Old Smuggler“. „Oder lieber auch einen Whisky?“

„Verträgt mein Magen leider nicht mehr.“

Timothy wollte ihm schon vorschlagen, sich doch selbst einfrieren zu lassen, bis man den künstlichen Magen erfunden oder auch Magentransplantationen in den Griff bekommen haben würde, verkniff es sich aber lieber. Dulles war, wie die meisten Mächtigen, absolut humorlos.

„Jedes Jahr“, erklärte Dulles, „lassen wir von den Meinungsforschern untersuchen, wie die Bereitschaft zur Futurefreezing ist. Der Prozentsatz der im Prinzip Gefrierwilligen steigt von Jahr zu Jahr.“ Dulles lachte. „Wen wundert es? Wer würde nicht allzu gerne der Gegenwart entfliehen, die so oder so für die meisten Menschen einem Jammertal gleicht, und sich einen Platz in einer paradiesischen Zukunft sichern? Trotzdem werden es von Jahr zu Jahr weniger, die sich tatsächlich einfrieren lassen. Die Sache ist zu teuer. Wenn es aber nicht zu einer Massen-, sagen wir ruhig, -produktion kommt, kann es auch nicht billiger werden. Aber jetzt hat die SOLIDAD den Dreh gefunden."

Dulles nahm einen Schluck Pfefferminztee. „Ich habe die Werbepläne gesehen, Mister Truckle – mein Nachrichtendienst ist zum Glück nicht so vertrottelt wie die Leute von der GOLDEN FUTURE –, wirklich klug durchdacht. Und: volkstümliche Preise! Jedermann soll die Chance haben, die bessere Zukunft zu erleben. Ich sage Ihnen, das wird einen Run geben. Das ganz große Geschäft! Für die SOLIDAD. Wenn Sie es nicht verhindern, Mister Truckle."

„Ich würde mich nicht so beunruhigen", sagte Timothy. „Selbst wenn sich jeder für ein Butterbrot einfrieren lassen könnte, wer würde es tatsächlich tun? Die Angst ist zu groß, daß man nicht wieder aufwacht, daß man sein bißchen Leben verspielen könnte. Wie jämmerlich es auch sein mag, es ist das einzige Leben. Diese Angst kann man mit keiner noch so raffinierten Werbung abbauen. Das ist die Barriere, die das Futurefreezing nie überspringen wird."

„Wenn man den Leuten aber die Gewißheit gibt, daß es funktioniert? Hundertprozentige Gewißheit."

„Dann", sagte Timothy nachdenklich, „dann könnte es anders aussehen, nur, wie wollen Sie das schaffen?"

„Nicht wir, leider. Die SOLIDAD. Sie wollen einen Mann, der sich im vorigen Jahrhundert hat einfrieren lassen, auftauen und der Öffentlichkeit präsentieren."

Timothy stieß einen Pfiff aus. „Donnerwetter, ja! Natürlich, das ist die Idee, einfach und überzeugend wie alles Geniale." Vielleicht wäre es wirklich eine Lösung, dachte er, sich einfrieren zu lassen. Alle, die die Schnauze voll haben. Massenweise. Nur, wer sollte dann die bessere Zukunft herbeiführen? Und wer garantierte, daß man nicht einfach eines Tages die Hähne des Überlebenssystems schließen würde? Weil niemand mehr die horrenden Kosten bezahlen wollte, zum Beispiel.

„Warum machen Sie nicht einfach das gleiche und tauen auch jemand auf?"

„Weil das leider nicht geht."

„Warum nicht?"

„Das Ganze ist nur ein Bluff."

3.

„Es hat nie funktioniert", erklärte Dulles, „und es wird nie funktionieren. Seit Jahren wissen wir, daß es auch theoretisch unmöglich ist. Zumindest hier auf der Erde, unter den Bedingungen der Schwerkraft. In den Gehirnzellen spielen sich irreversible Prozesse ab. Man kann wohl den Körper am Leben erhalten, wahrscheinlich unbegrenzt, nicht aber das Gehirn. Möchten Sie mit einem gefriergetrockneten Gehirn aufwachen? Das ist der Haken beim Futurefreezing."

„Aber Sie verkaufen es!"

„Natürlich. Wir verkaufen alles. Das ist nun einmal das Ideal unserer Art zu leben: die absolute Freiheit."

„Obwohl Sie wissen, daß einer, der sich einfrieren läßt, praktisch Selbstmord begeht."

„Beihilfe zum Selbstmord ist schon seit fast hundert Jahren nicht mehr strafbar. Die Leute sind doch freiwillig bereit, auf ihre Gegenwart zu verzichten. Gehen Sie mal in einen Kryronik-Club*, lauter Narren! Als ob die Zukunft besser wäre! Nein, Mister Truckle, die Sache ist rechtlich unanfechtbar."

„Und moralisch?"

„Versuchen Sie nicht, mir ein schlechtes Gewissen einzureden. Die moralische Seite habe ich längst mit meinem Beichtvater abgemacht. Ist es nicht viel besser, wenn einer mit dem Gedanken an die vor ihm liegende glückliche Zeit friedlich hinübergeht, als wenn er noch ein paar Jahre in diesem irdischen Jammertal umherkriecht und dann elend an irgendeinem Krebs krepiert? Besuchen Sie mal einen ‚Goodbye-Palast' der GOLDEN FUTURE und sehen sich an, wie glücklich die Kryroniker bei den Abschiedszeremonien sind! Wir haben die besten Leute darangesetzt, das Ritual auszuarbeiten."

„Es funktioniert nicht", sagte Timothy leise. „Und Sie wissen, daß es nicht funktioniert!"

„Nicht einmal zwei Dutzend Leute wissen davon, und ich hoffe, daß es durch Sie nicht mehr werden. Denken Sie daran,

---

* Kryronik = Kryros (griech.) Eis. Die ersten Kryronik-Clubs entstanden im 20. Jahrhundert, nachdem sich 1967 der amerikanische Professor der Psychologie James Beford einfrieren ließ; er war an Leukämie erkrankt und hoffte, später aufgetaut und geheilt zu werden.

ich bin mächtig genug, Sie zwischen zwei Fingern zu zerdrükken, wenn ich will."

„Ja", sagte Timothy, goß sich einen Whisky ein und trank ihn in winzigen Schlucken zwischen den Sätzen. „Sie und noch ein paar Dutzend Leute. Und Sie lassen keine Woche verstreichen, ohne es mir zu sagen. Ich weiß, für Sie bin ich nur eine Laus, die in Ihrem Pelz sitzt und sich von Ihrem Blut ernährt. Dabei brauchen Sie mich. Sie oder ein anderer. Immer wieder muß ich mal diesem, mal jenem aus der Klemme helfen. Und mit jedem Klienten gewinne ich einen dankbaren Freund, der mich am liebsten unter der Erde sähe, weil ich Einblick in seine Intimsphäre bekommen habe. Oder in seine Geschäftssphäre, was zuweilen als noch schlimmer empfunden wird. Und einer wird mich vielleicht tatsächlich einmal unter die Erde stopfen lassen. Wenn er so großzügig ist, mir den Luxus eines Friedhofsplatzes zu gönnen. Das ist mein Berufsrisiko. Mein Diensteifer und meine Verschwiegenheit dagegen sind meine Lebensversicherung."

„Sie müssen mich verstehen." Dulles bemühte sich um einen versöhnlichen Ton. „Ich will keinen Skandal. Natürlich nicht. Ich will mir doch nicht das Geschäft verderben. Aber ich will auch nicht, daß die Konkurrenz das Rennen allein macht. Und Sie, Mister Truckle, werden das verhindern."

„Warum gerade ich?"

Dulles lachte. „Verbreiten Sie nicht überall, Sie seien der Größte?"

„Ich bin es", sagte Timothy ernst. Ablehnen, dachte er, du kannst es noch ablehnen. Sag ihm, du hättest einen anderen Auftrag. Das stimmt sogar. Was geht es dich an, ob die GOLDEN FUTURE bankrott geht!

Dann dachte er daran, welche Explosion es geben, welche Dimensionen das Geschäft mit dem Futurefreezing annehmen würde. Wie viele nur zu bereit wären, dafür ihr ganzes Vermögen zusammenzuklauben. Und zu rauben! Die Kriminalität würde einen weiteren Sprung nach oben machen, weil viele in die Versuchung kämen, sich durch einen Gewaltstreich die Fahrkarte in die Zukunft zu verschaffen. In der sie dann nicht einmal dafür bestraft werden könnten! Die Auswirkungen waren unvorstellbar. Und gerade junge Leute würden bereit sein, ihr Leben wegzuwerfen, um möglichst viele Jahre in der besseren Zukunft verbringen zu können, wenn erst einmal die Barriere der Angst gesprengt war. In der Tat, ein genialer, ein teuflischer Einfall. Und ein Milliardengeschäft, weitaus größer als das mit den Krebskliniken.

Man muß es verhindern, dachte er. Die ganze Wahrheit aufdecken. Aber wie! Nur mit Worten? Man würde ihn als einen verschrobenen Narren hinstellen: Was denn, dieser komische Zwerg, der von Glück reden konnte, daß er als Säugling nicht annulliert worden war, wollte den Weg in die Zukunft madig machen? Aber vielleicht konnte er dem Rummel ein Ende bereiten. Oder wenigstens den gegenwärtigen Status erhalten.

„Gut", sagte er, „ich übernehme den Fall."

„Ich wußte es." Dulles lachte zufrieden.

„Was für Material kann ich bekommen? Wer ist der Mann, woher kommt er, an wessen Stelle tritt er, wann soll das Ganze stattfinden, wo, wie?"

„Langsam, langsam! Wenn wir das wüßten, brauchten wir Sie nicht mehr, Mister Truckle. Über diesen Mann werden weder wir noch Sie etwas herausbekommen. Seine Identität dürfte im Augenblick das bestgehütete Geheimnis der Staaten sein. Wir wissen leider nicht einmal, wo er sich jetzt befindet und auf seine Rolle vorbereitet wird. Man kann schließlich nicht nur behaupten: Hier, dies ist ein Mann aus dem vorigen Jahrhundert, wir haben ihn soeben aufgetaut. Man muß es auch beweisen können. Und sie müssen einen erstklassigen Kandidaten an der Hand haben, sonst hätten sie doch wohl versucht, sich mit uns zu einigen."

Dulles hielt Timothy die Tasse hin. Er zählte die Pernot-Tropfen mit.

„Mein erster Gedanke war natürlich, einen eigenen Kandidaten zu präsentieren. Das Geschäft wird groß genug sein; da können sich sowohl die SOLIDAD als auch wir gesund dran stoßen. Aber das ist leider gar nicht so einfach. Man muß zuerst einmal jemanden finden, der sich hat einfrieren lassen und dessen Körper noch heute in einem so guten Zustand ist, daß man den Freezer öffnen und den Mann öffentlich präsentieren kann, andererseits muß er schon so lange eingefrostet sein, daß keine Zeitgenossen mehr leben. Einerseits muß es zwar genügend Fakten über seine vergangene Existenz geben, Fotos, Zeugnisse und so weiter, damit niemand daran zweifeln kann, daß er aus dem vorigen Jahrhundert stammt, andererseits dürfen es wiederum nicht zu viele Fakten sein, denn jedes Detail vergrößert die Gefahr der Entdeckung. Dann müssen Sie jemanden auftreiben, der genauso alt ist wie das Original zum Zeitpunkt des Freezing und der genauso aussieht. Das ist das allerwichtigste. Noch nie zuvor mußte ein Mensch sich selbst so ähnlich sein wie hier die Kopie dem Original. Sonst wird das Publikum mißtrauisch. Wer will schon verändert aussehen, wenn er eines Tages wieder aufwacht? Und wenn es überhaupt Veränderungen gibt, wo sind dann die Grenzen? Und die Gesundheit! Natürlich muß er gesund sein, also auch nicht zu alt. Jede Krankheit erhöht die Identifikationsmöglichkeiten. Er darf keinen Zahn mehr oder weniger haben als das Original."

Dulles sah zu Timothy hinüber. In seinem Gesicht spiegelte sich nicht nur Ärger, sondern auch Hochachtung, daß es gelungen war, all diese Hindernisse zu überwinden.

„Und intelligent muß er sein. In jeder Minute das Spiel spielen können. Er muß trainiert werden. Ich schätze, es hat Jahre gedauert, das Double fit zu machen. Er muß ja praktisch sein ganzes bisheriges Leben vergessen und dafür alles wissen, was der andere gewußt haben kann. Was glauben Sie, wie man diesen Mann durch die Mangel drehen wird, wie oft man ihn interviewen wird, wie oft er auftreten muß! Dutzende von Wissenschaftlern werden ihn untersuchen wollen, und einigen muß man es gestatten, damit der Schwindel nicht auffliegt; vielleicht wird ihn sogar die NSA testen wollen."

„Es wird also ganz einfach sein, das Unternehmen platzen zu lassen", sagte Timothy. „Die Leute von der SOLIDAD haben bei ihren jahrelangen Vorbereitungen ganz bestimmt etwas übersehen, und das werde ich heute nachmittag oder morgen beim Frühstück entdecken."

„Das habe ich nie behauptet! Im Gegenteil, ich glaube selbst kaum, daß wir noch den Fuß in die Tür bekommen, aber sollen wir es nicht wenigstens versuchen? Nur wer aufgibt, ist verloren. Vielleicht finden Sie wirklich etwas? Was riskiere ich denn? Einen Mitwisser mehr."

„Und als Mäzen in mein Gedächtnis einzugehen und für immer meiner Dankbarkeit sicher zu sein. Haben Sie sich schon für eine Sonic entschieden? Für welche?"

„Lassen Sie mich doch mit dem Zeug zufrieden! Machen Sie sich lieber an die Arbeit. Wir haben nur noch ein paar Tage Zeit. In einer Woche will die SOLIDAD die Werbekampagne starten. Bis dahin muß Ihnen etwas einfallen. Ich zahle Ihnen außer den verdammten Plastiken für jeden Tag tausend Dollar, und wenn Sie Erfolg haben, zehntausend pro Tag."

„Ich werde sofort anfangen, darüber nachzudenken, und Napoleon auch."

Dulles fuhr hoch. „Ich habe gesagt: keine weiteren Mitwisser. Wenn nur das Geringste an die Öffentlichkeit durchsickert und es auch nur den kleinsten Verdacht gibt, daß Sie damit zu tun haben –"

„Beruhigen Sie sich, Mister Dulles. Der gute alte Napoleon ist mein Computer."

„Ach so." Dulles nestelte an der Westentasche seines Anzugs, aber er suchte nicht eine Taschenuhr, die hing wahrscheinlich an der goldenen Kette auf der anderen Seite, er brachte ein metallenes Pillendöschen hervor, dessen weißsilber und goldschwarz changierende Oberfläche Titan verriet, was nun gar nicht zu einem Anzug aus den preußischen Gründerjahren paßte. Dulles entsiegelte das Identicatschloß mit seinem Daumenabdruck, öffnete die Dose und entnahm ihr einen Kristall, den er Timothy reichte.

„Hier haben Sie alles, was über den Eingefrorenen zu erfahren war. Ich gebe zu, es ist nicht viel. Der Mann heißt Blacksmith. Arribert Blacksmith. Zweiunddreißig Jahre alt. Vor achtzig Jahren eingefrostet. Keine Nachkommen. Seine Familie ist ausgestorben. Niemand lebt mehr, der sich an ihn erinnern könnte. Es gibt kaum noch Daten über ihn. Ein paar Bogen Papier, das ist alles. Er kann also erzählen, was er will, natürlich, seine Zeit muß er beherrschen, sonst zerreißen ihn die Historiker."

„Schlimmstenfalls kann er sagen, er habe es vergessen."

„Kaum." Dulles grinste. „Da sehe ich eine Chance für uns, denn gerade das kann er nicht. Er muß ein unanständig gutes Gedächtnis haben, besser als jeder lebende Mensch. Die meisten haben doch Illusionen darüber, wieviel sie wissen, ein albernes Vorurteil, gewiß, aber Blacksmith soll nicht die Wissenschaftler überzeugen, sondern potentielle Kunden. Er muß alles wissen, von dem die Leute heute annehmen, daß sie selbst es wüßten, und das ist mindestens viermal soviel wie in Wirklichkeit. Kennen Sie zum Beispiel die Augenfarbe Ihrer Mutter, Mister Truckle?"

Timothy überlegte eine Weile, dann schüttelte er den Kopf.

„Sehen Sie, so etwas kann Blacksmith sich nicht leisten. Jemand könnte Angst bekommen, daß er sein Gedächtnis im Freezer verliert."

Dulles wollte offensichtlich gehen, doch Timothy lag mit geschlossenen Augen und schien nicht zu merken, wie sein Gast sich erhob, eine Weile unentschlossen vor Timothys Stuhl stand und dann begann, sich die Einrichtung des Mausoleums anzusehen. Schließlich öffnete Timothy die Augen.

„Ich habe eine Idee", sagte er, „ich weiß aber nicht, ob sie etwas taugt. Können Sie nicht den eingefrorenen Original-Arribert verschwinden lassen?"

Man konnte Dulles die Enttäuschung deutlich ansehen. „Wenn es so einfach wäre!" rief er. „Wir haben versucht, ihn zu stehlen. Dann hätten wir die SOLIDAD zu einem Kompromiß zwingen können. Als das fehllief, haben wir das Depot sprengen lassen, aber Blacksmith lag schon nicht mehr in diesem Bunker. Es wird gemunkelt, die SOLIDAD hätte ihn mitsamt einem Versorgungssystem in den Safes der Nationalbank untergebracht, und die sind leider noch sicherer als alle Regierungsbunker."

„Und wo Blacksmith zwo sich befindet, konnten Sie auch nicht herausbekommen?"

„Leider nicht. Wenn ich wüßte, wo und wie die SOLIDAD ihren Kandidaten trainiert, hätte ich nicht zu Ihnen kommen müssen."

„Wo, weiß ich nicht", sagte Timothy, „aber ich glaube, ich weiß, wie sie es machen."

„Erzählen Sie", stieß Dulles aus, „erzählen Sie!"

„Später. Und nur, wenn es stimmt. Auch ein Detektiv hat seinen Stolz."

4.

Arribert Blacksmith schien ein äußerst farbloser Mensch gewesen zu sein: weiß, evangelisch-methodistisch, Sohn eines Elektrikers, in Palmsprings Fields, einem kleinen Nest in Ohio, geboren; als er zehn Jahre alt war, verzog die Familie nach Chicago; in der Schule durchschnittliche Leistungen und durch nichts hervorgetan, ebenso in der Lehre als Elektriker, bei der Armee und im College, das er anschließend besuchte, in der Lehrerbildungsanstalt und in den sechs Jahren an einer öffentlichen Schule. Mit zwanzig, während des Armeedienstes, hatte er geheiratet, mit vierundzwanzig sich scheiden lassen. Keine Kinder. Keine Krankheiten, nur als Junge eine Blinddarmoperation. Einen Backenzahn gezogen. Keine überlebenden Verwandten ersten bis sechsten Grades. Ein knappes Dutzend Fotos, offensichtlich Kopien, davon nur vier Aufnahmen des erwachsenen Arribert: das Paßfoto, ein Armeebild, das Hochzeitsfoto und eins auf irgendeiner Ausstellung mit Weltraumtechnik, das andere waren Kinderfotos: das unvermeidliche auf dem Eisbärenfell, dann auf Mutters Arm, auf Vaters Arm, die Einschulung, ein Foto beim Baden, Arribert, gerade aus dem Wasser kommend, triefnaß, in weißen Bermudashorts.

Die meisten Angaben stammten aus der Akte, die für jeden Gefreezten angelegt wurde, konnten also ebensogut manipuliert sein. Dann die üblichen Papiere, Zeugnisse, Führerschein, Militärpaß und die Eintragungen im Grundstückskataster über Kauf und Verkauf eines kleinen Häuschens. Blacksmith hatte es kurz vor dem Einfrosten verkauft, sicherlich um die Kosten zahlen zu können.

Dulles' Agenten hatten auch nachgeforscht, wer seinerzeit mit Blacksmith befreundet gewesen sein und Aufzeichnungen, Briefe oder Tagebuchnotizen hinterlassen haben konnte, waren aber immer nur auf die Spuren der SOLIDAD-Leute getroffen, die jahrelang alles abgegrast hatten.

Timothy gab Napoleon den Kristall zu fressen. „Vielleicht fällt dir etwas ein." Er selbst fuhr in die „Stardust"-Bar.

Napoleon spuckte nur Banalitäten aus, als Timothy wiederkam. Er schaltete ihn auf Disput und diskutierte vier Stunden lang Fakt für Fakt mit ihm. Ohne Ergebnis. Schließlich ließ sich Timothy von Napoleon die Stundenfrequenz des Großen Bruders geben, ging ins Mausoleum, schickte den Ruf hinaus und wartete, bis sich der Große Bruder meldete, mit den üblichen Verzögerungen und der blechernen Stimme.

„Wo brennt's denn schon wieder, Tiny?"

Timothy erklärte es. „Ich vermute", schloß er, „daß die Zeitungsdiebstähle damit zusammenhängen. Weißt du, welche Jahrgänge gestohlen wurden?"

„Das also steckt dahinter. Woher weißt du davon? Es ist ziemlich geheim."

„Die Bachstelze hat es mir geflüstert, weiß der Himmel, warum."

„Vielleicht liebt sie dich und will dir so ihre Zuneigung beweisen."

„Davor behüte mich der liebe Gott und mein Großer Bruder."

„Ich werde mein Bestes versuchen."

„Die Bachstelze vermutete eine neue Mode."

„Das FBI tippte zuerst auf einen Sammler, der so vernarrt in Zeitungen ist, daß er alle Strafandrohungen ignoriert. Doch dann brachten sie es mit einem früheren Doppling im Zentralarchiv in Verbindung. Da hatte jemand – wer, weiß man bis heute nicht – Film- und Fernsehaufnahmen aus dem vorigen Jahrhundert gedoppelt."

„Wann war das?"

„Vor knapp drei Jahren. Und es betraf den gleichen Zeitraum wie jetzt die Zeitungsdiebstähle. Man ist damals nur durch einen Zufall dahintergekommen: In einem Geber war ein Stück Abendschausendung hängengeblieben; daraufhin wurde die ganze Journaldatei überprüft, was man sonst nie oder irgendwann mal getan hätte. An jeder Box ist doch ein elektronischer Zählinduktor installiert, der die asynchrone –"

„Sei lieb, verschone mich damit", unterbrach Timothy. „Du weißt, ich verstehe nichts von Technik. Sag mir lieber, was das FBI unternimmt."

„Keine Ahnung. Ich weiß nur, daß sie den UNDERGROUND verdächtigen."

„Warum sollten die sich für alte Zeitungen interessieren?"

„Aus dem gleichen Grund, aus dem die Zeitungen und die Aufnahmen im Sperrarchiv gelandet sind. In diesen Jahrgängen sind Berichte über die großen Aufstände zu finden, denk nur an die Kommune von New Orleans! Für das FBI ist der Gedanke also gar nicht so abwegig."

„Vielleicht hat die SOLIDAD es auch dem FBI geflüstert, um von sich abzulenken", sagte Timothy. „Also, Großer Bruder, ich brauche alles, was gestohlen und gedoppelt wurde."

„Bist du wahnsinnig? Tiny, das ist Geheimhaltungsstufe eins, da ist so kaum heranzukommen, schon gar nicht seit den Diebstählen und überhaupt nicht in diesen Mengen."

„Denk dir was aus", bat Timothy. „Wir müssen den Futurefreezing-Schwindel platzen lassen. Unbedingt! Stell dir vor, was passiert, wenn wir es nicht tun!"

„Es ist unvorstellbar, das gebe ich ja zu. Aber was willst du mit dem ganzen Material, Tiny?“

„Ich weiß es nicht. Ich weiß überhaupt nicht, wie ich an diesen Fall herangehen soll. Ich hoffe nur, daß ich vielleicht eine Idee bekomme, wenn ich alles durcharbeite, was die gestohlen haben. Vielleicht kann ich ein Loch finden, das die andere Seite übersehen hat.“

„Laß dir etwas anderes einfallen. Was du verlangst, ist unmöglich.“

„Und was?“ fragte Timothy verzweifelt.

5.

Der Große Bruder meldete sich am nächsten Vormittag. Er gab Frequenzdaten durch, die so unsinnig erschienen, daß Timothy verwundert zurückfragte.

„Wollt ihr Napoleon an den Zentralcomputer anschließen? Habt ihr nicht genügend Elektronengehirne, daß ihr meinen guten alten Napoleon zwangsverpflichten müßt?“

„Tiny, halt die Luft an und blockiere Napoleon für die nächsten zehn Stunden“, forderte der Große Bruder, und trotz der Quaserverzerrung erschien es Timothy, als klänge die Stimme vergnügt. „Ja, ich schließe Napoleon an den Zentralcomputer an. Ich habe jemand beim FBI überzeugt, daß sie wissen müßten, welche Informationen sich der UNDERGROUND mit den Zeitungsdiebstählen verschafft habe. Sie lassen die verschwundenen Jahrgänge doppeln. In einundzwanzig Minuten beginnt die Übertragung, und du bekommst eine Induktionsschaltung. Ende.“

In den nächsten Minuten bastelte Timothy fieberhaft an Napoleon herum. Er nahm ihm die Deckplatte ab, ließ eine Relaiswand herausfahren, holte aus einem Wandschrank, den man sicher nicht einmal mit der Elix-Lupe erkennen konnte (auch Timothy suchte erst eine Weile, bis er die Stelle gefunden hatte, an der er die Hand auflegen mußte, um den Schrank zu öffnen), eine Folie mit aufgedampfter Schaltung, tauschte sie gegen eine der Standardschaltungen aus und strafte so seine Worte Lügen, daß er nichts von Technik verstünde. Dann nahm er aus dem Geheimschrank eine breite Rolle goldschimmerndes, superfeines Drahtnetz, das er locker über Napoleon ausbreitete. Anschließend klemmte er Zerhacker zwischen alle nach außen führenden Leitungen, sogar an die Wasserleitung und die Luftzufuhr. Dann setzte er den Communicator mit Ausnahme des Rufempfängers außer Betrieb, der nun nur noch stereotyp antwortete, daß Mister Truckle heute und morgen nicht zu sprechen sei.

Timothy schuftete, daß ihm der Schweiß über die Stirn lief, aber er schaffte es. Eine Minute vor Beginn der Sendung war seine Wohnung bis auf die Quaserschaltung ein großes schwarzes Loch.

Timothy pfiff vergnügt. Während Napoleon leise summte, bereitete er sich eine süßsaure Meerrettichsuppe mit Kalbsaugen und Algenklößchen. Nach dem Essen goß er sich einen „Seagrams de Luxe" ein, gab Napoleon den Auftrag, ihn am Ende der Übertragung zu wecken, und legte sich schlafen.

Napoleon weckte ihn mitten in der Nacht.

Timothy machte sich mit einem Kaffee munter. Er genehmigte sich einen Naturalkaffee, zählte dreißig Bohnen ab und mahlte sie in der Kaffemühle zu staubfeinem Pulver. Als das Aroma durch die Wohnung zog, atmete er tief und mit geschlossenen Augen, sein Gesicht bekam einen verklärten Ausdruck.

Er setzte sich zu Napoleon. Sie untersuchten, verglichen, prüften, summierten, integrierten und extrahierten, fragten, antworteten, schieden aus, klammerten ein, entwarfen lange Kausal- und Quasikausalperioden – die ganze Nacht und den nächsten Tag und den übernächsten und den folgenden. Timothy gönnte sich nur kurze Pausen im Bad und war jedesmal für eine halbe Stunde unleidlich, wenn Napoleon ihn wieder in die Wirklichkeit zurückholte.

Dulles drängte nicht. Jeden Abend präzise um achtzehn Uhr drei, wie sie es verabredet hatten, ließ er nachfragen, ob Mister Truckle ihn einmal besuchen könne, und jedesmal bekam er die Antwort, Mister Truckle sei heute und morgen nicht zu erreichen.

Timothy legte sich ins Bett und ließ sich die Zeitungsfotos auf die Videowand projizieren, Zehntausende, Hunderttausende. Bis ihm die Augen schmerzten und sein Schädel zu zerplatzen drohte.

Dann gab er auf.

Er schlief nahezu vierundzwanzig Stunden. Als er aufwachte und an die zurückliegenden Tage dachte, schüttelte er den Kopf und erklärte sich lauthals für verrückt. Ein Glück, daß der Große Bruder ihm nicht auch noch die Film- und Fernsehaufnahmen beschafft hatte. Wie sollte er nachholen können, wofür Blacksmith und die SOLIDAD-Leute drei Jahre Zeit gehabt hatten, wie sollte er das alles verarbeiten: zweiundzwanzig Jahrgänge von sieben Tageszeitungen, von über zwanzig Magazinen und Illustrierten, die die Zeit von Blacksmith' Übersiedlung nach Chicago bis zu seinem Einfrosten dokumentierten, Seiten über Seiten voller Worte und Begriffe, von denen Timothy viele nie zuvor gehört hatte, bei manchen hatte sogar Napoleon Schwierigkeiten, und der war – illegal, versteht sich – auch auf die Sprache der vorigen Jahrhunderte eingestellt worden. In die Elektrozeitschriften und Lehrerzeitungen hatte Timothy bisher nicht einmal hineingesehen und kaum in die OHIO NEWS, von der man zwölf Jahrgänge gestohlen hatte, zwei Jahre vor Arriberts Geburt beginnend. Sein Geburtsort war offensichtlich so klein gewesen, daß es dort keine eigene Zeitung gegeben hatte, und in der OHIO NEWS waren Nachrichten über Palmsprings Fields dünn gesät.

Das einzige, was diese Tage ihm eingebracht hatten, waren Kopfschmerzen und Hochachtung vor der Leistung von Blacksmith zwo, wer immer das sein mochte.

Timothy ging zu Napoleon und rief: „Feierabend. Arribert Blacksmith weiß doch alles besser als wir."

Napoleon spuckte einen Streifen aus: + + wer? + arribert blacksmith 1 oder arribert blacksmith 2? + n. + + +

„Von mir aus beide", erwiderte Timothy ärgerlich.

+ + unsinn + erstens: keiner von beiden kann alles wissen + alles ist die gesamtheit aller bekannten und unbekannten fakten + zweitens: arribert blacksmith 2 kann nicht wissen, was arribert blacksmith 1 wußte + er kann nur wissen, was in den informationen stand + + n. + + +

„Und was, du neunmalkluger Klugscheißer", sagte Timothy, „müßte Arribert Blacksmith zwei wissen, wenn er wirklich Arribert Blacksmith eins wäre, was nicht in den Akten steht?"

+ + die human personality facts, die einmaligen, unverwechselbaren eindrücke und erlebnisse von arribert blacksmith 1 + n. + + +

„Dummkopf, so schlau bin ich selbst", brummte Timothy. „Das hilft uns nur nicht weiter, denn davon haben wir auch keine Ahnung. Die Frage lautet: Was könnte er gewußt haben, was nicht seine persönlichsten Fakten betrifft und doch nicht in den Berichten steht?"

+ + was jeder weiß, doch niemand wissen darf + n. + + +

Timothy sprang auf und drückte einen Kuß auf Napoleons Bauch. „Weißt du zufällig auch noch, was das ist?"

+ + nein + n. + + +

Als Timothy schon im Mausoleum verschwinden wollte, räusperte sich Napoleon. Im Geber lag noch ein Streifen.

+ + aus der anleitung für die bedienung von electronicgehirnen + 12c 3 merke: dein computer ist nicht allwissend + n. + + +

6.

Der Große Bruder verstand nicht sofort, worauf Timothy hinauswollte.

„Hör zu", erklärte Timothy, „wir brauchen einen Skandal aus jener Zeit, der so groß war und so zum Himmel stank, daß jedermann davon wußte, der aber gleichzeitig so brisant war, daß sich kaum jemand getraute, darüber öffentlich zu reden, zumindest nicht die großen Zeitungen oder die Rundfunk- und Fernsehstationen. Aber es gab damals wohl noch ein paar kleine kritische Blätter, und die haben die Leute von der SOLIDAD, wenn ich mich nicht irre, nicht gestohlen."

„Ich glaube nicht, daß wir da etwas finden. Die Blätter, die du meinst, waren wirtschaftlich so schwach und mußten so lavieren, daß sie sich einen derart brisanten Fall auch nicht vornehmen konnten, sie wären daran gestorben."

„Versuch es", bat Timothy. „Wir haben nur noch heute und morgen Zeit, dann beginnt die Werbekampagne. Oder ist dir etwas Besseres eingefallen?"

„Leider nicht. Verlange mehr Material von Dulles. Es muß andere Quellen geben, Ärzte, Wissenschaftler."

„Dulles wird mir nichts geben, was das Futurefreezing in Frage stellt."

„Was machst du eigentlich, wenn du tatsächlich Möglichkeiten zum Eingreifen entdeckst, Dulles sie dann aber nicht benutzt, um die Sache zu unterbinden, sondern um Teilhaber zu werden?"

„Das kommt auf das Material an. Vorläufig habe ich überhaupt noch nichts in der Hand."

Keine fünf Stunden später hatte Timothy etwas; noch eine halbe Stunde später saß Dulles bei ihm im Mausoleum.

„Es ist nur eine winzige Chance", sagte Timothy, „aber es ist eine Chance."

Dulles rieb sich die Hände. „Her damit!"

„Es gibt da noch ein kleines Problem", sagte Timothy, „ich weiß gar nicht so recht, wie ich es Ihnen erklären soll –" Er goß Dulles Pfefferminztee und sich einen Whisky ein. „Vielleicht so: Sie haben mich engagiert, damit ich es der SOLIDAD unmöglich mache, mit einem gefälschten Arribert Blacksmith eine große Show aufzuziehen."

Dulles nickte.

„Sie haben mich andererseits verpflichtet, so diskret vorzugehen, daß niemand von dem geplanten Schwindel erfährt und nicht das ganze Futurefreezing gefährdet wird."

Dulles nickte wieder.

„Unsere Absprache ist klar und eindeutig. Sie sind mein Klient, also darf ich nicht gegen Ihre Interessen handeln. Ich möchte aber Ihr Versprechen, daß auch Sie sich daran halten."

Dulles sah ihn verständnislos an.

„Ich möchte eine Garantie, daß Sie meine Arbeit nur dazu benutzen, den Rummel um Arribert Blacksmith zu unterbinden, nicht etwa, um ihn als Teilhaber mitzumachen."

Dulles sprang auf. „Was fällt Ihnen ein! Was denken Sie, wer Sie sind? Glauben Sie, ich lasse mir von Ihnen Bedingungen diktieren?"

„In diesem Geschäft sind wir Partner", antwortete Timothy ruhig, „ich habe Ihre Bedingungen akzeptiert, akzeptieren Sie nun auch meine."

„Bedenken Sie, daß ich der einzige bin, der Interesse an Ihrer Ware hat."

„Da irren Sie sich. Ich könnte mir zum Beispiel vorstellen, daß die SOLIDAD am Ergebnis meiner Arbeit interessiert sein könnte und gut dafür zahlen würde, daß es nicht genutzt wird."

„Sie sind also auch nur ein Erpresser", stöhnte Dulles. „Ich hätte es mir denken sollen. Privatdetektiv!" Er spuckte aus. „Wieviel wollen Sie?"

„Kein Geld. Ich will eine Verpflichtung von Ihnen. Mit Stimmidenticat."

Dulles wurde bleich. Er ließ seinen Sessel in die Horizontale gleiten. Er atmete schwer. Timothy befürchtete, daß Dulles einen Herzanfall bekommen könnte, aber der erholte sich schnell.

„Gut", sagte er. „Sie haben mich in der Hand, und ich muß auf Ihre Bedingungen eingehen, obwohl ich sie nicht verstehe."

„Nehmen Sie an, daß ich einmal im Jahr eine gute Tat tun möchte, und in diesem Jahr hat es unglücklicherweise Sie getroffen, mir dabei zu helfen. Nehmen Sie an, ich will ein paar Narren davor bewahren, Selbstmord zu begehen, um mein schlechtes Gewissen zu beruhigen." Timothy reichte ihm ein Blatt Papier. „Ich habe einen Text vorbereitet."

Dulles lachte, nachdem er den Text gelesen hatte. „Sie sind ein Fuchs, das muß ich einräumen. Wollen Sie nicht zu uns kommen? Ich kaufe Sie mit Haut und Haaren. Wirklich geschickt gemacht."

Er gab seine Identicat-Nummer, sprach die Standardworte für die Stimmidentifikation und begann laut und deutlich zu lesen: „Ich, John Modesty Dulles, erkläre hiermit frei und ohne Zwang, daß ich die Arbeit, die Timothy Truckle in meinem Auftrag in bezug auf Arribert Blacksmith erledigte, nur benutzen werde, um das Auftreten von Arribert Blacksmith zu verhindern. Andernfalls entbinde ich Timothy Truckle von seiner Schweigepflicht."

Den Zettel mit dem Text steckte er ein. „Bitte, Mister Truckle."

„Die Antwort", sagte Timothy, „ist so einfach und genial wie die Idee mit dem famosen Doppelgänger: Was jeder weiß, doch niemand wissen darf."

Dulles sah ihn mißtrauisch an. „Soll das die Lösung sein?"

„In gewissem Sinne, ja. Ich habe als erstes ausgeschlossen, daß an Arribert Blacksmith' körperlicher Verfassung etwas auszusetzen sein könnte."

„Worauf Sie Gift nehmen können! Die haben ihm sogar den Blinddarm mit einer altertümlichen Operationsnarbe herausholen lassen, darauf halte ich jede Wette."

„Bleiben die psychische und die geistige Verfassung. Über die psychische können wir ebensowenig wissen wie die SOLI-

DAD. Was also, lautete die Frage, könnte ich herausbekommen, was Arribert Blacksmith trotz all seiner Berater und trotz jahrelangem Training nicht weiß, was er aber wissen müßte? Die Antwort: Was jeder weiß, doch niemand wissen darf. Sehen Sie, Mister Dulles, jede Zeit hat ihre Skandale, große und kleine, öffentliche und heimliche. Und hin und wieder gibt es einen Fall, der sowohl heimlich als auch öffentlich ist, ein Skandal von solchen Ausmaßen, daß jedermann ihn kennt, andererseits so brisant, daß bei seiner öffentlichen Erörterung die ganze Gesellschaft explodieren könnte. Haben Sie einmal vom Emerson-Skandal gehört?"

Dulles schüttelte den Kopf. Timothy goß Tee und Whisky nach. „Kurz bevor der richtige Arribert Blacksmith sich einfrosten ließ, kannte jedes Kind den Emerson-Skandal. Trotzdem werden Sie in keiner Zeitung und keinem Filmbericht ein Wort davon finden." Timothy kicherte. „Nicht mal in denen, die die SOLIDAD nicht hat stehlen lassen. Präsident Emerson hatte eine grandiose Idee: Er gründete ein Präsidium der Nationalen Sicherheit, das alle Geheimdienste kontrollieren sollte. In dieses Präsidium durfte jeder der MULTIs, wie man damals die großen Konzerne nannte, einen Vertreter im Rang eines Vizepräsidenten senden, der dann kostenlos und prompt von sämtlichen Geheimdienstberichten aus dem In- und Ausland eine Kopie erhielt. Der Eintrittspreis für diesen exklusiven Club war, gemessen an dem Wert der Informationen und den Summen, die die Konzerne bislang ausgeben mußten, um nur einen Teil davon zu erhalten, sensationell niedrig: zehn Millionen Dollar. Auf das Privatkonto des Präsidenten. Darüber ist nie etwas gesagt oder geschrieben worden, nicht einmal im Kongreß oder in einem kleinen Blatt. Hier waren sich alle einig, Regierung, Parteien, Geheimdienste, Konzerne, und sie spielten ihre Macht unbarmherzig aus."

„Und wie", sagte Dulles, „wie beweisen Sie, daß Blacksmith es gewußt haben muß?"

„Es gibt in der Zentraldatei einen Polizeibericht über die Unruhen an den Schulen und Universitäten im Zusammenhang mit dem Emerson-Skandal. Es ist zu Straßenschlachten, Verhaftungen und Schießereien gekommen. Es hat Tote gegeben. Auch an der Schule, in der Blacksmith unterrichtete. Dieser Polizeibericht ist natürlich nicht öffentlich zugängig." Timothy lachte verschmitzt. „Er ist auch in den letzten fünfzig Jahren nicht eingesehen worden. Deshalb bin ich sicher, daß die SOLIDAD nichts davon weiß. Hier ist die Registriernummer." Er gab Dulles eine Folie. „Sie würden jederzeit die Freigabe des Dokumentes für ein Gerichtsverfahren bekommen. Sie können es der SOLIDAD androhen. Außerdem können Sie bluffen, können andeuten, daß wir noch mehr Trümpfe in der Hinterhand haben. Wenn wir noch mehr Zeit hätten, könnten wir vielleicht den Namen von Blacksmith in die Akte schmuggeln, zum Beispiel auf einer Liste mit Lehrern, die der Beteiligung an den Unruhen verdächtigt wurden."

„Eine blendende Idee." Dulles erhob sich. „Sie sind wirklich der Größte."

7.

Die folgenden Stunden wollten und wollten nicht vergehen. Timothy stellte sogar den Videomat an und versuchte, einem der Programme Geschmack abzugewinnen. Er bereitete Kartoffelklöße, vergaß sie aber, so daß sie zu einem unansehnlichen Brei verkochten. Timothy kamen die Tränen, als er es entdeckte. Wer weiß, wann es ihm wieder gelingen würde, Kartoffeln aufzutreiben. Nicht einmal der Whisky wollte ihm schmecken. Zweimal rief er bei Dulles an, bekam aber nur die Auskunft, der sei unterwegs. Am Abend kam Nachricht von Dulles, er habe sich mit Walton, dem Präsidenten der SOLIDAD, für den nächsten Tag zum Mittagessen verabredet. Timothy beauftragte Napoleon, ihn am nächsten Tag um zwölf zu wecken, dann schluckte er ein halbes Dutzend Rosaperlen und kroch ins Bett.

Pünktlich um zwölf weckte Napoleon ihn, um dreizehn Uhr hatte Timothy sein Frühstück beendet, kurz vor vierzehn Uhr meldete sich Dulles über die normale Leitung. Ein gebrochener Dulles, das Gesicht zerknittert, der Mund verkniffen; unaufhörlich kaute er auf der Unterlippe, kratzte sich die Wange oder rieb die Nasenspitze.

„Vorbei", sagte er müde, „es ist alles vorbei, Timothy" – es war das erste Mal, daß er sich zu einer solchen Geste der Vertraulichkeit herabließ –, „man hat uns schmählich verraten. Mein eigener Privatsekretär! Als ich eben beim Essen den Hund von der Leine lassen wollte, bedankte sich Walton für den guten Tip. Er bedankte sich tatsächlich bei mir! Freundlich lächelnd! Ja, sie hätten den Emerson-Skandal bisher sträflich vernachlässigt, doch gestern hätten sie einen Hinweis bekommen und sich die Unterlagen beschafft.“ Dulles wischte sich Schweiß von der Stirn. „Dann hat er mir die Registriernummer genannt, Sie wissen schon, welche. Er wußte sie auswendig!“

Timothy mußte sich einen Augenblick entschuldigen und etwas zu trinken holen, so würgte es ihm im Hals. Da er in der Aufregung keinen Saft fand, trank er Wasser.

„Ich habe Walton die GOLDEN FUTURE zum Kauf angeboten“, sagte Dulles kraftlos. „Er hat sich Bedenkzeit ausgebeten. Noch vorgestern hätte er sie mit Kußhand genommen!“

„Es muß noch eine andere Möglichkeit geben“, sagte Timothy. „Wenn Sie mir helfen –“

„Für mich ist der Fall erledigt. Und für Sie auch. Vergessen Sie ihn.“

„Wir können die Sache doch nicht einfach laufenlassen“, stöhnte Timothy. „Befreien Sie mich wenigstens von meiner Schweigepflicht.“

„Wozu? Soll ich mir zu allem auch noch meinen guten Ruf untergraben und die GOLDEN FUTURE als Schwindelunternehmen hinstellen lassen? Das würde nur auf die anderen Firmen des Konzerns abfärben. Nein, Mister Truckle, das Spiel ist aus. Wir haben gespielt, so gut wir konnten, und wir haben verloren. Selbstverständlich bekommen Sie Ihr volles Honorar und die Plastik dazu. Es war schließlich meine Schuld! Wie konnte ich einem Menschen vertrauen!“

„Ich verliere ungern, aber –“ Timothy zwang sich zu einem Lachen. „Ich bekomme meine Plastik und siebenmal zehntausend Dollar, das ist schließlich Lohn genug für eine Woche Arbeit.“

„Siebenmal tausend“, korrigierte Dulles. „Ich denke, das ist ein angemessenes Honorar.“

„Und die andere Sonic, die Sie meinem Freund abkaufen wollten?“

Dulles lachte böse. „Glauben Sie im Ernst, ich hätte Vergnügen daran? Suchen Sie eine aus, und schicken Sie sie irgendeinem Museum, Sie können ja eine Tafel anbringen lassen, daß ich sie getiftet habe.“

Timothy schickte ihm ein dankbares Lächeln. „Dann bin ich schon glücklich und zufrieden. Wenn ich nicht dazu beitragen konnte, ein paar Dummköpfe vor dem Selbstmord zu bewahren, so doch dazu, die Bleibenden ein Stück echte Kunst erleben zu lassen."

„Sie sind gut dran, daß Sie es so sehen können", sagte Dulles bissig. „Auf Wiedersehen, Mister Truckle."

Timothy schaltete sich schnell aus, damit Dulles nicht seine Flüche hörte.

8.

Noch an diesem Abend und nicht erst am nächsten Morgen, wie ursprünglich vorgesehen, startete die SOLIDAD ihre Werbekampagne. Es begann mit der Meldung, daß man demnächst einen Mann aus dem vorigen Jahrhundert auftauen würde. Den Namen gaben sie zwei Tage später bekannt.

Zu dieser Zeit dämmerte Timothy immer noch in dem wohltuenden Nichts des hypnopädischen Schlafes, in den er sich nach Dulles' Anruf versenkt hatte. Als er aufwachte, beherrschte Arribert Blacksmith die Staaten; sein Bild leuchtete von Millionen Reklamewänden und wurde immer wieder über die Videoschirme gejagt. Erste Arribert-Blacksmith-Fan-Clubs bildeten sich. Jetzt stand auch schon der Termin seiner Wiederauferstehung fest und daß er sich zwei Tage später, nachdem die Ärzte ihn gründlich untersucht haben würden und er sich wenigstens provisorisch auf das Leben im 21. Jahrhundert einstellen konnte, der Öffentlichkeit stellen sollte.

Timothy war durch einen Notruf geweckt worden, vom Großen Bruder, der ihm bittere Vorwürfe machte. „Ich mußte erst dahinterkommen, daß du dich eingeschläfert hast", sagte er, „und dann Napoleon beauftragen, dich wieder zurückzuholen. Du hast dich nicht einmal abgemeldet."

„Aber ich hatte dir Nachricht gegeben, wie es ausgegangen ist", verteidigte sich Timothy. „Habe ich nicht das Recht, mich auszuschlafen?"

„Das hast du. Doch woher nimmst du das Recht aufzugeben? Und woher das Recht, dich gehenzulassen?"

Timothy hatte Lust abzuschalten. Aber er wußte, daß er den Notruf für höchstens dreißig Minuten blockieren konnte, dann hätte er den Großen Bruder wieder am Hals.

„Was soll ich denn noch tun?" fragte er mutlos.

„Ich weiß es nicht. Aber wir haben noch fast vierzehn Tage

Zeit. Ausreichend für eine echte Chance. Also, mach dich munter und gehe an die Arbeit. Sei vorsichtig. Du wirst überwacht. Von Privatdetektiven. Ich kann dir aber noch nicht sagen, wer sie auf dich angesetzt hat."

Timothy brühte Kaffee, dann ging er zu Napoleon und sagte: „Also, mein Lieber, noch einmal von vorne."

Aber er setzte Napoleon nicht in Betrieb. Er legte sich hin und starrte an die Decke. Irgendwann schlief er wieder ein. Irgendwann wachte er auf. Er spürte Hunger, aber er fand nicht genug Energie, sich etwas zu kochen. Er kaute Zwieback! Dann dröhnte wieder der Notruf. Timothy meldete sich erst, als die Frequenz unerträgliche Höhen erreicht hatte. Es war nicht der Große Bruder, es war Daniel Shopenhower.

„Entweder", sagte er, „du läßt mich in zehn Minuten in deine Wohnung, oder ich gebe Schneewittchen einem anderen."

Innerhalb von fünf Minuten hatte Timothy einen Platz für die Sonic frei gemacht. Er lud Daniel nicht ein zu bleiben, er bot ihm nicht einmal einen Schluck an.

„Kann ich dir helfen?" fragte Daniel besorgt.

Timothy verneinte.

„Jemand anderes?"

Timothy schüttelte wieder nur den Kopf.

„Dann gehe ich jetzt also –"

„Ja. Ich melde mich."

Daniel stand noch einen Augenblick unentschlossen, bevor er ging. Dann stellte sich Timothy vor die Plastik, näherte sich ihr bedächtig, umkreiste sie, zog ihre Konturen mit den Fingerspitzen nach, zart, als streichle er jemanden, ließ seine Hände im Takt ihres Pulsierens vor- und zurückgleiten, lernte, die Sonic zu dirigieren, die Töne zu lenken, sie nach Wunsch klingen und singen, donnern und hauchen, klagen und schluchzen, jubeln und dröhnen zu lassen. Schließlich legte er sich mit dem Kopf unter die Goldfadenkugel, und sie schien auf seine Gedanken zu reagieren, ließ ein zartes Tongespinst erklingen, das in Timothy die Vorstellung von einem unendlichen Raum weckte, in dem er von einer Ewigkeit zur anderen schwebte.

Als er zu sich kam, entdeckte er überrascht, daß nur eine Stunde vergangen war. Er fühlte sich frisch und munter. Tatendurstig. Und hungrig. Er verdrückte ein immenses Frühstück, dann legte er sich in seinen Sessel und schmiedete Pläne. Er zog seinen mausgrauen Anzug an und färbte sein Haar gelbbraun, mit einem leichten Schimmer Grün. Sein Gesicht sah grau und schlaff aus, trotzdem vertiefte er die Augenschatten. So fuhr er hinauf in die „Stardust"-Bar. Der Mixer sah ihm besorgt entgegen, als er die kurze Strecke bis zum Tresen kaum zu schaffen schien, und hielt die Hände schützend zu Timothys Seiten, während der Barhocker hinauffuhr.

Timothy ging schon nach zehn Minuten. Er rief einen befreundeten Arzt an und verabredete, daß der ihn zweimal täglich besuchen solle und jedermann die Auskunft erteilen, Timothy sei sehr krank. Gleiche Nachricht gab er dem Communicator ein. Man möge von Anrufen und Besuchen absehen. Danach machte er sich an die Arbeit.

Er fragte Napoleon ab: Welche Informationen haben wir nur einmal durchgesehen? Welche Informationen wurden im ersten Durchgang als unwesentlich ausgesondert? Welche Informationen wurden als axiomatisch abgelegt? Welche wurden nur statistisch erfaßt? Er ließ sich noch ein paarmal die wenigen Fakten über Arribert Blacksmith vorspielen, diskutierte sie unter den verrücktesten Aspekten mit Napoleon. Ohne Ergebnis.

Vielleicht, dachte er, wenn ich selbst auf die Suche hätte gehen können, vielleicht hätte ich etwas entdeckt, was ein anderer übersehen mußte, zumal die Rechercheure nicht genau wußten, worum es ging. Er überlegte sogar, ob er Smiley Hepburn heranziehen sollte, verwarf den Gedanken aber wieder. Die SOLIDAD hatte sicher alles abgegrast. Immer wieder diskutierte er mit Napoleon, wo in dem Dunkel zwischen den wenigen Dats aus Blacksmith' Leben der Punkt gefunden werden könnte, von dem aus sie ihn und die SOLIDAD und den ganzen Feinfrostschwindel aus den Angeln heben könnten. Und immer wieder dachte Timothy darüber nach, was eigentlich ihn selbst ausmachte, den unverwechselbaren Timothy Truckle, was nur er und niemand anderes wissen konnte, und wenn schon jemand, wer? Aber auch so kam er der Lösung nicht näher. Gewiß, es mußte Millionen von Erinnerungen, Gefühlen und Gedanken geben, die nur der echte Blacksmith haben konnte, doch er hatte sie alle mit in sein eisiges Grab genommen, und auch das, was er jemals seiner Mutter oder seinem Vater oder seinen Freunden und Frauen anvertraut haben mochte, war verloren. Niemand von denen lebte mehr, und offensichtlich hatte niemand Aufzeichnungen über Arribert Blacksmith hinterlassen.

Wenn ich nur einen Zipfel von Arribert eins erwischen könnte, dachte Timothy verzweifelt, ein Stück seiner Seele. Er mußte kichern. Wie der Teufel hinter der Seele, dachte er. Ihm fiel ein Märchen ein, in dem der Teufel sich in Zwergengestalt gezeigt hatte.

Plötzlich sprang er auf. Er ließ sich von Napoleon die Frequenz geben, unter der er zu dieser Stunde den Großen Bruder erreichen konnte, und lief in das Mausoleum.

„Vielleicht", sagte Timothy, „vielleicht erwischen wir ihn doch noch, genau kann ich es dir erst sagen, wenn ich mit ein paar Leuten gesprochen habe. Werde ich noch überwacht?"

„Ja. Sag mir, was du brauchst, ich werde es beschaffen lassen. Du bleibst schön in deinem Bau und nimmst mit niemandem Kontakt auf, bis die Sache zu Ende ist. Ich hätte gerne, daß du noch eine Weile am Leben bleibst, Tiny."

„Heute abend", erwiderte Timothy, „werde ich mir vorstellen, du seist eine wunderschöne Frau, und werde mich in die verlieben." Dann gab er seine Wünsche durch, und der Große Bruder tat, als wundere er sich nicht, weder als Timothy etliche Dutzend Märchen in der Fassung des vorigen Jahrhunderts verlangte, noch als er aus dem ethnologischen Institut Daten über die Volksgruppenzugehörigkeit der Bewohner der einzelnen Gebiete Ohios anforderte, noch bei seinen Anforderungen an die Fakultät für Religionsgeschichte; erst als Timothy Hunderte von Kindersendungen überspielt bekommen wollte, lehnte der Große Bruder ab.

„Ich verstehe, worauf du hinauswillst", sagte er. „Du suchst einen Anhaltspunkt in der kindlichen Psyche. Aber wir haben nur noch drei Tage Zeit. So schnell kann ich nicht an die elektronischen Aufzeichnungen, da sitzt immer noch das FBI."

„Schade", erwiderte Timothy, „aber vielleicht kommen wir auf einem der anderen Wege ans Ziel."

In den nächsten zwei Tagen blieb Timothy und mit ihm Napoleon ganz in die Kinderwelt versunken. Schneewittchen schwebte jetzt unmittelbar über ihnen und tönte unentwegt. Sie erwogen Hunderte von Möglichkeiten, fanden gut zwei Dutzend Chancen, dem falschen Arribert eine Falle zu stellen, und verwarfen sie doch alle wieder, weil sie ihnen noch nicht gut genug erschienen. Timothy hatte sich die Kinderfotos von

Arribert an die Wände projiziert, um ihn immer wieder anschauen zu können, als läge dort die Lösung. Und dort lag sie auch.

Timothy wollte es zuerst nicht glauben. Er dachte: Nein, so einfach kann es nicht sein. Das werden die Leute von der SOLIDAD kaum übersehen haben! Er ließ Napoleon noch einmal alle Informationen vortragen, die die SOLIDAD über Blacksmith herausgegeben, und alles, was er von Dulles erfahren hatte. Er blieb lange still sitzen, goß sich dann, zum erstenmal seit Tagen, einen Whisky ein, einen achtzigjährigen „Queen Elizabeth". Er lehnte sich zurück und summte. „Übermorgen wird's was geben, übermorgen kommt der Weihnachtsmann." Schneewittchen begleitete ihn. Schließlich rief Timothy den Großen Bruder an.

„Ich schätze, wir haben ihn!" sagte er. „Jetzt brauchen wir nur noch einen Journalisten, der auf der Pressekonferenz für uns die Fragen stellt. Kannst du mir nicht ein zufälliges Zusammentreffen mit Donald Hunter arrangieren? Er rechnet sich zu meinen Freunden; soll er mal was für mich tun!"

„Ganz im Gegenteil", sagte der Große Bruder. „Samuel Flatcher soll es tun, dein Todfeind von der CHICAGO NEWS CORPORATION. Damit der liebe John Modesty Dulles nicht auf falsche Gedanken kommt."

„Mir soll es recht sein", antwortete Timothy vergnügt, goß sich noch einen „Queen Elizabeth" ein und ließ sich die Nachrichten vorspielen. CNC meldete, daß vor einer Stunde Arribert Blacksmith bei offensichtlich bester Gesundheit aus seinem Gefrierschlaf geholt worden war.

9.

Timothy schaltete den Spectomaten schon vor Beginn der Direktübertragung aus dem Apollo-Saal an. Er wollte keine Minute verpassen. Während das Werbe- und Nachrichten-Mix lief, warf er noch einmal einen Blick in den Spiegel. Er war zufrieden mit sich.

Dann verfolgte er mit Spannung und bissigen Kommentaren den Auftritt von Arribert Blacksmith. Dulles hatte recht gehabt. Nie war wohl ein Mensch seinen Bildern so ähnlich gewesen wie dieser Mann aus den inzwischen sattsam bekannten

Fotos aus dem vorigen Jahrhundert. Die Kamera schnitt immer wieder von den Bildern auf das lebendige Gesicht um. Nach einer kurzen Vorstellung des Wiederauferstandenen, die von langen Ovationen unterbrochen wurde, verlasen Mediziner und Techniker ihre Gutachten, die natürlich einwandfrei bewiesen, daß es sich hier um den unbestreitbar echten, den unverwechselbaren, vor allem aber um den an Leib und Seele unbeschädigten Arribert Blacksmith handelte. Alter, je nach Auffassung, zweiunddreißig oder einhundertsiebzehn Jahre, wie der Präsident der SOLIDAD sagte, darüber müßten sich jetzt die Juristen die Köpfe zerbrechen. Walton war in Hochform. Er sprühte von Witz und warf mit brillanten Formulierungen nur so um sich. Kunststück. Aber auch Dulles sah recht zufrieden aus. Timothy entdeckte ihn bei einem Kameraschwenk unter den Zuschauern. Also hatte er doch sein Schäfchen ins trockene gebracht. Oder der Verrat des Sekretärs war nur vorgespielt gewesen. Timothy lachte böse. Umsonst, mein Lieber.

Blacksmith wurde den Journalisten ausgeliefert. Die üblichen, mehr oder weniger geistreichen Fragen, vor allem, wie es ihm im 21. Jahrhundert gefiele. Timothy setzte sich erst auf, als Samuel Flatcher von der CNC ans Mikrofon gelassen wurde.

„Mich interessiert besonders Ihre Jugend, Arribert“, begann Flatcher. „Zur Abrundung meiner Story über Ihr außergewöhnliches Schicksal. Können Sie noch ein bißchen über Ihre Jugend erzählen? Oder gibt es da Erinnerungslücken?“

Ein geschickter Hund, dachte Timothy. Er verbaut Blacksmith erst einmal den Rückzug. Und sich selbst baut er eine goldene Brücke. Wenn es schiefgeht, hat er eben wirklich nur nach Blacksmith' Jugend gefragt. Aber wer weiß, wieviel Flatcher überhaupt erfahren hatte.

„Bitte fragen Sie nur“, sagte Blacksmith, und einer der betreuenden Ärzte erklärte, Arribert Blacksmith sei auch in bezug auf sein Gedächtnis ein absolut durchschnittlicher Mensch, der natürlich auch das eine oder andere vergessen habe. „Wer wollte leben, ohne vergessen zu können, vor allem die eigenen Fehler“, schloß er, „Sie etwa, meine Damen und Herren Journalisten?“ Lachen im Saal.

„Sie sind evangelisch getauft, nicht wahr“, fragte Flatcher, „auch so erzogen?“

„Ja, methodistisch. Die Zehn Gebote kann ich heute noch samt allen Erklärungen. Soll ich sie aufsagen?“

„Erinnern Sie sich an Ihre Taufe?“

„Natürlich nicht! Sie?“ Blacksmith lachte, und alle im Saal lachten mit.

„Aber an Ihre Konfirmation erinnern Sie sich gewiß?“

„Und ob! Das war schließlich ein prima Fest. Das ganze Dorf kam feiern. Und Pa schenkte mir mein erstes Motorrad; ach so, Sie wissen ja wahrscheinlich nicht, was ein Motorrad ist –“

„Ich weiß es“, unterbrach Flatcher. „Bei den Fotos aus Ihrer Jugend befindet sich ein Bild, wie Sie vom Baden kommen; hat das etwas Besonderes auf sich?“

Blacksmith sah zu seinen Betreuern, dann zuckte er mit den Schultern. „Nein, warum?“

„Wissen Sie noch, wo und wann es aufgenommen wurde?“

„Nein. Kann sein in Florida, als wir da Urlaub machten.“

„Was war Ihr Lieblingsgetränk als Junge? Haben Sie tatsächlich richtige Milch getrunken? Wie schmeckt sie?“

„Hervorragend! Ich habe gerne Milch getrunken, und wir hatten ja auch Kühe zu Hause, wir hatten jeden Tag frische Milch. Ich würde ganz gerne mal wieder ’nen Schluck trinken.“

„Da mußt du in den Zoo gehen“, rief jemand aus dem Saal.

„Hatten Sie noch andere Tiere zu Hause?“

„Klar, ’ne Masse. Pferde, Kühe, einen Hund, ein paar Katzen, Hühner, Gänse, Truthähne –“

„Erinnern Sie sich an Truthahnbraten?“

„Den gab’s zu Weihnachten.“

„Wie mochten Sie ihn lieber, mit Preiselbeeren oder mit Chicorée?“

„Mit Preiselbeeren.“ Blacksmith leckte sich die Lippen.

„Sie sind ein Lügner“, sagte Flatcher. Er sprach es ohne besondere Betonung aus, und es dauerte lange, bis der Saal begriffen hatte, was er da gesagt hatte. Die Köpfe flogen zu ihm herum, und Tumult setzte ein. Flatcher hob beruhigend die Hände. Er wartete, bis es still geworden war.

„Ich behaupte, daß Sie ein Schwindler sind. Und ich werde es beweisen. Im Namen der Wahrheit. Und im Auftrag meiner Firma, der CHICAGO NEWS CORPORATION, der bestinformierten der Stadt, wenn nicht der Staaten.“

„Tun Sie es, tun Sie es!“ schrie Walton vom Präsidiumstisch

herunter. „Am besten gleich, wenn Sie sich trauen. Und wenn Sie es können!“ Seine Stimme war blanker Hohn.

„Gerne“, erwiderte Flatcher. „Wenn Sie zwei Expertenaussagen erlauben, es dauert nicht lange.“

„Bitte!“ rief Walton. „Es ist ja Ihre Blamage.“

„Dann rufe ich als ersten Professor Mintz auf, er ist Neurologe an der hiesigen Universität.“ Flatcher winkte in den Saal, dann setzte er sich und kreuzte die Arme über der Brust. Geschickt, dachte Timothy, durch sein Gehabe gibt er dem Ganzen jetzt die Atmosphäre einer Gerichtsverhandlung.

Mintz, ein zäher Mittfünfziger, schlängelte sich durch die Reporter, die auf ihn einstürmten, zum Mikrofon vor, nahm einen kleinen Zettel aus der Tasche und las vor: „Nach den gesicherten Erkenntnissen der Wissenschaft ist es möglich, daß ein Mensch Erinnerungen verliert, daß er sie verdrängt, emotional einfärbt oder auch umdeutet, nicht aber, daß sich Erinnerungen in ihr Gegenteil verkehren.“

Er steckte den Zettel ein und verschwand wieder, bevor die Zuhörer sich von ihrer Verblüffung erholt hatten. Walton grinste über das ganze Gesicht. Blacksmith saß da, als amüsiere er sich in seiner naiven, unbekümmerten Art über den Rummel, der um ihn gemacht wurde. Timothy mußte sich gestehen, daß Blacksmith ungeheuer echt wirkte.

„Als nächster“, kündigte Flatcher mit großer Geste an, „Professor Spellham, Religionsphilosoph und Historiker, Bischof von Washington.“

Spellham sah aus, wie man sich gemeinhin einen Bischof vorstellte, rund, gutmütig und mit rosigen Wangen.

„Wir haben alle den Geburtsschein von Mister Blacksmith gesehen“, begann er. „Wurde dieses Dokument manipuliert?“

„Nein, natürlich nicht!“ erwiderte Walton empört.

Spellham nickte. „In der Sparte ‚Religion‘ finden wir die Bezeichnung klein geschrieben: method Punkt Bindestrich ev, was offensichtlich und sicher allgemein als methodistisch und evangelisch gedeutet wurde. Dementsprechend waren auch die Auskünfte, die Mister Blacksmith uns soeben gegeben hat, nur –“, er machte eine Kunstpause, in der er sich umdrehte und die Menge im Saal betrachtete, „methodistisch, als eine Form des evangelischen Glaubens, wurde damals im Staate Ohio mit ev Punkt, in Klammern method, bezeichnet. Die Formulierung, die uns hier vorliegt, bezeichnet eine Sekte, die sich die ‚Methodisten des wahren Evangeliums' nannten. Vielleicht ein Fehler des ausfüllenden Beamten, könnte man einwenden. Wiederum muß ich sagen, nein. Ferrymore Brinkman, der die Urkunde ausgefertigt hat, war nach den im Theologischen Zentralinstitut lagernden Unterlagen der Vorsitzende der Kirchengemeinde. Die ‚Methodisten des wahren Evangeliums' aber waren konsequente Vegetarier. Sie aßen keinerlei Fleisch, schon gar nicht Truthahn zu Weihnachten! Zu Weihnachten fasteten sie drei Tage. Sie tranken nicht einmal Kuhmilch. Es mag sein, daß die Familie Blacksmith Vieh auf dem Hof hielt, dann aber nur, um es zu verkaufen, nicht, um davon zu essen. Außerdem feierten die ‚Methodisten des wahren Evangeliums' die Konfirmation erst im achtzehnten Lebensjahr. Wie konnte das ganze Dorf zusammenkommen, wo doch Mister Blacksmith mit achtzehn schon in Chicago lebte? Wie konnte er da sein erstes Motorrad bekommen, wo er doch schon mit vierzehn Jahren den Führerschein ausgestellt bekam und, wie aus den Unterlagen ebenso hervorgeht, mit achtzehn schon ein Automobil besaß?"

„Scharlatan!" schrie Walton. „Beweise!"

Blacksmith grinste still vor sich hin und wälzte ungeniert seinen Kaugummi von der einen in die andere Wange. Dann erhob er sich. Seine Handbewegung brachte den Saal zum Schweigen. „Ich verstehe gar nicht die Aufregung", sagte er. „Seid ihr immer so? Mann, ist das eine Hektik in eurem Jahrhundert. Ich werde mir mal überlegen, ob ich nicht noch mal hundert Jahre schlafe. Und was meinen Glauben anbetrifft, ich bin gut evangelisch erzogen, und was der Mister da über Vegetarier und Erwachsenenkonfirmation redet, ist Unsinn. Ich muß es doch wissen."

Flatcher reichte dem Mann am Mischpult ein Foto und ließ es an die Wand strahlen.

„Sie können sich nicht erinnern, wann dieses Foto aufgenommen wurde?"

„Nein, sagte ich doch. Ist das schlimm?"

„Die ‚Methodisten des wahren Evangeliums'", erklärte Spellham, „lehnten die Säuglingstaufe ab. Sie tauften im Alter von acht Jahren. In einem fließenden Gewässer. Die Täuflinge trugen weiße Kleidung, die Mädchen Röcke, die Jungen Shorts. Auf ihnen war in Gold eingestickt: M, drei, elf. Das bedeutet einen Vers aus dem Matthäus-Evangelium, Vers elf des dritten

Kapitels: ‚Ich taufe euch mit Wasser zur Buße; der aber nach mir kommt, ist stärker denn ich; dem ich auch nicht genugsam bin, seine Schuhe zu tragen, der wird euch mit dem Heiligen Geist und mit Feuer taufen.‘ Das sind die Worte Johannes des Täufers, bevor er Jesus Christus taufte.“

Flatcher hatte inzwischen mit dem Mann am Mischpult getuschelt, der ließ jetzt das rechte Hosenbein vergrößern, und dann sahen es alle: drei Zeichen, wenn auch verschwommen, so doch deutlich genug: ein M, eine Drei und eine Elf.

„Wie“, donnerte Flatcher in den Saal, „wie ist es möglich, daß dieser angebliche Arribert Blacksmith seine Taufe vergaß, sich nicht einmal angesichts des Tauffotos und der eindeutig zielenden Fragen daran erinnern kann, zumal die Taufe am ersten März im eiskalten Wasser des Palmspring-Rivers stattfand?“

Timothy wartete noch, bis Walton und Blacksmith samt Ärzten und Betreuern fluchtartig das Podium verließen, dann löschte er das Bild und ging zum Communicator. Er blickte in den Spiegel: Ein zerknittertes, mürrisches Gesicht blickte ihn an. Timothy mußte nicht lange warten, bis Dulles anrief, dunkelrot vor Wut, er schnaufte wie eine alte Lokomotive. „Nun, sind Sie jetzt zufrieden?“ brüllte er.

„Womit?“ fragte Timothy müde zurück.

„Mit dem Spektakel! Sagen Sie bloß nicht, Sie hätten es sich nicht angesehen!“

„Die Vorstellung im Apollo-Saal?“ Timothy schüttelte matt den Kopf. „Ich bin kein Masochist, Mister Dulles. Ich liebe es gar nicht, mit meinen Niederlagen konfrontiert zu werden. Außerdem bin ich seit Tagen schwer krank. Sie haben Glück, daß Sie mich erreichen. Ich erwarte meinen Arzt, sonst hätte ich mich nicht gemeldet. Was ist denn geschehen?“

Dulles sah ihn prüfend an. „Zumindest sehen Sie nicht wie ein Sieger aus“, knurrte er. „Sie hätten es sich ansehen sollen. Um zu erleben, was für ein Stümper Sie sind! Der größte Detektiv? Daß ich nicht lache! Die größte Null!“

Timothy zuckte nur lasch mit den Schultern.

„Wenn ich nicht wüßte, daß Sie tatsächlich krank sind, und wenn es nicht ausgerechnet Flatcher gewesen wäre“, sagte Dulles, „hätte ich angenommen, daß Sie dahinterstecken. Wehe, wenn ich eines Tages herausbekomme, daß Sie doch damit zu tun haben!“

„Machen Sie, was Sie wollen“, krächzte Timothy, „nur lassen Sie mich bitte jetzt in Ruhe!“

Er löschte die Verbindung. Sah noch einmal in den Spiegel. Betrachtete sein sorgenvolles, graues Gesicht. Dann begann er zu lachen. Und wie er lachte! Er goß sich einen dreistöckigen „Johnny Walker“ ein und summte vergnügt vor sich hin: „Ach wie gut, daß niemand weiß, daß ich Rumpelstilzchen heiß.“

Tote stehlen nicht, oder?

1.

Zum erstenmal seit langem hatte Timothy Lust, das „Nebraska“ zu verlassen und einen Tatort zu inspizieren: „Dayton Cottage“ war nicht nur seiner baulichen Besonderheiten wegen berühmt, sondern auch wegen seiner wahrscheinlich einmaligen Orchideensammlung, die unter anderem alle siebzehn Schattierungen der Nero-Woolfe-Orchidee enthielt. Doch ausgerechnet jetzt lag Timothy mit Fieber im Bett. Die Beine versagten ihm den Dienst, die Adern brannten, das Gesicht war verquollen, die Augen konnten sich kaum noch Ausblick verschaffen, die Lippen wölbten sich wie bei einem Negermädchen, und die Nase ragte spitz und bleich aus dem hervor, was Timothy als sein Gesicht anzuerkennen ablehnte und als einen „besoffenen rotläufigen Vollmond“ deklarierte.

Diesmal hatte er wirklich Grund, sein Bild vom Communicator zu schalten.

Vom Wandschirm des Schlafzimmers redete Armstrong auf ihn ein, Jeremias N. Armstrong; das N. stand für Nobel, was Armstrong vergeblich zu unterschlagen suchte. Böswillige behaupteten, weil er ein Menschenkenner sei. Timothys Neigungen und Leidenschaften schien er tatsächlich zu kennen.

„Mister Truckle“, sagte er gerade, „das darf nicht wahr sein! Dieser Fall schreit nach dem besten Detektiv der Staaten, und das sind Sie!“

„Nur mein Bett schreit nach mir“, erwiderte Timothy unwillig. Er war nahe daran, Armstrong einen Blick auf sein Gesicht zu gestatten, damit der endlich Ruhe gab.

„Sie können nicht so krank sein, daß ein derart ungewöhnlicher, einmaliger Fall Sie gleichgültig lassen könnte!“

„Pah! Alle Leute wollen mir ihre Fälle als einmalig und ungewöhnlich aufschwatzen!“

„Dieser ist es, Mister Truckle. Allein der Umstand –“

„Ich bin krank“, fauchte Timothy. Seine Stimme überschlug

sich. „Vielleicht sterbenskrank. Diese verdammten Kurpfuscher, die sich lieber Medizinmänner als Mediziner nennen sollten, behaupten, sie könnten nicht einmal herausbekommen, was mir fehlt; sie müßten wohl meinetwegen eine neue Krankheit erfinden."

„Ich schicke Ihnen gerne unsere Ärzte. Auf Kosten der LIFELONG, versteht sich."

„Danke. Doktor Pike drangsaliert mich schon genug."

„Wirklich schade, daß Sie so krank sind", sagte Armstrong lauernd; sein Tonfall ließ Timothy aufhorchen. Es war eindeutig, Armstrong hatte noch einen Trumpf in der Hinterhand. Sollte er ihn ausspielen. Gut, daß er nicht sehen konte, wie Timothy sich aufgerichtet hatte und ihn beobachtete. Die meisten Leute vergaßen, sobald sie ihren Gesprächspartner nicht sehen konnten, daß sie selbst trotzdem gesehen wurden, und gaben sich ungezwungen.

Armstrong lauerte wie ein Kojote, der darauf wartete, daß ein Kaninchen in seine Fänge stolperte. Timothy tat ihm den Gefallen.

„Ich bedauere es ja selbst", sagte er zögernd.

„So krank, daß ein Platz auf der Kundenliste von CHALLENGERS Sie nicht interessieren könnte?"

Das also war Armstrongs Trumpf. Ein As. CHALLENGERS konnte jederzeit frisches Fleisch liefern, und das Wurstangebot wurde kaum von „Haxenselcher" übertroffen.

„Als Erfolgsprämie?" erkundigte sich Timothy.

„Als Prämie. Wenn Sie sich mit dem Fall befassen. Ich vertraue Ihnen uneingeschränkt, Mister Truckle. Sie werden alles tun, was nur getan werden kann. Sie würden mich nicht reinlegen."

„Es wäre nicht mein Stil", antwortete Timothy. Unter anderen Umständen hätte es vielleicht arrogant geklungen, jetzt wirkte es nur komisch, weil die geschwollenen Schleimhäute Timothys Stimme kicksen ließen. Armstrong gelang es, sich das Lachen zu verbeißen.

„Schießen Sie los." Timothy griff nach dem Inhalator und nebelte sich den Kopf mit Minzspray ein.

„Der private Safe von Abel Dayton wurde ausgeräumt, und es gibt nur einen einzigen, der ihn öffnen konnte: der selige Dayton senior selbst. Ich nehme an, Sie haben von Daytons Unfall gehört."

Timothy erinnerte sich. Der alte Dayton war vor drei Tagen früh in seinem Helicopter kurz nach dem Start von der Plattform des „Union" mit einem im Sturzflug torkelnden Skydriver zusammengeprallt und auf die Landebahn zurückgeschleudert worden. Alle Welt hatte ein Attentat vermutet. Die Polizei ließ nichts verlauten, aber es kursierte das Gerücht, der Pilot des Skydrivers sei kein Attentäter, sondern ein bis über die Stirnhöhle voll Pervertin gedropter Playboy gewesen, dessen Identität geheimgehalten würde.

„Dayton ist eine Stunde später in seinem Bett gestorben", berichtete Armstrong. „Er wurde in seinem Arbeitszimmer aufgebahrt und der Raum verschlossen. Kennen Sie ‚Dayton Cottage'?"

Armstrong nahm Timothys Schweigen für ein Nein. Er beschrieb ausführlich das Penthouse auf dem südlichen Sockel des „Union", das trotz seiner Lage in rund tausendfünfhundert Meter Höhe durch eine Spezial-Klimasphäre von Gewittern und Stürmen verschont blieb, so daß man wie auf einem natürlichen Gipfel über den Wolken liegen konnte. Armstrong hielt sich lange mit der Beschreibung der Inneneinrichtung auf, die offensichtlich von allen Stilarten französischer Kultur geprägt war, er schwärmte von Rokoko und Empire, Louis-quatorze und Louis-quinze und Louis-seize, von Möbeln, Gobelins und Bildern, einem Renoir und einem garantiert echten Picasso aus der blauen Periode. Von der Orchideensammlung erwähnte er nur, daß sie einige Millionen wert sein müßte. Dann beschrieb er mit umständlicher Akribie das Arbeitszimmer und den LIFELONG-Identicat-Safe, der als absolut einbruchssicher galt, weil er nur durch die Kombination der Fingerabdrücke, des Hauttonus und der Körperstrahlung des Inhabers zu öffnen sei.

„Abraham Dayton, der Junior, hatte um einen Experten gebeten. In dem Safe lagen wichtige Dokumente, ohne die der Firma ein Milliardenverlust drohte. Ich bin selbst hingefahren. Der Safe war ordnungsgemäß geschlossen. Ich habe lange gebraucht, dem Junior beizubringen, daß niemand vor Ablauf der dreitägigen Sperrfrist den Safe öffnen kann, nicht einmal mit Gewalt, denn er ist natürlich mit einer Selbstvernichtungsanlage für den Fall unsachgemäßen Öffnens ausgestattet; aber Dayton hat mir wohl doch nicht geglaubt. Er hat den Raum versiegelt und die Bewachung der Tür durch Beamte der Dayton-Polizei angeordnet, weil er für zwei Tage verreisen mußte."

Armstrong hüstelte verlegen. „Ich glaube, er mißtraut seiner Stiefmutter. Sie ist zwanzig Jahre jünger als er. Und sehr schön." Armstrong blickte einen Augenblick geistesabwesend, seine Lippen zuckten. „Sie können sich vorstellen, was Abraham Dayton mir vorhin erzählt hat, nachdem er den Safe geöffnet und ausgeräumt vorgefunden hatte."

Armstrong wischte sich mit einem spitzenbesetzten Tüchlein Schweiß von der Nasenwurzel.

„Der einzige jedoch, der im Arbeitszimmer war, und der einzige auch, der den Safe überhaupt öffnen konnte, war der Tote. Nicht auszudenken, wenn dieses Mysterium unaufgeklärt bliebe. LIFELONG wäre ruiniert! Und was ist noch sicher in dieser Welt, wenn nicht eine Identicat-Sicherung?"

„Das ist nur zu wahr", sagte Timothy. „Ich bin auch Kunde der LIFELONG, Mister Armstrong."

2.

Was Timothy von Armstrong nicht erfahren hatte, berichtete ihm wenige Minuten später Sniders, der Chef der Dayton-Polizei.

Sniders rief an, um Timothy für den Fall zu gewinnen. „Sie müssen mir helfen, Tiny", sagte er. „Und schnell. Hier spielen alle verrückt. Daisy Dayton beschuldigt mich, ich hätte meine Aufsichtspflicht verletzt, oder, noch schlimmer, ich selbst hätte den Safe für ihren Stiefsohn geknackt. Sie droht, sie würde mich für den Schaden haftbar machen, und das kann sie nach meinem Vertrag. Abraham Dayton wiederum beschuldigt mich, ich hätte mit seiner Stiefmutter gemeinsame Sache gemacht, während er außer Haus war. Im Vertrauen, Tiny, ich würde ganz gerne diese oder jene Sache gemeinsam mit ihr machen, aber sie kann mich nicht leiden."

„Ich kann Ihnen nicht helfen", piepste Timothy. „Nicht nur, weil ich sterbenskrank bin und überhaupt nicht arbeiten darf, ich habe schon einen Klienten."

„Lassen Sie ihn sausen, Tiny. Es gibt keinen Fall, der interessanter und wichtiger sein könnte als dieser."

„Vielleicht. Aber mein Klient hat mir einen Platz auf der

Kundenliste von CHALLENGERS versprochen, wenn Sie wissen, was das bedeutet."

„O ja", sagte Sniders, „ich koche hin und wieder selbst. Aber hören Sie zu, Tiny. Mein Bruder ist im Vorstand der ‚WILDCAT Illinois and Missouri Game'. Ich verspreche Ihnen bevorzugte Lieferung, wenn Sie sich dieses Falls annehmen. Oder machen Sie sich nichts aus Wild?"

„Doch, doch", antwortete Timothy. „Sie stürzen mich da in einen tiefen Konflikt."

Die WILDCAT verfügte über die größten Wildfarmen der Staaten und züchtete nicht nur Hirsche, Rehe, Elche und Wildschweine, sondern auch Wildenten, Schnepfen, Fasanen und Tauben. Und Bären! WILDCAT-Grizzlyspeck und Bärentatzen waren berühmt.

„Hören Sie", sagte Timothy nach langem Überlegen. „Ihnen ist es sicher egal, ob Sie mein Klient sind oder ein anderer, Hauptsache, ich löse den Fall, oder? Ich mache Ihnen ein Angebot, Sniders. Sie brauchen keinen Cent zu zahlen, lediglich eine Erfolgsprämie, den Platz auf der WILDCAT-Liste."

„Einverstanden. Wer ist denn Ihr Klient? Daisy Dayton?"

„Nein, Armstrong. Er zittert um die Zukunft der LIFELONG."

„Zu Recht, Tiny, zu Recht. Wenn sich das herumspricht, sind Identicat-Sicherungen keinen Pfifferling mehr wert."

„Erzählen Sie, was ist geschehen?"

„Wenn ich das wüßte! Tatsache ist, daß niemand den Raum betreten haben kann. Auf die Wachen an der Tür kann ich mich verlassen, außerdem waren die Siegel unverletzt und –", Sniders grinste breit, „meine privaten Siegel auch; ich hatte das gute alte Hausmittel angewandt, ein paar Haare. Niemand konnte in den Raum. Abel Dayton der Erste hat seinerzeit das Arbeitszimmer wie einen Banktresor anlegen lassen, sogar kernwaffensicher. Zuerst wurde dieser Raum gebaut und dann das Cottage drum herum, es gibt also keine Fenster, Lüftung nur durch millimeterbreite Schlitze, keinen anderen Zugang als die Tür und den Fahrstuhl. –"

„Was für einen Fahrstuhl?"

„Der private Lift des Chefs. Er führt direkt aus der Halle des ‚Union' in das Arbeitszimmer, aber er ist ebenso wie der Safe mit Identicat-Sicherungen versehen. Niemand als Abraham Dayton konnte die Türen öffnen, nicht einmal sein Sohn oder seine Frau."

„Und es hat auch niemand den Lift benutzt?"
„Wie sollte er? Die Sicherungen sind unverletzt. Die LIFELONG-Techniker versuchen schon seit zwei Tagen, den Lift zu öffnen. Trotzdem stand der Safe offen!"
„Was fehlt?"
„Bargeld. Nicht viel, ein paar Tausende. Aber die Juwelensammlung. Kein Mensch weiß, wieviel die heute wert ist. Allein nach dem ‚Tiffany'-Katalog nicht unter dreihundert Millionen, und der ist schon über zwanzig Jahre alt. Dann das Testament. Die Aktien, Schecks, Permits und die Privatakten wurden nicht angerührt. Es scheint nur eine Erklärung zu geben: Der Tote ist von seiner Bahre aufgestanden und hat selbst den Safe ausgeräumt. Aber Tote stehlen doch nicht, oder?"

Sniders hatte sich kaum ausgeschaltet, da erschien Abraham Dayton auf dem Bildschirm in Timothys Schlafzimmer.
Die Grimasse, die Dayton schnitt, als Timothy bei seinem Anblick in ein zwischen Dröhnen und Schrillen hin- und hergerissenes Lachen ausbrach, hätte Dayton in jedem Allstar-Wettbewerb den ersten Platz für das dümmste Gesicht eingebracht. Timothy gab sich Mühe, ihn zu besänftigen.
„Sie sind nun schon der dritte, der mich für diesen Fall interessieren will", erklärte er. „Ich habe noch nie so viele Klienten für ein und denselben Fall zur Auswahl gehabt. Und noch nie so lukrative Angebote."
„Arbeiten Sie für mich. Ich werde alle anderen überbieten." Abraham Daytons Stimme klang so lieblich wie das Bellen eines Foxterriers.
„Das wird nicht einfach sein", erwiderte Timothy. „Der eine meiner möglichen Klienten bietet einen Platz auf der Kundenliste von CHALLENGERS, der andere bei WILDCAT."
„Wenn Ihnen daran liegt", sagte Dayton, „besorge ich Ihnen einen Platz bei BRIAND."
„Nicht schlecht. Das würde die Käse-Frage lösen, von den Salaten, Artischocken und von Spargel gar nicht zu reden."
„Sie nehmen also an?"
„Ja, als Prämie. Ich habe soeben beschlossen, in diesem Fall mein eigener Klient zu sein und von anderen nur Prämien zu kassieren, zumal die Spesen von der LIFELONG übernommen werden."
„Hauptsache, Sie vertreten meine Interessen."

„Und die wären?"

„Ich will das Testament haben. Natürlich auch die Juwelen. Aber ohne das Testament erbt meine sogenannte Stiefmutter die Hälfte des Dayton-Vermögens. Vater hat mir versichert, daß ich alles erben sollte; er hatte auch schon ein derartiges Testament in seinem Safe deponiert. Verstehen Sie jetzt, warum ich sicher bin, daß Daisy dahintersteckt?"

Daisy Dayton war die vierte im Bunde. Sie meldete sich kurz vor Mittag und beschuldigte ihren Stiefsohn, mit Sniders Hilfe den Safe ausgeräumt zu haben.

„Warum", so sagte sie, „konnte Abel seine Reise nicht verschieben, wo doch sein Vater gerade gestorben war? Weil er sich ein Alibi verschaffen wollte. Er, als Abels Sohn, kann doch sicher am ehesten den Safe öffnen, oder? Abel hatte mir erst vor kurzem wieder gesagt, daß er Abraham enterben und alles mir hinterlassen wollte. Sie müssen mir helfen, Mister Truckle! Sie übernehmen den Auftrag, ja?"

Ihr Lächeln und die rehbraunen Mandelaugen, die überlebensgroß von der Videowand strahlten, wären allein schon Grund genug gewesen, sich mit dem Geheimnis des Dayton-Safes zu beschäftigen. Timothy konnte sich nicht erinnern, wann ihn eine Frau so angesehen hatte, dazu eine so schöne Frau. Er war derart in ihren Anblick versunken, daß er nicht darauf achtete, wie die Ziffern der Uhr weitersprangen.

„Sind Sie noch da, Mister Truckle?"

Timothy zuckte zusammen. „Ja, entschuldigen Sie bitte, ich war in Gedanken verloren –"

„Ich gebe ja zu, es ist ein verzwickter Fall", sagte sie leise, sie gab ihrer Stimme einen hilflosen, werbenden Ton, „aber wer, wenn nicht Sie, sollte ihn lösen?"

„Es war nicht der Fall, der mich verwirrte", gestand Timothy, „sondern Ihr Anblick."

Daisy Dayton legte den Kopf ein wenig schief und benetzte die Lippen mit der Zungenspitze. „Sie werden mir helfen, ich wußte es!"

„Das ist nicht so einfach –"

„Bedürfte es sonst Ihrer Intelligenz?"

Timothy fühlte sich wohl, sauwohl. Klar, das war alles nur wohlberechnete Schmeichelei, aber es tat gut, so umworben zu werden. Er stöhnte. Ebenso wohlberechnet. „Ich bin krank, Mistreß Dayton. An mein Bett gefesselt."

Sie blickte voller Mitgefühl von der Videowand. „Und nichts könnte Sie bewegen, sich doch mit dieser Sache zu befassen, wirklich nichts? Nennen Sie mir Ihre Forderung. Soll ich Sie am Ergebnis beteiligen? Sagen wir, fünf Prozent?"

„Alle Welt will mich für den Dayton-Fall gewinnen, und noch nie habe ich so verlockende Angebote bekommen –" Timothy seufzte mitleiderregend.

„Schlagen Sie alles andere aus, Mister Truckle! Ich erhöhe auf zehn Prozent."

„Ich darf nicht auf Beteiligung arbeiten. Ich würde meine Lizenz verlieren."

Sie rückte noch näher an ihren Communicator, so daß das Bild ihrer Augen und Lippen die Wand füllte. „Ich habe ein Haus an der See, das heißt, wenn Sie das Testament wieder herbeischaffen. Ich lade Sie ein, dort eine Woche auszuspannen. Gemeinsam mit mir."

Das kann nicht wahr sein, dachte Timothy. Ich träume. Ich habe Fieberphantasien.

„Sie wissen sicher nicht, wie ich aussehe", sagte er bitter. „Ich bin ein Zwerg, ein –"

„Ich weiß", unterbrach sie ihn. „Aber wenn Sie mir helfen, sind Sie für mich der größte und schönste Mann der Staaten." Einen Mann, den sie liebte, hätte sie nicht zärtlicher anblicken können. „Sie werden mir doch nicht einen Korb geben?"

„Wie könnte ich! Aber –" Timothy hatte Mühe, die richtigen Worte zu finden.

„Sollte Ihnen ein Urlaub mit mir so wenig bedeuten? Ich würde Sie sehr verwöhnen."

Timothy war kurz davor, das Angebot anzunehmen und dafür alle Genüsse von CHALLENGERS, WILDCAT und BRIAND schießen zu lassen, dann rief er sich zur Ordnung. Selbst wenn sie ihr Wort hielte, er würde keine Minute vergessen können, daß sie es nur tat, weil er ihr zu ihren Millionen verholfen hatte, nicht seinetwegen. Und wenn er es vergessen könnte, wäre es nur um so schlimmer. Danach. „Ich will Sie nicht belügen", sagte er. „Ich kann Sie nicht als Klientin annehmen, weil ich bereits an dem Fall arbeite. Aber ich verspreche Ihnen, daß ich alles tun werde, was in meinen Kräften steht."

„Darf ich wenigstens eine Erfolgsprämie aussetzen? Haben Sie einen Wunsch?"

„Vielleicht könnten Sie mir einen Platz auf der Kundenliste

von OLD NEPTUN'S TREASURY verschaffen? Ich esse leidenschaftlich gern Fisch. Nein – tun Sie mir lieber den Gefallen und rufen mich jeden Tag an, damit ich Ihnen berichten kann, wie ich vorankomme. Ihr Lächeln wird mir guttun."

„Sie sollen beides haben. Den Fisch und mein Lächeln."

3.

Der Dayton-Fall schien sich in dem atemberaubenden Tempo, in dem er für Timothy begonnen hatte, weiterzuentwickeln. Timothy war es recht; es lenkte ihn von seiner Krankheit ab.

Sofort nach dem von Doktor Pike unerbittlich geforderten Mittagsschlaf bekam er eine Spezialübertragung aus dem „Union" in sein Appartement geschaltet. Zuerst Abraham Dayton, dann Sniders führten ihn elektronisch durch die Räume von „Dayton Cottage", wobei Dayton die für den Fall uninteressanten, wohl aber für sein Selbstwertgefühl wichtigen Kostbarkeiten der Inneneinrichtung verbellte wie ein Hund seine Stammbäume. Sniders gab auf angenehm bündige Art die den Fall betreffenden Fakten, Blickwinkel und Hinweise. Die Leute von der LIFELONG mühten sich immer noch, die Lift-Sicherungen auszubauen. Timothy sah eine Weile zu und ließ sich ausführlich erklären, warum es so schwierig war.

Ebenfalls noch am Nachmittag absolvierte Timothy ein Kolloquium mit den Ärzten, die Abel Dayton zu seinen Lebzeiten behandelt und die auch seinen Totenschein ausgestellt hatten. Sie ließen keinen Zweifel daran, daß Dayton so tot war, wie einer nur sein konnte. Sie waren auf Timothys Befragen und nach einer eingehenden Betrachtung des Toten in einer schnell arrangierten Übertragung bereit zu schwören, daß der Leichnam noch genauso dalag, wie sie ihn vor drei Tagen verlassen hatten.

Armstrong erklärte Timothy umständlich, aber überzeugend, warum es unmöglich war, daß der Safe sich früher als vorgesehen von allein geöffnet haben konnte. Versuche, über die „Bachstelze" oder Josuah Trevers herauszubekommen, wer der Pilot des Skydrivers gewesen war, scheiterten.

Als Timothy aufstehen wollte, um eine erste Diskussion mit Napoleon zu führen, versagten seine Beine den Dienst. Sie knickten einfach zusammen. Timothy brauchte eine Weile, bis er sich von seiner Überraschung erholt hatte, und dann viel Kraft und Willensstärke, wieder ins Bett zu klettern. Auch Napoleon zu füttern kostete ihn ungewohnt viel Zeit und Mühe. Nachdem er seine Fragen diktiert hatte, mußte Timothy sich ausruhen, bevor er wenigstens die beiden wichtigsten Gespräche führen konnte, das erste mit Armstrong.

Timothy bestellte eine vollständige Liste aller Wissenschaftler und Hilfskräfte, die an der Entwicklung der Identicat-Sicherung gearbeitet hatten, dazu Protokolle aller Versuche und Vorversuche einschließlich der mißglückten, weiterhin eine detaillierte Beschreibung aller Tests, die ein LIFELONG-Identicat-Safe bestehen mußte, bevor er das Werk verließ, und eine Beschreibung, wie ein Safe auf seinen Besitzer geprägt wurde. Armstrong versprach, alle Unterlagen noch in der Nacht überspielen zu lassen. Er berichtete außerdem von Versuchen, die man im Werk mit einem Duplikat des Dayton-Safes gerade unternahm, die aber nichts anderes zu erbringen schienen als die Bestätigung, daß ein Identicat-Safe nicht zu knacken war.

Der zweite Anruf ging an den Großen Bruder. Der zeigte sich zutiefst erschrocken über Timothys Stimme, die durch die Quaserverzerrung noch wunderlicher klingen mußte als so schon. Er beschwerte sich, daß Timothy ihn nicht unverzüglich von seiner Krankheit informiert habe, und versprach, jetzt jeden Tag anzurufen. Timothy beruhigte ihn, er sei bereits auf dem Weg der Besserung, und der verriet ihm auch die Heilmittel: WILDCAT, CHALLENGERS, BRIAND und OLD NEPTUN. Daisy Daytons Lächeln verschwieg er. Er bat den Großen Bruder, herauszubekommen, wer den Skydriver geflogen hatte.

„Kurier dich lieber", mahnte der Große Bruder. „Und wenn du mal etwas Zeit findest, denk darüber nach, wie wir zu Geld kommen, zu viel Geld. Wir sind fast pleite."

„Ich Idiot!" stöhnte Timothy. „Ich habe gerade auf Honorar verzichtet."

4.

Am nächsten Morgen fühlte Timothy sich noch miserabler, obwohl das Fieber auf 39,5 Grad gesunken war. Aber er konnte jetzt kaum aus den Augen blicken und nur durch den Mund atmen, so sehr waren Nasenschleimhäute und Augenlider geschwollen. Selbst das abgedunkelte Licht blendete ihn unerträglich. Timothy beschloß, nun tatsächlich krank zu sein und sich damit abzufinden, den zugesicherten Gaumenfreuden abschwören zu müssen. Ein anderer würde den Fall lösen und ihn um seine Prämien bringen. Er ließ sich Wagner vorspielen. Danach fühlte er sich so elend, daß er nicht einmal mehr Musik ertragen konnte. Vielleicht würde er völlig erblinden. Oder die Mundschleimhäute würden auch noch aufquellen, und er müßte ersticken. Er hatte genügend Phantasie, sich sein Ende in allen Einzelheiten auszumalen. Und die Trauerfeier. Der Gedanke, daß sein gegenwärtiges Vermögen nicht ausreichte, um sich beerdigen zu lassen, auf einem richtigen Friedhof in richtiger Erde, machte ihn wieder munter. Und Daisy Dayton, die anrief, um sich nach seinem Befinden und ersten Ergebnissen zu erkundigen. In dieser Reihenfolge.

Timothy hievte sich in den Sessel und fuhr zu Napoleon. Nach etlichen tiefen Seufzern machte er sich daran, die Sicherung in Napoleons Snarr einzubauen und ihm so die Stimme wiederzugeben. Doch bevor er sich auf ein Gespräch mit Napoleon einließ, holte er sich eine Flasche „Haighs“ und nahm einen kräftigen Schluck, um sich für die kommende Stunde zu wappnen. Wie er diese verdammte, hochnäsige Stimme haßte. Wie konnte man nur einen Automaten reinstes Oxford-Englisch sprechen lassen! Nicht nur in der Aussprache, auch in Wortwahl und Rhythmus. Timothy überfielen schon Aggressionen, wenn er nur an das verdammte Dadadum-Dadada dachte. Er überwand sich, indem er die Augen schloß und sich einen Tisch vorstellte, der über und über mit den köstlichsten Speisen und Vorspeisen bedeckt war.

„Ihre Fragen betreffend“, begann Napoleon, „wäre zu bemerken, daß sie nur zum Teil als sinnvoll anzusehen sind. Und es ist mir versagt, auf eine unsinnige Frage eine sinnvolle Antwort zu geben, so auf Frage eins: ‚Kann ein Toter dazu benutzt werden, eine auf ihn geprägte Identicat-Sicherung zu öffnen, wenn ja, wie lange nach seinem Tod?‘ Schon ein geringes Nachsinnen hätte den Fragesteller darauf verweisen können, daß die Antwort nur Nein heißen kann. Wohl wären die Papillaren in gewissen, kurz zu bemessenden Zeiten noch als akzeptabel zu bezeichnen, nicht aber der Hauttonus und niemals die körpereigenen Wellen.

Zu Frage zwei: In der einschlägigen Literatur wird darüber nichts vermerkt, mir ist aber bekannt, daß es nichtsdestotrotz

Versuche gegeben hat, sowohl in einzelnen Teilen unterschiedlichster Art als auch in Gesamtstrukturen verstorbener Körper Pseudoleben zu erzeugen – es muß natürlich richtiger heißen: zu erregen. Falls meiner Aufmerksamkeit nichts diesbezügliches entgangen sein sollte, ist dazu zu sagen, daß alle Quellen übereinstimmend darüber berichten, daß derartiges nur bei Temperaturen kurz über dem Gefrierpunkt des Wassers möglich erscheint, was wiederum den Hauttonus rapide verändert und die Papillaren gefrieren läßt.

Deshalb ist auch die dritte Frage, die mehr den Charakter einer übergreifenden denn einer selbständigen Frage besitzt, eindeutig mit Nein zu beantworten. Ein IMAGO ist lediglich für Körperstrahlung denkbar, und dies auch nur bei besonders günstigen Voraussetzungen, relativ großen Toleranzen des Kontrollmechanismus und dazu unter einem immensen Aufwand.

Als das größte Problem jedoch erscheinen mir die Papillaren, da die Identicat-Sicherung die Fingerabdrücke nicht von einem zweidimensionalen, sondern nur von einem dreidimensionalen, plastischen Medium abnimmt, das von ihr selbst abgetastet wird und alle Eigenschaften einer lebenden Hand aufweisen muß. Man hätte also eine originalgetreue Nachbildung des Verblichenen, dazu mit dem richtigen Hauttonus, schaffen müssen. Dies ist aber nach dem derzeitigen Stand der Wissenschaften platterdings unmöglich. Insgesamt ist zu bemerken: Allein die Annahme, jemand könne unbefugt eine Identicat-Sicherung öffnen, ist zumindest gegenwärtig unsinnig. Diese Einschränkung deshalb, weil man ohne zwingende Beweise kein Unmöglich postulieren soll. Die unberechtigte Öffnung einer Identicat-Sicherung setzt ein biologisches Double voraus. Die Vorstellung aber, es könne ein biologisches Double eines Menschen existieren, ist derart absurd, daß es sich erübrigt, darüber auch nur ein Wort zu verlieren."

„Halt's Maul, du elender Klugscheißer!" knurrte Timothy. „Was weißt du vom Absurden. Was weißt du von diesem Tollhaus, in dem das Verrückte als normal und das Normale als pervers anerkannt wird! Ich glaube an das Absurde in dieser Welt, und ich weiß, warum!"

„Was sagten Sie bitte?"

Timothy schaltete Napoleon aus, kippte noch einen „Haighs", quetschte einen Fluch zwischen den verquollenen

Lippen hervor und füllte sein Glas erneut. Er lag eine Weile schweratmend da, bevor er sich stark genug fühlte, Napoleon weiter anzuhören.

„Ich habe die diversen Unterlagen gesichtet und gespeichert. Wünschen Sie einen vollständigen oder einen auszugsweisen Bericht, und wenn auszugsweise, nach welchen Gesichtspunkten, bitte schön?"

„Irgendwelche Hinweise auf Fakten, die zu abweichenden Schlußfolgerungen führen könnten?"

„Meines Wissens, nein."

„Irgendwelche Namen, die uns bekannt sind? Wenn ja, in welchem Zusammenhang?"

„Das habe ich nicht überprüft."

„Würdest du das dann, dreimal verdammt, jetzt tun!" schrie Timothy.

„Verzeihung, ich habe nicht recht verstanden."

„Würdest du bitte so freundlich sein und die Namen überprüfen?"

„Ja, gerne. Sofort."

Timothy brauchte zwei Whisky, um seine Aggressionen hinunterzuspülen. Dann sagte er sich, daß er es nicht länger fertigbringen würde, Napoleon zuzuhören. Er schaltete den Snarr wieder ab.

Napoleon revanchierte sich, indem er lange Bänder ausdruckte. Timothy hatte im Nu den Schoß voll und bald das ganze Bett, aber das war für ihn das kleinere Übel, zumal seine Augen sich offensichtlich besserten.

Mitten in seinem Studium meldete sich Doktor Pike. Timothy ließ ihn eine Weile vor der Tür stehen und schaffte erst einmal Ordnung. Er hatte keine Lust auf Vorwürfe. Die Whiskyflasche hatte er vergessen. Pike entdeckte sie sofort und schüttelte mißbilligend den Kopf.

„Schimpfen Sie nicht, Doc", sagte Timothy. „Das ist die einzige Medizin, die mir zu helfen scheint. Oder haben Sie mir etwas mitgebracht, das mich wieder auf die Beine stellen könnte?"

„Leider nicht. Brennt der Whisky nicht teuflisch in der Kehle?"

„Nicht ein bißchen."

„Merkwürdig, sehr merkwürdig."

Während Timothy auf dem Bauch lag, damit Doktor Pike

das Sprela-Kardiogramm und das Enziogramm und dann noch das Phallogramm abnehmen konnte, angelte er sich ein paar von Napoleons Streifen hervor und ließ sie durch die Finger gleiten.

„Sie arbeiten doch nicht etwa?“ fragte Pike.

„Altes Zeug. Sagen Sie, Doc, haben Sie mal was von Peter Dryer gehört oder von John Fergusson? Oder sagen Ihnen die Namen Spignow Andronelli, Albert Ping Me, Herbert Boone etwas?“

„Halt!“ sagte Pike. „Boone? Wie ist sein zweiter Vorname, Ebenazer?“

„Hier steht nur ein E. Doktor Herbert E. Boone.“

„Ebenazer“, sagte Pike grübelnd. „Tatsächlich, ich hatte ihn schon völlig vergessen. Was ist mit ihm?“

„Keine Ahnung. Deshalb frage ich Sie.“

„Was mag aus ihm geworden sein? Wir haben zusammen studiert. Das heißt, er war ein paar Semester über mir, aber wir spielten beide in dem gleichen Basic-Ball-Team. Wenn es der ist, den Sie meinen. Ebenazer hatte dann einen Job bei der Regierung, an irgendeinem geheimen Institut. Danach war er eine Zeitlang Assistent bei Professor Hayfield. Erinnern Sie sich an Hayfield, den Wunderdoktor mit der Superspeed-Verjüngungsmethode, die sich wie alle anderen als Bluff und Geldschneiderei entpuppte?“

Timothy konnte sich nicht erinnern.

„Nun ja“, sagte Pike, „das ist bald zwanzig Jahre her. Und Sie hatten bestimmt nicht genug Geld, um sich bei Hayfield verarzten zu lassen. Seitdem habe ich von Ebenazer nichts mehr gehört. Warum fragen Sie?“

„Namen in alten Unterlagen faszinieren mich immer wieder.“

Kaum hatte Pike ihn verlassen, da entwickelte Timothy eine geradezu hektische Aktivität. Bei Josuah Trevers bestellte er Unterlagen über Modeärzte und Spezialkliniken; Napoleon bekam den Auftrag, die kompletten Zulassungslisten für alle Ärzte der gesamten Staaten aus den vergangenen zwanzig Jahren und darüber hinaus die zentrale Einwohnerdatei nach Hayfields und Boones zu überprüfen, außerdem Unterlagen über medizinische, biologische und zoologische Institute zu beschaffen, die sich mit Körperstrahlungen und Transplantationen und verwandten oder angrenzenden Gebieten befaßten.

„Wenn man keine Ahnung hat, wo der Hase im Pfeffer liegt", brummte Timothy vor sich hin, „muß man halt mit Schrot in die Dunkelheit schießen."

Dann rief er den Großen Bruder an und bat ihn herauszufinden, bei welchem Unternehmen und an welchem Thema Boone seinerzeit gearbeitet hatte, was daraus geworden und warum er von dort fortgegangen war.

„Warum interessierst du dich für ihn?" fragte der Große Bruder.

„Es könnte sein, er hat mit dem Dayton-Fall zu tun. Ein Boone gehörte zu dem Team, das seinerzeit die Identicat-Sicherung entwickelte."

„Bist du sicher, daß es dieser war?"

„Ich bin nicht einmal sicher, ob überhaupt ein Boone mit meinem Fall zu tun hat. Es ist nur eine Intuition."

„Bleib lieber im Bett und kurier dich aus."

Als er sich endlich zur Ruhe legte, war der Tag herum und die Flasche leer, und Timothy stellte zu seiner größten Verblüffung fest, daß er nicht einmal angeheitert war. Er dachte schon daran, sich eine zweite Flasche zu holen, um diesem Phänomen auf den Grund zu gehen, verwarf den Gedanken aber wieder. Glatte Verschwendung, sagte er sich.

Der nächste Tag begann früh für Timothy. Der Große Bruder holte ihn um sechs aus dem Schlaf; kurz vor sieben, als Timothy gerade wieder eingeschlafen war, meldete sich Josuah Trevers. Timothy entschloß sich, nun auch gleich noch Napoleon abzufragen. Schriftlich. Nachdem er zwei Stunden mit ihm diskutiert hatte, begannen seine Augen derart zu brennen, daß ihm nichts anderes übrigblieb, als den Snarr wieder einzubauen und Napoleons arrogante Reden über sich ergehen zu lassen.

Nach dem Mittag bestellte er Smiley Hepburn zu sich. Er kochte einen extrastarken türkischen Mokka, den Smiley mit sichtlichem Wohlbehagen schlürfte. Timothy beteuerte ein paarmal, daß er ihn für den besten Rechercheur der Staaten halte und für den verschwiegensten dazu und für den teuersten leider auch. Er erreichte, daß Smiley versprach, sofort alles andere stehen- und liegenzulassen und für Timothy zu arbeiten, und das sogar zu einem Freundschaftspreis.

„Nur soweit es meine eigene Börse betrifft", sagte Timothy dankbar. „Ich werde versuchen, soviel wie möglich auf die

LIFELONG zu buchen. Bring ein paar frisierte Rechnungen mit, die Versicherungen leben schließlich auch nur von Betrug."

Smiley legte die Liste, die Timothy ihm gegeben hatte, auf das Bett. „Bei wem soll ich beginnen?"

„Ich weiß es nicht, jeder könnte es sein. Ich verlasse mich ganz auf deine Nase."

„Und wenn keiner der gesuchte Boone ist?"

Timothy antwortete nicht. Er lag mit geschlossenen Augen, die Hände wie zum Gebet gefaltet. Smiley störte ihn nicht. Da die Mokkakanne leer war, bediente er sich von der „Medizinflasche". Timothy testete gerade „King's Label".

„Weißt du, Smiley", sagte Timothy schließlich, „ich vertraue einfach darauf, daß einer der Richtige ist und daß er mit dem Dayton-Fall zu tun hat. Die ganze Sache ist derart verrückt, daß nur eine völlig absurde Lösung denkbar bleibt."

„Und die hast du gefunden?"

„Vielleicht. Die Chancen stehen eins zu tausend."

Die nächsten Tage widmete Timothy ganz seiner Gesundheit. Er faulenzte, hörte Musik, ließ sich auf keine Gespräche mit Dayton, Armstrong oder Sniders ein, sondern bestätigte nur, daß er intensiv an dem Fall arbeitete, und fragte, ob seine Prämien eingeleitet seien – sie waren es.

Für Daisy Dayton hatte er Zeit. Sie rief jeden Mittag an und hinterließ jedesmal einen glücklichen, versonnen lächelnden Timothy, der mit zusammengepreßten Lidern versuchte, ihr Bild so lange wie möglich festzuhalten. Timothy ließ sich viel vorlesen, ein langes Stück aus den „Pickwickiern", seine Lieblingsstellen aus „Gullivers Reisen" und den gesamten „Tom Sawyer". Er freute sich wieder einmal diebisch, daß es ihm gelungen war, sich die Aufzeichnungen dieser Bücher zu verschaffen und den Communicator als Vorleser einrüsten zu lassen.

Doktor Pike war sehr zufrieden mit Timothy. Und mit sich. Es war ihm gelungen, das Virus zu isolieren, und nun, so versicherte er, würde sich auch bald eine Therapie finden.

„Solange werde ich die Versuche mit meinen Hausmitteln fortsetzen", sagte Timothy und bot Pike einen Schluck seiner Medizin an. Prophylaktisch. Falls der Doktor sich bei ihm angesteckt hätte.

Da es ihm von Tag zu Tag besser ging, schlug Timothy dem

Großen Bruder vor, sie wollten sich wieder nur noch im Bedarfsfall anrufen.

„Da müßte ich mich jede Stunde melden", antwortete der Große Bruder. „Oder hast du schon vergessen, wie bedürftig wir sind?"

„Ganz im Gegenteil. Ich habe sogar schon eine Idee, wie wir zu Geld kommen können, zu sehr viel Geld."

5.

Smiley meldete sich verblüffend schnell zurück. „Der in Süd-Kentucky ist es", berichtete er. „Ein Glück, daß ich gleich bei ihm angefangen habe." Er deutete dabei auf seine beeindrukkend spitze und lange Nase. „In der Nähe von Southwark. Kennst du Southwark, Tiny? Ich hoffe, nicht. Ein Drecknest. Nur Bergbau, Titan- und Molybdänerze. Sie kratzen sie fast noch mit der Hand 'raus. Wie zu Urgroßvaters Zeiten. Das kommt sie billiger, hat mir der Chefingenieur erzählt, Leute gäbe es genug, Nigger und Digger – das ist da ihr Slogan –, weiße und schwarze Nigger, das Erz macht ihre Haut grünschwarz und faltig, daß man kaum den einen vom anderen unterscheiden kann. Und das Nest selbst – so muß das berüchtigte Klondike im Goldrausch ausgesehen haben, aber vielleicht haben sie es auch absichtlich so hingebaut, Saloons, Spielsäle –" Er sah Timothy erstaunt an.

„Klondike ist gut", kicherte der. „Sehr gut sogar."

Smiley schickte ihm einen verständnislosen Blick ins Bett.

„Bitte weiter", forderte Timothy ihn auf.

„Dreißig Kilometer südlich liegt Boonesburg. Aufgemacht wie ein Westernfort –. Sag mal, Tiny, ist er etwa ein Nachkomme jenes legendären Daniel Boone, der mal Kentucky entdeckt hat?"

„Keine Ahnung."

„Na, er tut zumindest so. Wachen in Trapperkleidung am Tor, Blockhäuser, Wachtturm, Palisadenzaun – 'ne richtige Festung. War gar nicht so leicht, da hineinzukommen."

„Du läßt dich doch sonst nicht von einem Zaun abschrekken."

„Die Palisaden sind wohl nur Show – oder daß die Kranken nicht abhauen. Das Gelände ist elektronisch gesichert, und nachts laufen Streifen mit Hunden draußen um den Zaun herum. Aber ich hatte schnell 'raus, daß der Turm nie besetzt war. Ich habe mich in der Dunkelheit aus 'nem Gleitjet auf den Turm abgeseilt. Und so auch wieder abholen lassen. Von da oben hatte ich ganz Boonesburg wie auf 'nem Tablett. Ich weiß ja nicht, was du suchst, Tiny, aber nach dem, was ich gesehen habe, ist es ein Crimematorium* wie andere auch, keine reine Sterbeklinik, dazu waren zuwenig Alte da, aber eine Menge Süchtige, die er in aller Stille zu heilen versucht oder denen er sterben hilft; dann hat er einen Trakt, den ich für 'ne Überlebenslangstrecke halte. Du weißt, was ich meine? Leute, die eigentlich schon tot sind, deren Körper aber künstlich am Leben erhalten werden, weil da irgendwelche Erbfragen eine Rolle spielen."

Timothy nickte.

„Dann gibt es ein langes Blockhaus, in dem er offensichtlich Kretins hält, weiß der Teufel, wozu. Vielleicht – erinnerst du dich an den Fergusson-Fall?"

Timothy erinnerte sich gut. Fergussons Frau hatte den Körper ihres Mannes in einer Klinik am Leben erhalten lassen. Automaten hatten das Blut durch den Körper gepumpt und ihn künstlich ernährt, so daß das Herz nicht zum Stehen kam. Auf diese Weise wurde verhindert, daß der Sohn das Erbe antreten konnte. Als das nicht mehr länger möglich war, hatte sie einen Idioten beigebracht, der nicht annulliert, sondern in einer Privatklinik großgezogen worden war, und ein Attest, daß dies ihr und Fergussons Sohn sei, so daß sie wenigstens zwei Drittel des Vermögens bekommen hatte. Abzüglich der Spesen, versteht sich.

„Hilft dir das?" fragte Smiley.

„Vielleicht. Hast du die Idioten gesehen?"

„Nur einen, und der war tot. Vielleicht hatten sie ihn auch sterben lassen, weil sie nicht länger Honorar für ihn kassieren konnten. Sie haben ihn jedenfalls ohne Formalitäten hinter dem Blockhaus eingescharrt." Smiley grinste. „Ich habe mir gestattet, vorher ein paar Fotos zu machen. Ich dachte, vielleicht sei es das, wonach du suchst."

„Könnte sein", rief Timothy vergnügt.

* Crimematorium = Wortspiel aus Sanatorium, Krematorium und Crime (engl.) – Verbrechen.

„Ich habe auch die Fingerabdrücke abgenommen, doch damit ist nicht viel Staat zu machen. Noch eins, Boone scheint sich für Edelsteine zu interessieren. Von meinem Turm aus konnte ich mit 'nem Fernglas direkt in seine Fenster blicken. Ich habe beobachtet, wie er seine Steine sortierte. Eine erstaunliche Sammlung."

„Könnte man sie, äh, sicherstellen? Ich meine, wenn jemand alle Deckung und genügend Mittel hat?"

„Kleinigkeit. Soll ich sie holen? Boone hat nur einen alten ‚Smith & Wesson'-Tresor. Wann?"

„Paßt es dir übermorgen nacht? Boone wird nicht zu Hause sein."

Als Smiley gegangen war, schickte Timothy ein Hologramm an Doktor Herbert E. Boone, Boonesburg bei Southwark, Kentucky.

6.

„Ich bitte um Entschuldigung, daß ich Sie zu mir gebeten habe", sagte Timothy, „aber Sie sehen ja, ich bin krank."

„Soll ich Sie behandeln?" fragte Boone belustigt.

„Sagen wir, Sie könnten mir helfen." Timothy bot ihm den Sessel vor dem Bett an. Und zu trinken. Boone wollte Meskalinbrandy.

„Kommen wir zur Sache", sagte er. „Sie haben mir ein interessantes Geschäft angedeutet, bei dem es um Millionen geht."

„Wenn nicht sogar um Milliarden."

„Ich höre."

„Am besten", schlug Timothy vor, „ich erzähle Ihnen eine kleine Geschichte. Sie fängt wie so viele gute Geschichten mit ‚Es war einmal' an, ist aber dennoch kein Märchen. Also: Es war einmal ein junger Mann, der war begeistert, ja geradezu besessen von einer Idee. Er studierte, um sie verwirklichen zu können, schrieb eine Dissertation über dieses Thema, und da es eine gescheite Arbeit war und da sich gerade einige staatliche Stellen für dieses Gebiet interessierten, bekam er einen erstklassigen Job in einem erstklassigen Institut, und man stellte ihm alle Mittel zur Verfügung, seine Idee in die Wirklichkeit umzusetzen. Eine verlockende Idee. Nicht ganz neu, sie hatte vor allem die Zoologen schon im vorigen Jahrhundert beschäftigt, aber immer ohne Erfolg, so daß man sie schließlich als undurchführbar beiseite legte. Es ging um die sogenannten Klons: Lebewesen, die man aus Körperzellen züchtet, so daß man, zum Beispiel, von einem besonders gut gelungenen Zuchtexemplar unendlich viele genetisch völlig gleiche Duplikate herstellen kann."

Boone saß mit verkniffenem Gesicht da.

„Unser junger Mann hatte sich eine vielversprechende Methode ausgedacht, er wollte den Kern einer Eizelle gegen den Kern einer Körperzelle austauschen und dann die Frucht normal austragen lassen; nach seinen Überlegungen mußten Leberzellen für solch einen Austausch geeignet sein. Es funktionierte. Er erhielt genetische Duplikate des Spenders, und doch blieben die Ergebnisse niederschmetternd: Die Klons waren samt und sonders Mißgeburten, verunstaltet und Idioten, höchstens als Material für Transplantationen zu gebrauchen. Aber zu dieser Zeit war es schon gelungen, die Eiweißunverträglichkeit in den Griff zu bekommen. Die Versuche wurden eingestellt. Langweile ich Sie, Mister Boone?"

„Ganz im Gegenteil. Sie sind einer der besten Märchenerzähler, die ich je hörte."

Timothy bedankte sich mit einem Kopfnicken.

„Unser junger Mann war völlig aus der Bahn geworfen. Eine Zeitlang ließ er sich gehen, dropte sich mit allen möglichen Drogen voll, versuchte sogar einmal, sich das Leben zu nehmen. Dann fand er eine Stellung bei der LIFELONG, die seine Kenntnisse für die Entwicklung der Identicat-Sicherung nutzte. Und da hatte er wieder eine Idee. Die Identicat-Sicherung, das erkannte er schnell, würde ein Schlager werden. Alle Reichen würden sie sich zulegen, denn nur ein biologischer Doppelgänger konnte einen derartigen Safe knacken, solche Doppelgänger aber gab es nicht. Noch nicht. Und das war seine Idee: menschliche Klons zu züchten, biologische Einbruchswerkzeuge. Sie würden genetisch identisch mit ihren Zellkernspendern sein, sie würden dieselben Papillarmuster und Körperwellen und den gleichen Hauttonus besitzen wie ihre – soll man sagen: unfreiwilligen Väter?"

Boone machte ein Gesicht, als sei er der letzte, der etwas dazu zu sagen hätte.

„Ursprünglich hatte LIFELONG vor, auch noch die Sprache einzubeziehen, das aber wurde auf Vorschlag eines Wissenschaftlers als zu aufwendig verworfen. Warum haben Sie das vorgeschlagen, Mister Boone?“

Boone nippte an seinem Meskalinbrandy.

„Sie wußten, daß Ihre Klons nie sprechen lernen würden, deshalb.“

Boone schien gerade Timothys Kragenweite abzuschätzen.

„Dann gingen Sie als Assistent zu Professor Hayfield. Sie hatten wesentlich bessere Angebote, aber bei diesem Scharlatan konnten Sie an das kommen, was Sie wirklich interessierte: Leberzellen reicher Leute. Ich habe es geprüft, Sie haben damals über sechzig Leberpunktionen durchgeführt, die meisten waren unnötig. Ich meine, vom Standpunkt der Medizin. Ein Großteil Ihrer damaligen Patienten lebt noch, besitzt einen Identicat-Safe und bewahrt darin bestimmt genügend Werte auf, um uns beide reich machen zu können.“

„Uns beide?“ fragte Boone belustigt.

„So dachte ich es mir. Da ich nun einmal Mitwisser bin.“

„Wovon?“

„Von dem Blockhaus voller Kretins in Boonesburg. Von den Mißgeburten, die Sie so sorgsam hüten und die alle äußerst interessante Fingerabdrücke haben, von Hauttonus und Körperstrahlung gar nicht zu reden. Stellen Sie sich vor, jemand käme auf die Idee, die Fingerabdrücke dieser armen Wesen oder gar ihre Gene mit denen der vornehmsten und reichsten Männer der Staaten zu vergleichen! Oder jemand grübe den Leichnam hinter der Blockhütte aus und stellte fest, daß seine Fingerabdrücke mit denen des verstorbenen Abel Dayton identisch sind, dessen Safe gerade auf geheimnisvolle Weise ausgeräumt wurde und dessen Edelsteinsammlung sich ganz zufällig in Ihrem Besitz befindet, will sagen, befand. Sie hätten sich wirklich einen Identicat-Safe leisten sollen.“

Boone blickte Timothy entgeistert an. Seine Finger zuckten, als wollte er Timothy sogleich erwürgen.

Timothy holte seinen Rayvolver unter der Bettdecke hervor und richtete ihn auf Boone.

„Keine Dummheiten“, warnte er. „Sie können sich doch wohl vorstellen, daß ich Vorkehrungen treffe, wenn ich ein Gespräch wie dieses führe. Mein Tod würde die Untersuchung sofort ins Rollen bringen. Ein Vertrauter von mir überwacht Boonesburg. Kommt ihm etwas verdächtig vor, fragt er bei mir zurück. Melde ich mich nicht, ruft er die örtliche Polizei zu

Hilfe und wartet, bis das FBI eintrifft. Einer meiner Freunde hat alle Unterlagen. Wenn ich mich nicht zu den festgesetzten Zeiten melde, übergibt er sie Deborrah Johnson, der Kriminalchefin von Chicago. Dazu ein paar Zeilen von mir, daß sie meinen Tod rächen soll. Sie wird es tun. Sie mag mich nämlich."

Boone lehnte sich langsam zurück. Timothy nickte zufrieden.

„Zu den Beweismitteln, über die ich verfüge", sagte er, „gehören Aufnahmen des Dayton-Doubles, eindeutig in Boonesburg aufgenommen, Fingerabdrücke und Zellproben. Ebenso von den anderen Kretins. Ausreichend Material, um Sie auf den elektrischen Stuhl zu bringen. Oder zu LIFELONG und den Versicherungskonzernen zu gehen und eine fette Prämie zu kassieren."

„Warum tun Sie es nicht?"

„Ich brauche viel Geld. Sehr viel. Ich ziehe es vor, mit Ihnen halbe-halbe zu machen."

„Sie sind verrückt! Bedenken Sie meine Ausgaben."

„Nach Abzug Ihrer Unkosten, versteht sich."

„Zehn Prozent, allerhöchstens."

„Fünfzig. Zehn kann ich mir ohne Risiko bei Ihren zukünftigen Opfern holen." Timothy legte den Rayvolver auf Boone an. „Sie werden dieses Zimmer nur als mein Partner oder als Leiche verlassen. Ich glaube nämlich, daß dies die Chance meines Lebens ist. Meinen Sie, ich habe Lust, auf ewig die Dreckarbeit für andere Leute zu besorgen?"

„Zwanzig Prozent."

Timothy schüttelte den Kopf.

„Dann bekommen Sie gar nichts."

„Sie irren. Und glauben Sie nicht, daß ich Hemmungen hätte, Sie abzuknallen. Was riskiere ich schon? Ich bin Ihnen auf die Schliche gekommen, Sie haben mich überfallen, um mich umzubringen. Es war reine Notwehr. Jeder Polizist würde das akzeptieren. Und die unfreiwilligen Väter Ihrer Idioten würden mir allesamt eine saftige Prämie spendieren. Aber ich will mehr."

Boone atmete tief, würgte, starrte Timothy an, zuckte schließlich mit den Schultern. „Okay. Ich habe wohl keine Wahl. Aber dafür werden Sie mitarbeiten müssen."

„In meinem eigenen Interesse", erwiderte Timothy. „Ziemlich stümperhaft, wie Sie bei Dayton eingestiegen sind."

„Ich habe keine Fehler gemacht“, brauste Boone auf. „Ich habe nicht eine einzige Spur hinterlassen!“

„Eben. Das war der eine Fehler. Sie hätten sich sagen müssen, daß ein derart geheimnisvoller Fall die besten Kriminalisten auf den Plan ruft. Sie hätten ein paar Spuren hinterlassen müssen, Köder für die Polizei, an denen die sich festbeißen konnte, um dann eines Tages doch kleinlaut aufzugeben. Sie hätten den Dayton-Safe überhaupt sausen lassen sollen. Sie hatten viel zuwenig Zeit, den Coup richtig vorzubereiten.“

„Sausen lassen, sausen lassen!“ schnaufte Boone. „Mein lieber Mister Truckle, seit fünfzehn Jahren warte ich auf diesen Tag. Meinen Sie, es macht mir Vergnügen, mich in die Einsamkeit von Boonesburg zu verkriechen, Süchtige zu behandeln und Alte zu Tode zu pflegen, um ungestört diese Mißgeburten und Idioten aufziehen zu können?“

„Warum haben Sie es dann nicht schon früher versucht?“

„Warum, warum! Weil die Finger erst zur Mannesgröße auswachsen mußten. Und weil sich die Körperstrahlung noch während der Pubertät verändert. Dann diese Gelegenheit – der Fahrstuhl wurde nicht überwacht, in Daytons Zimmer mußte ich nicht mit Überrumpelung rechnen. Dann die Dayton-Juwelensammlung. Das sollte ich alles sausen lassen? Den Kretin umsonst hochgepäppelt? Fünfzehn Jahre lang? Es hätte übermenschlicher Größe bedurft, darauf zu verzichten.“

Timothy goß ihm einen neuen Meskalinbrandy ein.

„Ich hätte sie aufgebracht“, sagte er leise. „Aber das ist der Fehler der meisten Amateure; um eines Cents willen vergeben sie die Chance auf zehn Dollar. Ihr zweiter Fehler, Boone: Sie hätten konsequent vorgehen müssen, den Safe wieder schließen, so daß man annehmen mußte, der alte Dayton hätte seine Juwelen irgendwo anders deponiert, und wenn Sie schon das Testament mitnehmen, dann auch noch die Tür sprengen, so daß es aussieht, als wollte jemand seine Spuren verwischen.“

„Was reden Sie da für einen Unsinn“, sagte Boone unwillig. „Ich habe kein Testament mitgehen lassen. Haben Sie noch mehr solcher ‚Fehler‘?“

„Einen. Sie hätten mit mir rechnen müssen.“

„O ja! Wenn ich geahnt hätte, daß ich Sie als Partner einhandle, hätte ich es mir tatsächlich verkniffen!“

„Sie sollten zufrieden sein, daß wir uns gefunden haben. Wie, zum Beispiel, wollen Sie die Juwelen unterbringen? Wie wollen Sie eine einmal angelaufene Untersuchung so verwirren, daß die Spur nicht zu Ihnen führt?"

Boone sah Timothy mit großen Augen an.

„Ich lasse mir etwas einfallen", beruhigte Timothy ihn. „Sobald ich wieder auf den Beinen bin, komme ich nach Boonesburg, und wir besprechen die Einzelheiten. Eines jedoch möchte ich jetzt noch wissen: Zu wem gehören die anderen Kretins in Ihrem Blockhaus?"

„Das könnte Ihnen so passen!" Boone sprang auf. Timothy hielt ihm den Rayvolver entgegen, Boone griff aber nur nach der Flasche. „Sie glauben doch wohl nicht, daß ich so verrückt bin, Ihnen das zu verraten!"

„Doch, das glaube ich. Aber wenn Sie nicht wollen – ich besitze die Fingerabdrücke aller Ihrer Zöglinge, und ich bin außerordentlich neugierig. Ich könnte nicht mehr ruhig schlafen, bevor ich es wüßte. Es dürfte nicht so schwer sein, die unfreiwilligen Väter zu finden. Allerdings, ich müßte dann auf Ihre Partnerschaft verzichten; dafür könnte ich die Herkunft des Geldes jederzeit nachweisen –"

„Okay, okay." Boone stürzte das scharfe grüne Zeug in einem Zug hinunter, dann diktierte er Timothy dreiundzwanzig Namen, keiner von ihnen fehlte auf der Liste der hundert reichsten Leute der USA, die „Lady's Journal" vor kurzem veröffentlicht hatte. Timothy las die Namen ein paarmal, memorierte sie dann mit halbgeschlossenen Augen und gab Boone den Zettel. Der ließ sich beschreiben, wo er die Säure finden konnte, löste aber nicht den Zettel auf, sondern verbrannte ihn, zerrieb die Asche zwischen den Fingern und schüttete erst sie in das Säurebad.

„Gründlich sind Sie", lobte Timothy. „Ich glaube, wir werden gute Partner sein."

Boone stand auf.

„Vielleicht", sagte er grimmig, „vielleicht gewöhne ich mich noch an Sie, im Augenblick möchte ich Ihnen am liebsten den Hals umdrehen."

„Ich verlange nicht, daß Sie mich lieben", entgegnete Timothy freundlich. „Hauptsache, Sie stehlen und zahlen fleißig."

7.

„Haben Sie den Fall gelöst?“ fragte Armstrong, als Timothy ihn anrief. „Sie haben ihn gelöst, ich sehe es Ihnen an!“

„Langsam, langsam, Mister Armstrong“, stoppte Timothy dessen Redefluß. „Ich habe eine Idee, eine Ahnung, nicht mehr, und –“

„Das genügt“, unterbrach Armstrong ihn begeistert. „Nicht wahr, das genügt?“

„– und ich habe ein Problem“, beendete Timothy seinen Satz.

„Ein Problem, mit dem Timothy Truckle nicht fertig wird? Gibt es das?“

Er hat den Instinkt eines Stichlings, der seine Brut verteidigt, dachte Timothy. Er ahnt, daß ich ihm ans Geld will. „Das Problem“, sagte er, „mit dem ich nicht allein fertig werden kann, ist meine Gutmütigkeit. Und meine Gesundheit.“

Armstrong blickte verblüfft.

„Auf der einen Seite habe ich in meiner Gutmütigkeit auf ein Honorar verzichtet –“

„Gutmütigkeit?“ Armstrong lachte auf. „Sagten Sie Gutmütigkeit? Sie wollten alle Prämien, aber dabei nicht Ihre Lizenz riskieren, und das hätten Sie, wenn Sie mehr als einen und in ihren Interessen widersprechende Klienten vertreten.“

Timothy hob die Hände, um seine Hilflosigkeit anzudeuten. „Ich sagte Gutmütigkeit, und ich meine es so. Ich brachte es nicht über das Herz, auch nur einen von Ihnen zurückzustoßen, und Sie werden zugeben, daß Sie noch nie so billig bedient wurden wie dieses Mal, das heißt, wenn ich den Fall kläre.“

„Da will ich erst mal Ihre Spesenabrechnung sehen“, knurrte Armstrong.

„Jetzt“, sagte Timothy, „stehe ich vor dem Problem, daß ich plötzlich Geld brauche. Der Gedanke, eine so gute Chance, viel Geld zu verdienen, vertan zu haben, macht mich ganz krank.“

„Ja, das kann ein arges Problem sein“, bestätigte Armstrong. Seine Stimme troff von Mitgefühl.

„Es macht mich so krank“, sagte Timothy, „daß ich mich zu schwach fühle, auch nur ein Viertelstündchen zu arbeiten.“

„Wollen Sie durch die Hintertür doch noch Honorar fordern?“

„Was denken Sie von mir! Mein Wort gilt. Immer. Obwohl ich finde, daß der LIFELONG die Lösung dieses Falles, zumal mit dieser Diskretion, mehr als nur die Spesen und ein Platz bei CHALLENGERS wert sein sollte."

Armstrong war völlig damit beschäftigt, etwas in seinem Schreibtisch zu suchen.

„Ich will das Geld nicht für mich", fuhr Timothy fort. „Diese schwere Krankheit hat mich daran erinnert, wie schnell und überraschend ein Leben beendet sein kann. Ich möchte, bevor es zu spät ist, noch einigen Bedürftigen in meinem Umkreis helfen. Leider übersteigen die Erfordernisse meine Möglichkeiten."

Wenn Armstrong einen Brieföffner gesucht hatte, dann hatte er ihn jetzt gefunden. Es war ein ausnehmend scheußliches Stück. „Sie haben doch so viele einflußreiche und wohlhabende Bekannte", sagte er, „Freunde und Gönner, ehemalige und potentielle Klienten, warum bitten Sie die nicht, Ihnen zu helfen? Warum gründen Sie nicht einen Hilfsfonds?"

„Die Idee ist nicht schlecht", lobte Timothy. „Wirklich, sie könnte von mir sein."

Armstrong lächelte bescheiden.

„Wieviel, glauben Sie, würde die LIFELONG wohl dem Timothy-Truckle-Fonds spenden?"

„Die LIFELONG?" Armstrong tat so entsetzt, als habe man ihm zugemutet, zu Fuß durch die Stadt zu gehen.

Timothy überhörte es.

„Leider", sagte er mit leiser, matter Stimme, „leider fühle ich mich zu schwach. Es war ein Fehler, mich über die Anordnung der Ärzte hinwegzusetzen und mich mit dem Dayton-Fall zu befassen, obwohl ich sterbenskrank bin. Nun, zum Glück habe ich keinen Klienten, dem ich verpflichtet bin."

„So kommen Sie mir nicht 'raus!" brüllte Armstrong. „Daraus wird nichts, Mister Truckle! Ich verlange, daß Sie den Fall so schnell wie nur möglich klären. Wir haben keine Stunde zu verlieren. Es tauchen schon die ersten Gerüchte auf."

„Sie sehen doch, ich bin krank. Die Ärzte können nicht einmal herausbekommen, was mir fehlt."

„Sie sehen aber schon wieder recht gesund aus."

„Wenn Sie wüßten, wie schwach ich mich fühle, mein Lieber! Ich würde Ihnen ja gerne helfen. Der Fall interessiert mich, zumal es jetzt so aussieht, als wären noch zwei Dutzend gleicher Verbrechen in Vorbereitung –"

„Was sagten Sie da?" Armstrong schrie so laut auf, daß Timothy den Lautsprecher drosseln mußte. „Zwei Dutzend? Wann? Bei wem? Wer ist der Täter?"

Timothy stöhnte erbärmlich. „Gut, Mister Armstrong, ich mache weiter. Ich kann nicht mit ansehen, wie Sie leiden. Ich melde mich, sobald ich mich besser fühle. Morgen. Oder übermorgen."

„Halt!" Armstrong hatte wohl Angst, Timothy würde sich ausschalten. Er kramte erneut in seinem Schreibtisch. „Würde es Ihr Wohlbefinden steigern, wenn ich Ihnen so etwas sende?"

Er brachte eine zusammengefaltete Folie zum Vorschein, die Timothy unschwer als Hunderttausender-Zertifikat der Bundesbank erkennen konnte.

„Ich hoffe, Sie wollen mich nicht bestechen, einen Fall früher abzuschließen, als ich es verantworten kann."

Armstrong bekam einen roten Kopf. „Ich dachte, für Ihren Hilfsfonds", stotterte er.

„Ich freue mich natürlich, wenn LIFELONG sich an meinem Fonds beteiligt. Und Freude soll ja der Gesundheit förderlich sein, nicht wahr? Wieviel, sagten Sie, fünf Weiße Riesen?"

„Einer, Mister Truckle, einer."

„Ich wußte es", sagte Timothy sanft, fast salbungsvoll, „die LIFELONG fühlt sich noch den guten alten Werten von Moral und Sitte verpflichtet. Die Barmherzigkeit geht ihr noch über ihren untadeligen Ruf. Die Gewißheit, daß niemand mehr einen Identicat-Safe öffnen wird, wenn ich den richtigen Mann erwische, hat sie derart in Freude und Dankbarkeit versetzt, daß sie sich entschlossen hat, fünf Weiße Riesen für die Armen und Bedürftigen zu spenden. Klingt gut, nicht wahr?"

„Mit Garantie?" fragte Armstrong.

„Mit Garantie."

„Nun gut." Viel Resignation klang in Armstrongs Stimme.

„Bitte nicht überweisen", bat Timothy. „Seien Sie so freundlich, mir das Geld ins Haus zu schicken, ja?"

„So krank sind Sie nicht, was? Aber nun 'raus mit der Sprache."

„Morgen. Arrangieren Sie doch bitte eine Konferenzschaltung, zu der Sie diese Herren einladen." Timothy diktierte ihm die Namen. „Und die Versicherungsgesellschaften, versteht sich. Ich dachte, daß ich die Gelegenheit benutze, Ihre Idee mit dem Timothy-Truckle-Fonds vorzutragen und um Unterstützung zu bitten. Ich darf doch auf Ihre Fürsprache hoffen, nicht wahr?"

„Und ob! Denken Sie, ich will der einzige sein, der von Ihnen zur Ader gelassen wird, damit Sie sich einen Namen als Wohltäter machen können?"

8.

Sniders interessierte sich nur für die kriminalistische Seite des Falles. Timothy versprach, ihm demnächst alles haarklein zu berichten und sich sofort bei den Daytons für seine Unschuld zu verbürgen.

Daisy und Abraham Dayton lud Timothy zugleich zum Gespräch.

„Ich werde in Kürze soweit sein", sagte er, „Hergang und Aufklärung des Dayton-Falles öffentlich, vielmehr vor einem ausgewählten Kreis, darzulegen. Ich wollte nur nicht versäumen, Ihnen schon jetzt eine erste Nachricht zukommen zu lassen. Es war niemand von Ihnen und auch nicht Sniders, sondern ein Außenstehender. Wenn Sie einverstanden sind, werde ich versuchen, die Juwelensammlung, nun, sagen wir, sicherstellen zu lassen. Es ist vielleicht nicht ganz legal, aber sehr praktisch. Wer weiß, ob wir sie über die Polizei jemals oder vollständig zurückbekommen könnten. Nur, das kostet ein wenig."

Daisy Dayton schickte Timothy ein zustimmendes und vielversprechendes Lächeln, ihr Stiefsohn knurrte nur: „Wieviel?"

„Ich habe meinen Leuten ein Erfolgshonorar von zweihunderttausend plus Spesen zugesichert. Ich halte es für einen fairen, ja günstigen Preis, zumal Sie das Geld sicher unschwer von der Versicherung wiederbekommen können."

„Und wieviel bekommen Sie?"

„Nichts. Sie wissen, ich habe auf ein Honorar verzichtet."

Timothy erntete einen Augenaufschlag von Daisy Dayton, den er mit hunderttausend nicht für überbezahlt gefunden hätte. Von Abraham Daytons Gesicht war unschwer abzulesen, daß er Timothy für einen Trottel hielt.

„Was ist mit dem Testament?" bellte er.

„Ja, das Testament. Es erscheint mir als glaubhaft, daß kein Testament entwendet wurde. Warum auch. Für den Täter war es ein Papier wie alle anderen, unverwertbar. Das liegt an dem Charakter dieses Verbrechens. Und an dem Charakter des Verbrechers. Da wir annehmen dürfen, daß der teure Verstorbene ein wenig mißtrauisch war, würde ich unterstellen, daß er auch eifersüchtig gewesen sein könnte. Sollte er vielleicht nur zu jedem von Ihnen von seinem Testament gesprochen haben, um Sie beide voneinander fernzuhalten? Wie auch immer, ich möchte Ihnen vorschlagen, sich gütlich zu einigen und jeder mit der Hälfte des Erbes zufrieden zu sein, was in Anbetracht der Hinterlassenschaft jeweils ein, wie ich annehme, durchaus akzeptables und ansehnliches Vermögen darstellen dürfte. Und falls Sie anläßlich Ihres Erbantrittes eine wohltätige Geste tun möchten, wie in alten Zeiten die Fürsten und Könige bei Übernahme des Thrones und der Regierungsgeschäfte, so empfehle ich Ihnen eine mildtätige und barmherzige Spende an den Timothy-Truckle-Fonds."

„Was ist das?" fragten die beiden Daytons wie aus einem Mund.

Timothy erklärte es ihnen gern.

Nach dem Gespräch ging er zu Napoleon und baute die Snarr-Sicherung wieder ein.

„Nun", fragte er, „du hast die Generalprobe mit angehört, bist du zufrieden mit meiner Redeweise?"

„Nicht schlecht, nicht schlecht", antwortete Napoleon. „Eine gewisse Bemühtheit und auch ein erster Erfolg sind durchaus zu bemerken, ja, im großen und ganzen kann man sowohl Wortwahl als auch Syntax als schon verbessert gegenüber Ihrem sonstigen Sprachgebrauch anerkennen, wenn es auch noch weit von wirklicher Beherrschung der Sprache entfernt ist. Und die Aussprache, mein Lieber, die Aussprache! Wenn Sie bitte einmal auf den Rhythmus achten wollen: Dadadum-dadada, dadadum-dadada."

Timothy drehte lachend die Sicherung wieder heraus.

9.

Timothy hatte sich gut auf die Konferenz vorbereitet. Als seine Gesprächspartner auf der Bildwand des Schlafzimmers erschienen, saß er schon – oder richtiger: thronte er in seinem Bett. Er trug einen dunkelroten, mit goldenen Drachenmustern verzierten Morgenmantel aus Chinaseide; auch die Decke aus goldgelber Kaschmirseide, die er über sein Bett gebreitet hatte, war ein Original aus dem frühen 20. Jahrhundert. Er fühlte sich wie ein Großfürst beim Lever.

Timothy entschuldigte sich mit seiner Krankheit, und er sah tatsächlich angegriffen aus. Die Schwellungen waren zwar zurückgegangen, dafür lagen dunkle Schatten unter seinen Augen, und tiefe Falten hatten sich eingegraben. Das gedämpfte Licht vertuschte, wie sehr Timothy nachgeholfen hatte. Die ungetönten, leblos fahlen Haare vervollständigten das Bild eines Schwerkranken.

„Ich habe Mister Armstrong gebeten, diese Konferenzschaltung einzuberufen", begann er, „weil Sie alle an der Aufklärung des geheimnisvollen Einbruchs in den Safe des kürzlich verstorbenen Abel Dayton interessiert sind. Ich weiß, einige von Ihnen werden jetzt überrascht sein, doch ich bitte Sie nur um ein wenig Geduld, dann werden Sie unschwer feststellen, wie sehr dieser Fall auch Sie betrifft. Jeden einzelnen von Ihnen."

Timothy ließ seinen Blick über die fast drei Dutzend Gesichter streifen. Die meisten kannte er persönlich, etliche waren schon seine Klienten gewesen, nur zwei waren ihm völlig fremd, das mußten die Vertreter der Versicherungskonzerne sein. Huxley von der GLOBE INSURANCE lächelte ein wenig säuerlich, Daisy Dayton lachte bezaubernd. Offensichtlich hatten die Daytons sich geeinigt, sie ließen sich zusammen übertragen. Weaverly und der junge Brooker – Timothy hatte ausdrücklich den Junior einladen lassen – sahen sehr besorgt aus, sie quälten sich ein Lächeln ab, als Timothy sie anblickte.

„Ich weiß", fuhr er fort, „wie kostbar Ihre Zeit ist, und werde bemüht sein, mich so kurz wie nur irgend möglich zu fassen. Der Dayton-Fall ist gelöst."

Timothy speiste das Bild des toten Doubles ein. Daisy Dayton zuckte angeekelt zusammen, auch die anderen machten nicht gerade begeisterte Gesichter.

„Dieses arme Wesen", erklärte Timothy, „mißgestaltet, verkrüppelt, nahezu ohne Gehirn, ein Wesen, das Mensch zu nennen sich Verstand und Zunge weigern, ist niemand Geringeres als derjenige, der den Dayton-Safe öffnete. Mühelos, muß dazu gesagt werden. Denn dieses Wesen ist ein genetisches Duplikat von Abel Dayton, ein Klon. Ich nehme an, Sie alle wissen, was darunter zu verstehen ist."

Als Timothy merkte, daß die Gesichter sich wieder ihm zuwandten, ließ er die Bombe los.

„Meine Herren, mit Ausnahme von Mistreß und Mister Dayton, Mister Armstrong und den Vertretern der Versicherungsgesellschaften existiert von jedem einzelnen von Ihnen ein derartiges genetisches Duplikat, ein Klon, Fleisch von Ihrem Fleische, wie es in der Bibel heißt, und wie es wörtlicher und entsetzlicher noch nie eingetroffen war, hilflose Kretins, nur zu dem einen Zweck gezeugt und gezüchtet, eines Tages als biologisches Einbruchswerkzeug mißbraucht zu werden."

Timothy ließ ihnen Zeit, sich von dem Schock zu erholen, dann gab er einen kurzen Überblick über seine Ermittlungen und wie er die richtige Spur gefunden hatte.

„Ich hatte also eine logische Erklärung und einen möglichen Tathergang gefunden, nur, wie sollte ich zu Beweisen kommen, die, wennschon nicht ein Gericht, so doch wenigstens die Betroffenen, Sie, meine Dame und meine Herren, überzeugen konnten? Unter unendlichen Mühen und unter Einsatz seines Lebens gelang es einem meiner Mitarbeiter, in das schwerbewachte Boonesburg einzudringen und im Schutze der Nacht das Dayton-Double auszugraben und aufzunehmen. Doch schon die Fingerabdrücke waren nicht mehr zu verwerten und würden von keinem Gericht als Beweis anerkannt werden. Ich besaß also nichts als diese Aufnahme, die Sie soeben gesehen haben, und eine Information, die meine Mitarbeiter mir brachten, daß sich in einem der Blockhäuser möglicherweise geistig Behinderte, Debile oder Idioten befinden könnten. Es blieb mir nichts anderes übrig, als va banque zu spielen und das wenige, das ich hatte, auf eine Karte zu setzen."

Gebanntes, atemloses Schweigen. Timothy konnte mit seinem Publikum zufrieden sein. Obwohl, ein kleiner Szenenapplaus hätte ihm wohlgetan.

„Die Beweise, von denen sogleich in einem Gespräch zwischen mir und Doktor Herbert Ebenazer Boone die Rede sein wird, existieren also in Wirklichkeit nicht; sie waren nur Mittel, um Boone in eine Zwangssituation zu treiben, ihn zu verwirren und zu einem Geständnis zu zwingen."

Timothy lächelte, er gab sich Mühe, es bescheiden wirken zu lassen.

„Aus diesem Grund mußte ich selbst eine bestimmte Rolle übernehmen. Ich weiß, Sie werden Verständnis dafür finden. Ich möchte dennoch darauf verweisen, daß dies nicht zu meinen üblichen Methoden zählt und daß mein Verhalten in dem nun folgenden Gespräch weder zu meinem Charakter noch zu meinem Stil gehört."

Dann ließ er die Aufzeichnung des Gesprächs mit Boone abfahren. Als es beendet war, schwiegen alle. Sie schwiegen lange, sehr lange. Schließlich ergriff Weaverly das Wort. Er wirkte sichtlich erleichtert. Vielleicht hatte er befürchtet, Timothy würde auch über den Tod seines Vaters sprechen.

„Wir alle", so sagte er, „sind wohl Mister Truckle zu großem Dank verpflichtet, zumal er diese hervorragende kriminalistische Leistung vom Krankenbett aus vollbrachte. Ein sehr bemerkenswerter Vorgang. Besonders schulden wir ihm Dank wegen seiner Diskretion, und wir sollten uns nicht scheuen, Mister Truckle unsere Dankbarkeit zu bezeigen."

„Nichts leichter als das", sagte Armstrong. „Mister Truckle hat einen Fonds zur Unterstützung Bedürftiger gegründet, der seinen Namen trägt. Zu Recht, möchte ich sagen. Die LIFELONG wird sich mit einer, wie ich denke, großzügigen Spende daran beteiligen, mit fünf sogenannten Weißen Riesen."

Timothy verbeugte sich in seine Richtung.

„Ich bin der LIFELONG und Ihnen, Mister Armstrong, sehr für die barmherzige Hilfsbereitschaft verbunden, die Sie durch diese Spende unter Beweis stellen. Es ist wohltuend, immer wieder feststellen zu können, daß es noch Großzügigkeit und Edelmut gibt. Und da ich weiß, daß so mancher, obwohl von Haus aus begütert und in Sicherheit aufgewachsen, dennoch die Wohltat barmherziger Hilfe zu schätzen gelernt hat, bin ich der guten Hoffnung, daß sich noch mehr edle Spender finden werden, so daß der Hilfsfonds, dem meinen Namen zu geben Mister Armstrong vorschlug, wachsen und gedeihen möge."

Er hatte die ganze Zeit über abwechselnd Weaverly und Brooker angesehen. Die beiden eröffneten auch schnell die Spendenliste, jeweils mit einem Weißen Riesen, und die anderen, sei es nun, weil sie nicht nachstehen wollten, sei es, weil das Foto sie tatsächlich einmal erschüttert hatte, eiferten ihnen nach. Als Huxley auch nur einen Schein spendieren wollte, setzten sie ihm so lange zu, bis er und nach ihm die anderen Versicherungen als die Hauptnutznießer jeweils fünf Weiße Riesen spendeten.

Armstrong hielt ein Schlußwort. „Es geht ja nicht nur um den materiellen Verlust, der abgewendet wurde und der, soweit es sich überhaupt mit Geld ersetzen läßt, von den Versicherungen hätte getragen werden müssen; es geht darum, daß wir einen Sieg der Gerechtigkeit erleben durften und die Verteidigung der Persönlichkeit gegen einen dreisten und unerhörten Angriff. Denn was bleibt da noch, was bleibt von uns, wenn, wenn . . .“ Er suchte nach Worten. Niemand kam ihm zu Hilfe. „Ich schlage vor“, schloß er, „daß wir die endgültige Lösung des Problems im engen Kreis besprechen.“

Timothy verstand den Hinweis. Bevor er sich ausschaltete, bedankte er sich noch einmal und bat, ihm das Geld nicht zu überweisen, sondern ins Haus zu schicken.

„Ich möchte vermeiden, daß ich der Finanzbehörde Rechenschaft geben muß“, erklärte er. Es war den Spendern anzusehen, daß sie nicht sehr fest an den Hilfsfonds glaubten. Timothy war es egal. „Nicht nur wegen der Steuer“, fuhr er fort, „obwohl die dem edlen Gedanken schon unberechtigte Einbuße zufügen würde, aber wahre Hilfe ist diskret. Sie kränkt den Bedürftigen nicht durch öffentliche Bloßstellung.“

Jetzt nickten alle zustimmend.

10.

Niemand hätte in dem quicklebendigen Timothy, der in den nächsten Stunden einen Besucher nach dem anderen empfing, den schwerkranken Mister Truckle vom Vormittag wiedererkannt. Bis zum Abend waren fast zwei Drittel der Spenden eingetroffen, der Rest ging am nächsten Vormittag ein. Timothy hatte Mühe, alles unauffällig zu verstauen, denn die Spender hatten es vermieden, allzu große Scheine zu nehmen. Zu Timothys Überraschung hatte auch Daisy Dayton zweihunderttausend Dollar gesandt. Und eine Rose.

Als der Große Bruder anrief, um sich nach Timothys Gesundheit zu erkundigen, bat der um Hilfe.

„Ich ersticke“, stöhnte er, „ich ersticke in Geld. Hoffentlich läßt du es bald abholen!“

Der Große Bruder brauchte ungewöhnlich lange, bis er die Sprache wiederfand.

„Wo hast du Geld her, Tiny? Ich denke, du liegst schwerkrank im Bett.“

„Tue ich. Aber wie heißt es doch: Den Seinen gibt's der Herr im Schlaf. Ich habe den Timothy-Truckle-Fonds zur Unterstützung Hilfsbedürftiger ins Leben gerufen, und die ersten Spenden sind gerade eingetroffen.“

„Wieviel?“ fragte der Große Bruder aufgeregt.

„Siebenundvierzig.“

„Tausend?“

„Weiße Riesen.“ Timothy weidete sich an dem erschrockenen Aufschrei. „Siebenundvierzig Weiße Riesen oder vier Komma sieben Millionen. In kleinen Scheinen. Und wenn auch nicht aus den saubersten, so doch aus den wohl am saubersten gewaschenen Händen, die es in den Staaten gibt. Etwas davon muß ich aber wirklich für den Fonds behalten, ich will auf alle Fälle die Fiktion einer karitativen Stiftung schaffen. Ich dachte an zehn- oder zwanzigtausend, die ich so dezent unter die Leute bringe, daß alle Welt davon spricht.“

„Soviel du willst“, sagte der Große Bruder. „Wie hast du das nur fertiggebracht, Tiny?“

„Das erkläre ich dir später.“

Timothy unterbrach schnell die Verbindung, denn es klingelte, und der Bildschirm des Communicators zeigte an, daß Doktor Pike vor der Tür stand.

Pike fand, daß Timothy nun gesund sei und wieder arbeiten dürfte. „Genug gefaulenzt“, sagte er, „zumal ich jetzt weiß, daß es sich nur um eine zwar unangenehme, aber absolut harmlose Abart des Schnupfenvirus handelt. Ein merkwürdiges Virus allerdings –“ Pike schwieg verlegen. „Es scheint so, als ob das einzige Mittel, mit dem man ihm beikommen kann, tatsächlich Whisky ist.“

Sie lachten laut und lange. Timothy spendierte einen 1998er „Hundred Pipers“ zur Feier des Tages.

„Übrigens“, sagte Pike, „ich wollte es Ihnen gestern schon sagen, Sie hatten mich doch nach Ebenazer Boone gefragt. Er soll eine Privatklinik in Kentucky haben, Boonesburg bei Southwark."

„Er hatte", berichtigte Timothy. „Vor einer Stunde wurde es in den Nachrichten gebracht. Durch ein technisches Versagen hat sich bei einem Luftmanöver über Süd-Kentucky eine Nihilationsbombe zu früh ausgeklingt und Boonesburg mit Mann und Maus vernichtet."

Pike blickte nachdenklich in sein Glas. „Zufälle gibt es", sagte er dann kopfschüttelnd.

„Ja", antwortete Timothy. „Das dachte ich auch, als ich es hörte."

Ein Freundesdienst

1.

Timothy starrte auf seine rechte Hand. Er neigte den Kopf bis zur Schulter und rieb das Ohrläppchen an dem weichen, nachtblauen Stoff des Anzugs. Die vorgestülpte Unterlippe konnte ebensogut Staunen wie Belustigung oder Ärger ausdrücken.

„Ich sage Ihnen doch, es geht nicht“, flüsterte der Barkeeper.

Timothy ließ seinen Hocker herumschnellen, doch hinter ihm stand niemand, die „Stardust“-Bar war nahezu leer. Nur an einem der nördlichen Fenstertische saß ein Pärchen, es hätte auch in eine Kellerbar gehen können; die jungen Leute schenkten dem Ausblick, der als Begründung für die schwindelerregend hohen Preise diente, keine Beachtung. Statt das Farben- und Formenspiel des dunstigen Wattemeers über Chicago zu bewundern, aus dem die Skyscraper wie metallene Stalagmiten herausragten, blickten sie sich in die Augen.

„Daß ich immer wieder darauf hereinfalle“, sagte Timothy ärgerlich. „Warum flüstern Sie, Melvin?“ Er sprach so laut, daß die Liebesleute hochschreckten.

Der Barkeeper hob die Schultern. „Berufskrankheit. Die meisten Gäste mögen es nicht, wenn man laut spricht.“ Er sagte es um eine Nuance kräftiger, verfiel aber gleich wieder in die alte Stimmlage.

So gab es ein seltsames Zwiegespräch: auf der einen Seite des breiten Tresen ein Mann mit den Schultern eines Karate-Champions, der kaum hörbar krächzte, auf der anderen Seite der schmächtige, winzige Timothy, der seinen Baß dröhnen ließ. Wäre es ein Video gewesen, man hätte angenommen, daß einer jener avantgardistischen Regisseure seine Darsteller mit vertauschten Stimmen synchronisiert hätte.

Timothy legte erneut Zeigefinger, Mittelfinger und Ringfinger der rechten Hand auf die Platte, winkelte den kleinen Finger ab und drückte ihn fest gegen die Kante, dann ließ er den

Zeigefinger hochwippen, den Mittelfinger, der Ringfinger rührte sich nicht.

„Es ist ein alter Trick“, flüsterte Melvin, „ich habe ihn von meinem Vater und der von Großvater – seit Generationen wird das bei uns von einem zum anderen weitergegeben, immer am zehnten Geburtstag.“

„Warum?“

„Keine Ahnung. Wer weiß, was das früher im alten Europa zu bedeuten hatte. Vielleicht so eine Parabel, wie die Geschichte von den Stäben, die man einzeln zerbrechen kann, nicht aber gebündelt? Daß man nie frei ist, wenn man sich gegen etwas stemmt?“

„Nanu, Melvin, philosophische Ambitionen?“

„Ich habe oft darüber nachgedacht. Früher hat es einen Spruch dazu gegeben, aber schon mein Vater kannte ihn nicht mehr.“

Timothy ließ noch einmal die Finger wippen: eins, zwei, nichts.

„Seien Sie nicht halsstarrig, Tiny. Ich weiß nicht, warum, aber niemand schafft es.“

„Weil man den musculus extensor indicis proprius, den Strekker des Ringfingers, blockiert, wenn man den kleinen Finger gegen die Kante drückt.“

Der Barkeeper sah Timothy mit offenem Mund an. „Warum, zum Teufel, versuchen Sie es immer wieder, wenn Sie das so genau wissen?“

„Und niemand erinnert sich an den Spruch?“

„Niemand.“ Der Barkeeper lehnte sich über den Tresen. „Sie sind doch ein bedeutender Mann, Tiny. Können Sie uns nicht eine Lizenz beschaffen? Mary und ich möchten so gerne ein Kind.“

„Aber Melvin, wie sollte ich Ihnen da helfen?“

„Warum, verdammt noch mal“, krächzte der Barkeeper, „dürfen wir nicht ein Kind haben, wenn wir es wollen? Warum dürfen Sie kein Kind haben, Tiny, ein Mann von Ihrer Intelligenz!“

„Ich?“ Timothy schüttelte sich vor Lachen. Die goldenen Spitzen seiner exakt auf die Farbe des Anzuges abgestimmten blauen Haare sprühten wie ein Funkenregen. Das Liebespärchen starrte wütend zur Bar.

„Wer sollte einem Zwerg eine Lizenz geben! Ich muß ja froh

sein, daß ich das Licht unserer schönen, braven Welt schon vor fünfzig Jahren erblickte; heutzutage hätte man mich doch gleich nach der Geburt annulliert. Ich weiche weit mehr als zehn Prozent von der Norm ab." Er kicherte. „Und wie ich von der Norm abweiche!"

„Ich weiß es", sagte der Barkeeper ernst. „Und ich weiß es zu schätzen." Er holte die Flasche „Old Finch" aus dem Kühlfach und goß ein. „Ihr Whisky", sagte er, dann wies er zur Westfront, „und Ihr Sonnenuntergang."

Timothy nahm das Glas in beide Hände und schlürfte genießerisch den „Old Finch", während er zusah, wie die Sonne als tiefrote Scheibe in die ockerfarbenen Wolken tauchte und mit ihrem Schein die Skyscraper in blutige Nadeln verwandelte.

Erst als der letzte Lichtschimmer erlosch, drehte er sich wieder zum Tresen um.

„Ein erstaunlich ruhiger Abend", sagte er. „Gibt wohl was Besonderes im Video?"

„Die Präsidentenwahl." Der Barkeeper hielt ihm einen Telefonhörer hin. „Für Sie, Mister Tiny. Napoleon."

„Maggy Stahlheimer hat angerufen", tönte Napoleons Stimme so laut, daß Timothy den Hörer ein Stück vom Ohr abhalten mußte und der Barkeeper bequem mithören konnte. „Um achtzehn Uhr fünf. Sie bittet dringend um Hilfe. Ich soll bestellen: John hat den Verstand verloren."

„Warum hast du nicht weiterverbunden?" fragte Timothy ärgerlich.

„Ich wollte nicht den Sonnenuntergang stören. Ich fragte sie, ob es noch eine halbe Stunde Zeit hätte, da sagte sie ja."

„Ruf an und sage, ich komme."

„Ich habe mir gestattet, schon ein Aerotaxi zu bestellen und sie im ‚Texas' zu avisieren. Ich nahm an, Sie würden bei John F. Stahlheimer eine Ausnahme machen."

„Okay, Ende", brummte Timothy und reichte den Telefonhörer zurück.

„Es steht mir sicher nicht zu", meinte der Barkeeper, „aber manchmal denke ich, daß Sie Ihrem Napoleon zuviel Freiheit einräumen."

Timothy legte eine Münze auf den Tisch. „Ja, manchmal denke ich das auch."

2.

Ein Riese in der Uniform der Safemen baute sich vor Timothy auf, als er aus dem Lift stieg, der ihn von der Haltestelle des „Texas“ in die Empfangshalle im 800. Stock heruntergebracht hatte. Er legte die linke Hand grüßend an den Helm, die rechte lag auf dem Kolben seines Rayvolvers.

„Mister Truckle? Colonel Hanks erwartet Sie. Dort, bitte.“ Er zeigte auf eine erhöht stehende gläserne Box.

Der Chef-Safeman des „Texas“ wirkte neben seinem Untergebenen wie ein Halbwüchsiger. „Freue mich, Sie kennenzulernen“, schnarrte er. „Habe schon viel von Ihnen gehört, Mister Truckle. Nun ja, Sie sind schließlich einer der Größten in unserem Metier, wenn ich mal so sagen darf.“

„Sie dürfen.“ Timothy sah sich um. Trotz der späten Stunde standen vor allen Schaltern Leute, um sich anzumelden; hinter den schuß- und strahlensicheren Scheiben des Innenraumes warteten zwei Dutzend Besucher darauf, daß man sie abholte. Neben jede der Türen waren zwei baumlange Safemen postiert, andere patrouillierten durch die Halle, obwohl der Raum elektronisch überwacht wurde.

„Sie treiben entschieden mehr Aufwand als bei uns im ‚Nebraska‘“, sagte Timothy.

„Wir sind hier ja auch in Texas.“ Hanks lachte polternd. „Im Ernst, Mister Truckle, hier wohnen nur VIPs*, Wissenschaftler und Staatsbeamte, da sind außerordentliche Maßnahmen schon angebracht. Ich würde mich glücklich schätzen, wenn ich Ihnen unser Sicherheitssystem vorführen dürfte; es ist das beste von allen Skyscrapern. Ich wette tausend Dollar gegen einen alten Hut, daß auch Sie keine Lücke finden werden.“

„Einverstanden“, sagte Timothy. „Aber lassen Sie mich zuerst zu den Stahlheimers bringen. Vielleicht von dem da?“ Er zeigte mit dem Daumen über die Schulter. „Er scheint mit der größte zu sein.“

„Der zweitgrößte, wir haben noch einen von zwei Meter vierzig.“ Hanks winkte zu seiner Box, vor der ein Safeman wartete,

---

* VIP = Very Important Person, eine im 20. Jahrhundert zuerst von Luftfahrtgesellschaften eingeführte Bezeichnung für bevorzugt zu behandelnde Personen.

offensichtlich der kleinste von allen. „Ich hatte eher an Riston gedacht."

„Ich bedanke mich für Ihre Aufmerksamkeit", sagte Timothy, „aber wennschon, dennschon."

Timothy registrierte schmunzelnd, wie der Goliath ein paar Schritte zurückblieb, wieder aufholte, erneut zurückfiel, während sie durch die Halle und einen langen Flur gingen; plötzlich blieb er stehen. „Es tut mir leid, daß ich Ihnen so viel Mühe mache, Safeman."

„Das ist mein Job", antwortete der.

„Ja, aber ich bringe Sie in Schwierigkeiten, nicht wahr? Wenn Sie den vorgeschriebenen Abstand einhalten, können Sie entweder zu mir herunterblicken oder die Umgebung im Auge behalten, wenn Sie aber beides zugleich sehen wollen, müssen Sie so weit hinter mir bleiben, daß es gegen die Dienstvorschrift verstößt."

„So ist es."

„Zuweilen hat es auch Nachteile, so groß zu sein, was?"

„Vor allem in den Fahrstühlen. Und in den Aerobussen natürlich."

„Und bei den Frauen?"

„Nee, da nicht. Frauen gibt's genug, die was Imposantes mögen." Er entblößte ein lückenloses Valladiumgebiß. „Für Sie auch, Mister?"

Timothy hob die Hände.

Der Goliath schüttelte mitleidig den Kopf. „Sie haben's bestimmt schwerer als unsereins. Hätt' gar nicht gedacht, daß es noch so kleine Leute gibt." Er dirigierte Timothy zu einer Nische und hielt seine Hand vor das Relaisauge; die Tür glitt zur Seite und gab einen kleinen, kahlen Raum frei. Timothy trat unaufgefordert ein.

„Dies ist eine vorsorgliche Untersuchung", sagte eine freundliche Frauenstimme. „Bitte wenden Sie sich zur roten Wand, einen Moment bitte, danke. Und nun zur blauen Wand, einen Moment bitte –"

Auch die Fahrstuhltür wurde durch Handauflegen geöffnet.

„Sind die Türen auf Körperwellen programmiert, oder benutzen Sie einen Documenter?" erkundigte sich Timothy.

Der Safeman zeigte das Plastplättchen, das in seiner Innenhand klebte. „Haben nur wir. Selbst die Mieter kommen nicht ohne uns 'rein oder 'raus."

Maggy Stahlheimer wartete im Vorraum ihres Appartements.

„Oh, Tiny“, sagte sie überglücklich, „daß du gekommen bist! Ich weiß doch, wie du –“

„Bei einem Freund muß man auch mal eine Ausnahme machen“, brummte Timothy. Er drehte sich zu dem Safeman um. „Danke schön, Sie können gehen.“

„Die Quittung“, erinnerte der. „Nummer siebenhundertdreiundvierzig.“

Maggy Stahlheimer drückte die Ruftaste des Communicators. „Nummer siebenvierdrei hat den Besucher abgeliefert.“

„Zwanzig Uhr dreizehn, siebenundzwanzig“, ergänzte die Stimme der automatischen Zeitansage. Der Safeman legte die Hand an den Helm und verschwand.

3.

John F. Stahlheimer schien zu schlafen. Er atmete ruhig und gleichmäßig. Die Kontrolltafel am Kopfende des Krankensessels zeigte eine nahezu perfekte Übereinstimmung zwischen den berechneten Idealkurven und den realen Werten. Aus dem Mundwinkel kroch ein dünner Speichelfaden. Maggy Stahlheimer bat die Pflegerin, sie allein zu lassen. Sie nahm ein Tuch aus dem Korb an der Armlehne und wischte den Speichel fort.

„Schluck, John“, sagte sie leise, und der Kranke schluckte. „Leg deinen Kopf gerade. Öffne die Augen. Wir haben Besuch. Erkennst du ihn?“

„Ja, ich erkenne ihn“, antwortete Stahlheimer laut und deutlich.

„Wer ist es, John?“

Keine Antwort. Timothy beugte sich zu ihm hinunter. „Erkennst du mich, Johnny? Ich bin es, Timothy.“

„Ja, du bist es.“

Timothy trat einen Schritt zur Seite. Stahlheimers Blick folgte ihm nicht. „Johnny!“ schrie Timothy und ließ seine Hände vorschnellen, bis die Fingerkuppen nur noch wenige Millimeter vor Stahlheimers Augen waren. Die Lider schlossen sich nicht.

Stahlheimer hatte nicht für den Bruchteil einer Sekunde gezuckt oder den Kopf bewegt. Timothy zog Maggy hinaus.

„Die Ärzte wissen nicht, was es ist“, erklärte sie. „Er sitzt da, stiert vor sich hin, rührt keinen Finger, sagt kein Wort. Wenn man ihn fragt, antwortet er, und wenn man ihm etwas sagt, tut er es. Aber nichts von selbst. Nichts!“

„Seit wann?“

„Seit acht Wochen. Er wurde von den besten Ärzten untersucht. Heute habe ich ihn aus der ‚Mayo-Klinik‘ geholt. Einer der Ärzte meinte, es gäbe vielleicht eine Chance, eine winzige, wenn man herausbekommen könne, was John getan hat, bevor dieser Schock einsetzte.“

„Hat er das Gedächtnis verloren?“

„Nein. Kollegen aus seinem Institut haben ihn getestet, er kann die kompliziertesten Fragen beantworten. Er weiß alles. Aber er reagiert nur noch, wenn man es ihm sagt. – Einmal habe ich ihm drei Tage lang nichts zu essen geben dürfen. Die Ärzte hofften, das würde vielleicht den Schock lösen; der Körper würde sich gegen die Blockade zur Wehr setzen.“ Sie schluchzte. „Er wäre verhungert, Tiny! Du weißt doch, wie gerne er Heidelbeertorte ißt. Sie hat vor ihm auf dem Tisch gestanden, aber er hat sie nicht angerührt. Erst als ich ihn fragte, ob er nicht Hunger habe, sagte er ja. Dann mußte ich ihm jeden Bissen in den Mund befehlen. Mach den Mund auf, John. Kau, John. Schluck, John. Er ist wie ein kleines Kind, nein, er macht sich nicht einmal in die Hose, wenn man vergißt, ihn zur Toilette zu bringen. Er ist wie – wie ein Automat!“

Timothy nahm ihre Hand und streichelte sie.

„Nebenan wartet Professor Lexington, Johns Chef im Institut. Ich dachte, du würdest ihn sprechen wollen.“

„Und ob“, knurrte Timothy, „und ob!“

„Hallo“, sagte Lexington, als hätten sie sich erst gestern gesehen. „Scheußlich, nicht wahr?“

„Sehr scheußlich.“ Timothy sah ihm fest in die Augen. „Ist das bei Ihnen passiert, Professor?“

„Nein, nicht bei uns.“

„Ich würde es herausbekommen.“

Lexington nickte. „Ich erinnere mich an Ihre Hartnäckigkeit, Mister Truckle. Doch in diesem Fall sind wir Verbündete. Sie sollen alle Hilfe bekommen, jede Information; soweit es diese Untersuchung betrifft, natürlich. Sie wissen, ich bin an die Sicherheitsbestimmungen gebunden, wir arbeiten schließlich in einem staatlichen Forschungsinstitut. Aber das hat hiermit gar nichts zu tun."

„Davon müssen Sie mich erst überzeugen."

„Stahlheimers letzte Arbeiten sind allesamt öffentlich zugänglich."

„Vielleicht geht es nicht um vergangene, sondern um künftige Forschungen?"

„Sein Ausfall bedeutet nichts für uns, absolut nichts."

„Wie das?"

Maggy antwortete für Lexington. „John sollte in den Ruhestand, er hatte nur noch seine Unterlagen auszuschlüsseln. Und er war froh darüber. Seit Wochen hat er nur noch davon gesprochen, wie glücklich er sei, sich endlich ganz seinem Hobby widmen zu können."

„Immer noch die alten Indianer?"

„Er hat eine Lizenz für Ausgrabungen im ehemaligen Navajo-Gebiet bekommen."

„Woran hat er zuletzt gearbeitet?" fragte Timothy den Professor.

„Das war nicht mal ein Unternehmen der Vertraulichkeitsstufe: die Verbesserung seiner Anästhesie-Methode. John war auf eine Möglichkeit gestoßen, seine alte Erfindung auszubauen. Wir haben ihm in Anbetracht seiner Verdienste, und da er ohnehin bald ausscheiden sollte, gestattet, sich ganz dieser Aufgabe zu widmen. Ich habe dafür gesorgt, Mister Truckle, ich war sein Freund."

„War?"

„Ich bin es natürlich immer noch", korrigierte sich Lexington. „Ja, Sie haben recht, wir dürfen von ihm nicht wie von einem Toten sprechen. Aber Sie wissen doch, in unserem Institut liegen Dutzende lebender Leichname, Körper, die nur durch Maschinen am Leben erhalten werden, Leute, die ihr Bewußtsein längst verloren haben –"

„Ich weiß", unterbrach Timothy böse, „und Sie wissen, was ich davon halte."

„Wir werden uns da nie einigen können. Ich wollte nur erklären, warum ich die Vergangenheitsform wählte. Eine Angewohnheit aus dem Institut, denn diese Körper sind doch keine Lebenden mehr, nur Objekte, Experimentiermaterial, und John –"

„Johnny auch?" fragte Timothy.

„Ich weise den Verdacht, der in Ihrem Tonfall liegt, auf das entschiedenste zurück!" Lexingtons Gesicht lief rot an. „Wir haben nicht mit ihm experimentiert. Ich selbst habe John an jenem Abend an der Carnegie-Hall abgesetzt, da war er völlig in Ordnung. Außerdem war er anschließend bei diesem Doktor Selbrik. Es ist nicht bei uns im Institut passiert."

„Okay", sagte Timothy, „ich will Ihnen glauben. Aber Sie werden nicht behaupten wollen, daß Ihr Institut das einzige staatliche Unternehmen ist, in dem es nicht vorkommt, daß ausscheidenden Mitarbeitern das Gehirn gewaschen wird."

„Das sähe anders aus. John besitzt ja sein Gedächtnis. Außerdem hat er seit zwei Jahren an keinem Geheimprojekt mehr gearbeitet. Eine Löschung wäre also völlig sinnlos."

„Es gibt soviel Sinnloses auf dieser Welt", murmelte Timothy. Er hatte die Finger auf die Lehne seines Sessels gelegt und ließ sie wippen. Maggy und der Professor sahen ihm verwundert zu.

„Offensichtlich ist es auch keine Krankheit", fuhr Lexington fort. „Wir haben nicht nur die Unterlagen aus den Staaten durchforscht – wir dürfen mit DRAUSSEN in Verbindung treten; wenn der Antrag genehmigt wird, versteht sich, aber es gab keine Schwierigkeiten."

Timothy blickte erstaunt auf. „Solch ein Aufwand für einen alten Mitarbeiter, der Ihnen nichts mehr bedeutet?"

„Wir hatten es schießlich mit einer völlig neuen Erscheinung im Gehirn zu tun. Das konnte im Staatsinteresse sein. Wir haben also in den medizinischen Zentralstellen von denen da angefragt, doch weder in Paris oder Moskau, Conakry und Santiago kannte man einen derartigen Fall." Lexington trommelte nervös mit den Fingern. „John ist sofort nach dem, sagen wir, Unfall untersucht worden. Bis auf seine angegriffene Leber waren alle Organe ohne Befund. Blut und Kreislauf, Mageninhalt und Stoffwechsel okay. Gehirnströme unverändert. Keinerlei Mikroorganismen. Keine Rückstände irgendwelcher Chemikalien, keine Drogenwirkung, keine Anzeichen von Gewaltanwendung."

„Strahlen?" fragte Timothy.

„Das wäre eine Erklärung. Doch was für Strahlen? Nichts Bekanntes, das steht fest. Wir dachten, er sei vielleicht auf dem Nachhauseweg irgendwo von einem außer Kontrolle geratenen Strahlenbündel getroffen worden, aber die Strecke ist ein paarmal abgesucht worden. – Wir sind jeder Möglichkeit nachgegangen und haben nichts entdeckt."

„Sie haben an jenem Abend noch mit ihm gesprochen?"

„Ich mußte für eine Woche nach Washington und wollte mich von ihm verabschieden. Ich wollte ihm mitteilen, daß er aus der staatlichen Überwachung entlassen sei, und fragen, ob er Unterlagen aus dem Institut mitnehmen wollte; ich hätte das genehmigen müssen."

„Wollte er?"

„Nein. Den Rest seines Lebens, so sagte John, wolle er nichts mehr mit Gehirnen zu tun haben. Er erzählte begeistert von seinen archäologischen Plänen, und er bedankte sich noch einmal, daß ich es ihm ermöglicht hatte, seine Anästhesie-Methode zu vervollkommnen. So habe er sein Lebenswerk krönen können."

„Berichten Sie mir von seiner letzten Arbeit."

„Das ist mit ein paar Worten geschehen. Sie wissen sicher, daß man durch die Stahlheimer-Methode eine ganze Reihe von Operationen durchführen kann, ohne die Patienten mit Drogen zu betäuben. Man schaltet die betreffenden Schmerzzentren durch Elektrohypnosie aus. Das Problem ist, auf das My genau zu wissen, wo die einzelnen Schmerzzentren lokalisiert sind. John hat die letzten Jahre nur noch daran gearbeitet, die weißen Flecke von den Karten des menschlichen Gehirns zu tilgen."

„Ist es ihm gelungen?"

„Soweit es die Schmerzzentren betrifft, ja. Aber es bleiben noch genügend Ecken, in die wir nicht einmal hineinschauen können."

„Gott sei Dank!" entfuhr es Timothy.

„Deshalb wurde sofort ein Untersuchungsstab gebildet", fuhr Lexington fort. „Denn was John zustieß, war außergewöhnlich und für die Wissenschaft hochinteressant. Sehen Sie, Mister Truckle, es handelt sich nicht um einen lokalisierbaren Defekt. Es betrifft alle Teile des Gehirns, zugleich aber auch nicht, denn es gibt dabei keinen Bereich, der wirklich ausgefallen wäre. Es ist einerseits eine teilweise, andererseits eine totale Blockade – nach unserem bisherigen Wissen etwas Unmögliches. Deshalb der Aufwand. Leider vergeblich." Lexington hob resignierend die Schultern.

„Das Institut hat John aufgegeben", sagte Maggy bitter.

„Nur einstweilen“, erwiderte Lexington. „Vielleicht, daß später einmal – man kann nie wissen.“ Lexington drehte sich wieder Timothy zu. „Ich wünschte wirklich, Sie hätten Erfolg, aber ich glaube nicht, daß Sie ihm helfen können. Wir haben alle Möglichkeiten ausgeschöpft.“

„Dann muß ich es eben mit dem Unmöglichen versuchen“, sagte Timothy.

4.

„Wir fanden ihn kurz nach Mitternacht“, berichtete Colonel Hanks. „Da kam eine Korona junger Leute, high wie der Mount Everest, wahrscheinlich hatten sie ‚Speeddream‘ geschluckt; wir konnten sie kaum unter Kontrolle halten.“

„Hausbewohner?“

„Nein, sie gehörten ins ‚Washington‘. Ich war froh, als wir sie endlich abgeschoben hatten.“

„Aber Sie haben die Namen?“

„Sinnlos, die zu befragen. Die würden sich nicht mal erinnern, wenn sie ihre eigenen Mütter erwürgt und am Spieß geröstet hätten.“

„Könnte Stahlheimer mit denen gekommen sein?“

„Nein, das wurde schon festgestellt. Der Pilot von dem Aerotaxi konnte sich genau erinnern. Es waren neunzehn, und sie wollten nicht warten, bis noch ein Taxi kam; schließlich hat er einem für ein Trinkgeld erlaubt, sich in den Gang zu setzen. Außerdem gibt's Zeugen am ‚Square‘, daß nur diese bedropte Bande dort eingestiegen ist.“

„Stahlheimer saß hier im Sessel?“

„Dort.“ Hanks zeigte auf einen fledermausfarbenen Sitz neben den Lifts. „Als die Gesellschaft hier 'raus war, entdeckte ihn einer meiner Leute. In der fraglichen Zeit hatte kein anderes Aerotaxi das ‚Texas‘ angeflogen. Er muß also mit dem planmäßigen Aerobus gekommen sein.“ Hanks lächelte selbstzufrieden. „Bei uns werden die Straßenzugänge bei Einbruch der Dunkelheit geschlossen und die Metrozugänge auch. Wer im ‚Texas‘ wohnt, ist wohlhabend genug, sich den Aerobus oder ein Taxi leisten zu können. Die Automaten haben einwandfrei funktioniert.“

Timothy ließ sich in der Kommandobox das Sicherheitssystem erläutern. Das „Texas“ war mit den neuesten Apparaturen ausgerüstet und durch raffinierte Redundanzschaltung zusätzlich gesichert.

„Nun, habe ich zuviel versprochen?“ fragte Hanks triumphierend.

„Sie sollen meinen alten Hut haben.“

„Ich werde ihn in unser Museum tun“, erklärte Hanks bierernst, „der Hut von Mister Truckle –“

„Ein Museum?“ unterbrach ihn Timothy.

„Ich lasse alles sammeln, was irgendwie mit dem Sicherheitsdienst unseres Hauses zusammenhängt.“

Es war eine monströse Sammlung: Schuß- und Strahlenwaffen aller Art und Kaliber, Sprengsätze, von einer Glasaugenimitation bis zur transportablen Atombombe, chemische und biologische Waffen, hochkompliziertes Diebeswerkzeug, aber auch ein Blasrohr mit vergifteten Pfeilen, eine Flasche, die aussah, als enthielte sie nur klares Wasser, die aber, wie Hanks versicherte, beim Öffnen eine Gaswolke ausstoßen würde, mit der man drei Etagen ausräuchern könnte – sieben lange Reihen gläserner Vitrinen, und die achte war bereits angefangen. Timothy ließ sich Zeit beim Studium der Exponate, las sorgfältig die Beschriftungen und nickte immer wieder; Hanks folgte ihm mit stolzgeschwellter Brust.

„Nun?“ fragte er, als sie den Rundgang beendet hatten.

„Beachtlich, sehr beachtlich“, lobte Timothy. „Doch was soll dieses merkwürdige Sammelsurium?“ Er trat an eine Vitrine in der Ecke.

Da lagen Gebisse neben einem Infrarotauge und zwei Bällen aus Iridium, ein mit Brillantsplittern besetztes Nachtsichtgerät von „Tiffany“ neben einem „Ohrwurm“, einem der billigen Sprechfunkgeräte, wie sie in den Warenhäusern verramscht wurden, goldene Ringe neben Spielzeugpistolen, ein Hufeisen, eine Armprothese, Smogmasken aller Art, Materialproben, Konserven, verbogene Münzen –

„Das ist unsere Ramschvitrine“, erklärte Hanks. „Es sind eigentlich nur Fundsachen, doch solche, die uns auf die eine oder andere Art Mühe gemacht haben oder die unter merkwürdigen Umständen gefunden wurden. Diese Münze zum Beispiel –“

Timothy bedankte sich schnell für die Führung durch das „Texas“-Museum und bat Hanks, den Safeman zu rufen, der Stahlheimer gefunden hatte.

„Zuerst dachte ich, er sei mit den Bedropten gekommen“, berichtete der. „Er machte genau den Eindruck von einem, der irgend so ’n Zeug geschluckt hat. Ich hab’n durchsucht, da fand ich seinen Documenter. Na, hab’ ich in der Zentrale nach ’m Namen und der Wohnungsnummer gefragt und hab’ durchrufen lassen; seine Frau hat schon geschlafen.“

„Laut der automatischen Registratur wurde die Appartementtür an jenem Tag nur zweimal geöffnet“, schaltete sich Hanks ein, „einmal, als Stahlheimer früh ging, das zweite Mal, als Lebensmittel gebracht wurden.“ Er winkte seinem Mann zu.

„Na, ich hab’ gefragt, ob ich den Alten runterbringen soll oder ob sie ’n sich selbst holt. Nee, ich soll ’n bringen. Aber er hat sich nicht gerührt, nicht mal die Augen aufgemacht. Da hab’ ich ’n mir über die Schulter legen lassen und hab ’n nach unten gebracht; bis in sein Bett. Mehr weiß ich nicht.“

„Haben Sie mit ihm gesprochen?“

„Mit dem? Das hätt’ doch keinen Sinn gehabt, das konnte man ja auf den ersten Blick sehen.“

5.

Smiley Hepburn meldete sich, als Timothy gerade frühstückte.

„Du führst ein Leben“, knurrte er, „bis Mittag im Bett, und in was für einem, während unsereiner sich die Hacken schieflaufen muß. Was ist los? Brauchst du wieder mal Hilfe? Hoffentlich nicht sofort, ich habe gerade –“

„Vergiß es“, fiel Timothy ihm ins Wort. „Ich habe dich bereits bei Professor Lexington und der Polizei avisiert. Putz deine berühmte Nase, noch nie hatte ich sie so nötig wie diesmal. Ich will einem Freund helfen, aber ich habe keine Ahnung, wonach wir suchen müssen.“

Nach dem Frühstück rief Timothy bei Doktor Selbrik an. Selbrik erwies sich als ein korpulenter Mittvierziger. Eitelkeit schien nicht seine Schwäche zu sein; er trug einen Pullover in verwaschenem Grau und zeigte ungeniert seine Halbglatze.

„Sie sind der letzte, der vor dem Unfall mit John F. Stahlheimer gesprochen hat“, begann Timothy, „und Sie haben am nächsten Tag bei ihm angerufen und sich nach seinem Befinden erkundigt. Warum? Hatten Sie Grund zu der Annahme, daß es ihm nicht gut gehen könnte?"

„Ich will nicht drum rumreden", antwortete Selbrik. „Ich hatte ein schlechtes Gewissen; jetzt natürlich noch mehr. Ich hätte ihn nicht gehen lassen sollen."

„Wieso, war er im Rausch?"

„Stahlheimer nicht, ich." Selbrik machte den linken Unterarm frei und zeigte den goldfarbenen Streifen, der sich über der Vene hinzog. „Ich bin ein ‚Hollylove'-Fixer, vielmehr, ich war es. Seit ich weiß, was Stahlheimer zugestoßen ist, mache ich eine Entziehungskur, und ich werde das Zeug nie wieder anrühren." Er schluckte. „Wenn ich an jenem Abend nicht so voll gewesen wäre, hätte ich darauf bestanden, daß Stahlheimer sich ein Taxi nahm, und nie zugelassen, daß er zu Fuß ging."

„Zu Fuß?" fragte Timothy, als wüßte er es nicht längst.

„Es war Wahnsinn. Aber Stahlheimer sagte, er mache jeden Abend einen Spaziergang, er kenne die Gegend wie seine Westentasche. Und schließlich habe er seinen Schatten, der könne ruhig mal zu tun bekommen."

„War er völlig okay, als er Sie verließ?"

„Ich glaube, schon. Genau kann ich es natürlich nicht sagen, Sie verstehen?" Selbrik wies auf seinen Arm. „Der Wachmann unseres Viertels hat gesagt, Stahlheimer habe einen völlig normalen Eindruck gemacht, als ich ihn zum Tor brachte."

„Warum hat der Wachmann nicht protestiert, als Stahlheimer zu Fuß gehen wollte?"

„Er hat, glaube ich, doch Stahlheimer hielt ihm seinen Dienstausweis unter die Nase. Schließlich ist er IQ."

„Woher kennen Sie Stahlheimer?"

„Aus der ‚Carnegie-Hall'. Stahlheimer spielte dort jeden zweiten Mittwoch."

„Ja, ich weiß, Cello. Sie auch?"

Selbrik lachte auf. „Ich könnte kaum Spaß daran finden, mit diesen alten Dingern Geräusche zu machen; ich interessiere mich für Kompositionsautomaten. Unsere Bekanntschaft begann mit einem Streit. Stahlheimer behauptete, Computer würden nie richtig Musik komponieren können; es fehle ihnen das Wichtigste, die Seele. Ich widersprach natürlich, schließlich bin ich Intellektroniker. Ich erzählte ihm von meinen Arbeiten, und er begann sich dafür zu interessieren. Wir haben uns dann ein paarmal getroffen. An jenem Mittwoch habe ich ihn an der ‚Carnegie-Hall' abgeholt, wir sind zu mir gefahren. Ich habe ein kleines Labor in meinem Haus, nichts Bedeutendes, doch es erlaubt mir Versuche mit Communicationskreisen. Ich wollte Stahlheimers Meinung hören, aber er wirkte wie abwesend; als beschäftigte er sich mit einem Problem."

„Sagte er, mit welchem?"

„Nein. Wir haben Musik gehört, er trank ein Tonic, ich nahm meine Dosis ‚Hollylove'. Dann ist er gegangen." Selbrik kniff die Lippen zusammen. „Ich mache mir solche Vorwürfe. Werden Sie ihm helfen können?"

„Die Chancen sind nicht sehr groß", sagte Timothy.

Sie standen noch weitaus schlechter, als Timothy befürchtet hatte.

Der Dirigent des Oldtime-Orchesters in der ‚Carnegie-Hall' beteuerte, daß Stahlheimer zur Zeit des Konzerts völlig in Ordnung gewesen sein mußte.

„Gerade beim Cello", sagte er, „würde man es sofort bemerken; die Stimmung des Musikers überträgt sich auf seine Art zu spielen."

Lexington bestätigte, daß Stahlheimer oft zu Fuß nach Hause gegangen war. „Natürlich nur bei Tageslicht und auf den gesicherten Straßen. Aber wer weiß, was ihn an diesem Tag beschäftigt hat, es war ja so gut wie der Abschiedstag nach fast vierzig Jahren Arbeit."

„Und Sie hatten ihm gesagt, daß er keinen Schatten mehr besaß?"

„Vielleicht war er schon so in seine Navajo-Pläne vertieft, daß er nicht richtig zugehört hat."

Smiley brauchte eine Woche, bis er seine Recherchen abschloß. Ohne den Funken eines Ergebnisses.

„Der Wachmann bei Selbrik bleibt dabei, daß Stahlheimer bei vollem Verstand und allein weggegangen ist, und ich glaube ihm." Smiley grinste. „Er blieb auch bei hundert Dollar in die Hand und der Aussicht auf weitere tausend Dollar für einen Hinweis dabei. Ich habe die beiden Stewardessen des Aerobus aufgetrieben. Ein hilfloser alter Mann hätte ihnen auffallen müssen, sie können sich aber an nichts dergleichen erinnern. Außerdem hat Stahlheimer mit seiner Kreditkarte bezahlt. In dem Zustand, in dem er sich jetzt befindet, könnte er das nie und nimmer. Die Safemen, die in dieser Nacht Dienst auf dem Halteplatz des ‚Texas' hatten, haben außer der bedropten Gesellschaft nichts Ungewöhnliches bemerkt. Die Automatik hat in der fraglichen Zeit nur drei Fahrten zur Halle registriert, in den Fahrstühlen zehn und elf die Rauschbrüder; in Lift vier fuhr kurz danach ein einzelner Passagier. Das muß Stahlheimer gewesen sein. Neben der Tür dieses Lifts wurde er gefunden. Auf einem Stuhl."

Timothy schüttelte verzweifelt den Kopf. „Heute könnte er sich nicht einmal allein hinsetzen. Er müßte also gesund aus dem Lift gekommen sein und sich –, warum sollte er sich in den Sessel setzen, wenn er sich wohl fühlte? Hast du den Lift untersucht, Smiley?"

„Wir haben ihn buchstäblich auseinandergenommen. Colonel Hanks hat mir ein paar von seinen Riesenbabys zur Verfügung gestellt. Er scheint übrigens einen Narren an dir gefressen zu haben. Weiter: Ich habe mir die Untersuchungsakte genau angesehen und die Angaben noch mal überprüft: Man hat wirklich alle Institute und Betriebe recherchiert, die in einem möglichen Winkel zu Stahlheimers Weg liegen, es gab offensichtlich keine wild gewordenen Strahlen, es sei denn, sie wären vom Himmel gefallen. Was nun, Tiny?"

„Wenn ich das nur wüßte! Ich würde meine Seele dem Teufel verpfänden, um Johnny zu helfen; aber leider gibt es in unserem aufgeklärten Zeitalter keine Teufel und keine Seelen mehr."

6.

„Können Sie sofort in die dreizehnte Staatsklinik kommen?" fragte Lexington, er schien völlig durcheinander zu sein. „Ich will mit der ganzen Sache nichts mehr zu tun haben. Habe ich ja auch nicht. Und es dürfte tatsächlich ein Fall für Sie sein, Mister Truckle. Sieht so aus, als habe jemand versucht, Stahlheimer umzubringen."

Timothy mußte einige Geduld aufbieten, bis er von Lexington erfahren hatte, was in der Klinik geschehen war. Maggy Stahlheimer hatte ihren Mann zur wöchentlichen Leberspülung gebracht. Sie war nur für ein paar Minuten aus dem Zimmer gegangen. Als sie zurückkam, sah sie, wie sich das Gesicht ihres Mannes blau verfärbte. Wenige Minuten später, und es wäre zu spät gewesen. Jemand hatte die Anschlüsse des Geräts miteinander vertauscht.

„Ich habe schon die Polizei verständigt“, schloß Lexington. „Ein Inspektor Hopkins ist bereits unterwegs.“

„Ein Wunder von einem Polizisten“, erwiderte Timothy, „gründlich und unbestechlich. Was ist mit Stahlheimer, darf er nach Hause, oder muß er in der Klinik bleiben?“

„In ein, zwei Stunden ist er bestimmt transportfähig, aber glauben Sie, er wäre zu Hause sicherer aufgehoben?“

„Wie in Abrahams Schoß. Ich fahre sofort ins ‚Texas‘ und spreche mit Colonel Hanks. Und dann mit Johnny.“

Es wurde ein seltsames Gespräch. Seltsam und anstrengend. Timothy verbrauchte eine halbe Flasche Bourbon, um den Anblick des Häufchens Elend in dem Krankensessel zu ertragen und sich trotzdem konzentrieren zu können.

„Ist jemand ins Zimmer gekommen, Johnny?“

„Es ist jemand ins Zimmer gekommen.“

„Hattest du die Augen offen?“

„Ich hatte die Augen nicht offen.“

„Hast du Schritte gehört?“

„Ich habe Schritte gehört.“

„Die Schritte der Krankenschwester?“

„Ja, die Schritte der Krankenschwester.“

„Auch noch andere Schritte?“

„Auch andere Schritte.“

„Männerschritte?“

„Ja, Männerschritte.“

„Weißt du, wer der Mann war?“

„Ich weiß nicht, wer der Mann war.“

Nach einer halben Stunde gab Timothy es auf, ging ins Zimmer nebenan, legte sich hin und starrte stumm an die Decke. Dann befragte er Stahlheimer noch einmal nach dem Unfalltag.

„Du warst im Konzert, Johnny?“

„Ich war im Konzert.“

„Danach bist du zu Selbrik gegangen?“

„Danach bin ich zu Selbrik gegangen.“

„Hat er dich eingeladen, oder war das deine Idee?“

Keine Antwort.

„Du darfst ihm nur einpolige Fragen stellen", sagte Maggy. „John, hatte Selbrik dich eingeladen?"

„Selbrik hatte mich eingeladen."

„Habt ihr über seine Arbeit gesprochen?"

„Wir haben über seine Arbeit gesprochen."

„Und über deine auch?"

„Über meine auch."

„Über die Anästhesie?"

„Nein, nicht über Anästhesie."

Als Timothy das Gespräch abbrach, war er auch nicht schlauer als zuvor.

„Wir wissen nicht, was wir fragen müssen", stöhnte er, als er sich verabschiedete, „und wenn wir nicht die richtigen Fragen stellen, kann Johnny uns nicht sagen, was wir wissen müssen. Trotzdem bin ich zuversichtlich. Jetzt kann ich es dir ja gestehen, Maggy: Ich hatte nicht mehr geglaubt, daß ich ihm helfen könnte, nun aber sieht die Sache anders aus. Derjenige, der heute versucht hat, ihn umzubringen, ist auch an seinem Zustand schuld. Und ich werde ihn finden, das verspreche ich dir!"

Timothy Truckle kam schon am nächsten Tag wieder ins „Texas".

„Wir haben einen Augenzeugen aufgetrieben, Maggy, jemand, der Johnny in jener Nacht gesehen hat."

„Wer?" fragte Maggy Stahlheimer aufgeregt.

„Ich habe versprochen, es nicht zu verraten. Ein Gangster. Er hat Johnny kurz hinter Selbriks Viertel entdeckt und ihn bis zur Haltestelle des Aerobus verfolgt. Doch er hat sich nicht getraut, ihn um sein Geld zu erleichtern, obwohl die Gegend menschenleer war. Er fürchtete, Johnny könne ein Polizeispitzel sein, ein Lockvogel, und als Johnny an der Haltestelle mit jemandem gesprochen hat –"

„Mit wem?" unterbrach sie ihn. „Weißt du das auch schon?"

„Deshalb bin ich gekommen. Unser Mann hat nicht hingesehen, aber er hat Johnny sprechen hören. Fragen wir ihn selbst, mit wem."

Das Ergebnis war äußerst verwirrend.

„Hast du jemand an der Haltestelle getroffen?"

„Nein."

„War niemand außer dir an der Haltestelle?"

„Niemand außer mir.“
„Hast du mit jemandem gesprochen?“
„Ich habe mit jemandem gesprochen.“
„Mit wem hast du gesprochen, Johnny?“
„Ja, mit wem habe ich gesprochen?“
„Es ist zum Heulen“, stöhnte Timothy. „Wenn wir nur die richtigen Fragen wüßten! Nicht wahr, Johnny, du könntest uns alles sagen.“
„Ja, ich könnte euch alles sagen.“

Bevor Timothy das „Texas“ verließ, besuchte er Hanks und bat, noch einmal das Museum besichtigen zu dürfen.
„Irgend etwas spukt in meinem Gehirnkasten herum“, sagte er. „Ich kann es nicht packen, aber ich habe eine dunkle Ahnung, daß es mit Ihrer Sammlung zusammenhängen könnte. Vielleicht finde ich es, wenn ich es sehe.“
Er ging wie geistesabwesend an den Vitrinen entlang, Hanks immer einen Schritt hinter ihm. Schließlich stand Timothy lange vor der Vitrine mit den Fundsachen.
„Haben Sie entdeckt, was Sie suchten?“ fragte Hanks.
„Vielleicht.“ Timothy zeigte auf den „Ohrwurm“.
„Aber das Ding liegt schon seit drei Jahren hier“, sagte Hanks erstaunt.
„Schon möglich.“ Timothy legte die drei Finger auf die Platte der Vitrine und ließ Zeigefinger und Mittelfinger hochwippen.
„Und was hat das zu bedeuten?“ erkundigte sich Hanks
„Ich weiß es nicht. Niemand scheint es zu wissen.“
Zu Hause holte Timothy sein Lieblingsglas hervor und putzte es sorgfältig, dann goß er sich einen großen, garantiert schottischen „Half and half“ ein und setzte sich zu Napoleon.
„Mir sitzt ein Floh im Ohr“, sagte er. „Nun wollen wir doch mal sehen, was du in deinem Gehirnbauch hast.“ Er drückte auf die Frei-Spiel-Taste. Das Rubinauge begann zu glühen, in Napoleon summte und brummte es. Timothy lehnte sich zurück, schlug die Beine übereinander und wartete geduldig drei Glas lang, bis Napoleon sich räusperte.
+ + 1. + warum sollte stahlheimer zu selbrik gesagt haben: sein schatten könne ruhig mal was für ihn tun + wenn stahlheimer überhaupt über seinen schatten gesprochen hätte, dann doch wohl, daß er keinen mehr hatte + n. + + +
„Nonsens“, knurrte Timothy. „Wenn Johnny mitbekommen

hätte, daß er nicht mehr überwacht wurde, wäre er nie nachts zu Fuß gegangen. Er war nicht leichtsinnig. Hast du noch was?"

+ + 2. + warum hat selbrik widersprochen, als stahlheimer behauptete, computer würden nie richtig komponieren können, weil sie keine seele hätten? + siehe dazu Veröffentlichung zentralregister XII/17 aszu-brv/ccc/ nor. 5. 398. 330 + hier beklagt selbrik selbst, daß es unmöglich sei, computern eine seele zu geben + n. + + +

„Das ist eine interessante Frage", sagte Timothy anerkennend. „Hast du noch was gefunden?"

+ + 3. + warum ging stahlheimer nachts spazieren, obwohl er nachtblind war? + n. + + +

Timothy griff sich an die Stirn. „Natürlich!" schrie er. „Daß ich daran nicht gedacht habe!"

Er ließ sich in den Sessel fallen, sprang wieder auf, tigerte durch den Raum, nahm den Streifen in die Hand und trug ihn wie eine Prozessionskerze vor sich her, lief wie im Traum in die Küche, ins Bad, wieder zurück in das Arbeitszimmer; plötzlich strahlte er über das ganze Gesicht und boxte mit der Faust gegen Napoleons Bauch. Dabei hatte er die Wiederholungstaste ausgelöst. Napoleon spuckte sogleich einen neuen Streifen aus.

+ + 3. + warum ging stahlheimer nachts spazieren, obwohl er nachtblind war? + n. + + +

„Ja", rief Timothy, „das soll Selbrik mir mal erklären!"

7.

Selbrik führte Timothy in ein geräumiges, auf den ersten Blick gemütlich wirkendes Zimmer, das mit Möbeln aus dem 19. Jahrhundert eingerichtet war, mit Imitationen, wie Timothy auf den zweiten Blick feststellte, und nicht einmal besonders guten.

„Ein Wässerchen?" fragte Selbrik. Während Timothy zusah, wie Selbrik die Flasche entsiegelte und eingoß, legte er die Finger auf die Tischplatte und ließ sie wippen. Selbrik murmelte etwas.

„Wie bitte?" fragte Timothy.

„Ach, nichts. Mir fiel nur ein Kinderreim ein."

„Hierzu? Das interessiert mich."

Selbrik lächelte verlegen. „Ein alter, dummer Spruch: ‚Streck dich, Bäumchen; krümm dich, Wurm; wehr dich, Söhnchen, doch bedenke – das erste Mal geht's, das zweite Mal schwer, das dritte Mal nimmermehr.' Oder so ähnlich. Aber Sie sind gewiß nicht gekommen, um Kinderreime zu hören."

Timothy schob die Hände unter die Schenkel, er rutschte unruhig auf dem altmodischen, harten Stuhl hin und her, der nicht zu verstellen war, so daß Timothy den Boden nicht einmal berühren konnte, wenn er die Füße streckte.

„Sie hatten keine Ahnung, daß Stahlheimer nachtblind ist?"

„Nein. Warum?"

„Ich dachte es mir." Timothy kostete von dem Wasser. „Ja, es ist nichts so fein gesponnen, es kommt doch ans Licht der Sonnen. Auch ein alter Reim. Aus der Zeit, als man die Sonne noch jeden Tag sehen konnte."

„Ich verstehe nicht", sagte Selbrik. „Was wollen Sie von mir?"

„O doch, Sie verstehen mich sehr gut. Ich will wissen, warum Sie Stahlheimer umbringen wollten."

Selbrik lehnte sich zurück und lachte. „Warum sollte ich Stahlheimer umbringen?"

„Vielleicht verraten Sie es mir?"

Selbrik schüttelte mitleidig den Kopf. Er holte ein goldenes Döschen hervor, nahm eine pfauenblaue Pille heraus und schluckte sie. „Ich bin gespannt, wie Sie zu dieser absurden Verdächtigung kommen. Ich denke, es ist ein Unfall gewesen?"

„Das dachte ich ursprünglich auch. Ich suchte nichts anderes als einen Anhaltspunkt, der den Ärzten weiterhelfen könnte. Dann kam der Mordanschlag in der Klinik. Ihr Übereifer hat mich stutzig gemacht." Timothy versuchte sich zurückzulehnen und wäre beinahe hintenübergefallen. Er registrierte wütend, wie Selbrik sich über seine unbequeme Lage amüsierte.

„Wer, so sagte ich mir, kann ein Interesse daran haben, einen alten, halbirren Mann umzubringen? Die Antwort ist einfach: Jemand, der sich durch Existenz dieses alten halbirren Mannes bedroht fühlt. Stahlheimer ist der lebende Beweis für ein Verbrechen. Für welches, Mister Selbrik?" Selbrik sah ihn belustigt an. „Napoleon hat mich dann auf die richtige Spur gebracht."

„Napoleon?"

„Mein Computer."

„Ach so. Ihr Computer. Und der hat Ihnen sicher auch gesagt, daß ich Stahlheimer umbringen wollte, was?"

„Nein, das ist meine Idee."

Selbrik lächelte.

„Napoleon ist auf die Frage gekommen, warum Stahlheimer nachts spazierenging, obwohl er nachtblind ist."

„Was weiß ich? Stahlheimer ist spazierengegangen, nicht ich. Und er hat unser Viertel allein und gesund verlassen. Fragen Sie doch die Beamten vom Staatlichen Überwachungsdienst."

„Hat Stahlheimer Ihnen wirklich nicht verraten, daß er keinen Schatten mehr hatte? Ich glaube vielmehr, Sie wußten genau, daß er zum erstenmal seit Jahren unbewacht herumlief; sonst hätten Sie nicht versucht, ihn auf diese Art umzubringen."

„Sie sind phantastisch! Haben Sie sich schon mal als Kriminalschriftsteller versucht? Die Krimis im Video sind geradezu fade gegen Ihre Phantasie."

„Gegen Ihre, Mister Selbrik, gegen Ihre."

„Stahlheimer ist allein von hier weggegangen, dafür gibt es einen Zeugen, den Safeman."

„Falls Sie noch einen Zeugen brauchen sollten, kann ich Ihnen helfen. Es hat sich jemand gefunden, der Stahlheimer bis zur Aerobus-Haltestelle gefolgt ist."

Selbrik machte nicht gerade ein glückliches Gesicht.

„Kein idealer Zeuge, das muß ich einräumen, ein Berufsverbrecher. Er hielt Stahlheimer für einen Polizeispitzel, rührend, nicht wahr? Als ob unsere Polizisten scharf darauf wären, sich nachts auf den Straßen herumzutreiben."

„Ich finde diese Idee gar nicht so unsinnig", sagte Selbrik. „Immerhin ist es ungewöhnlich, wenn jemand –" Er biß sich auf die Lippen.

„Sprechen Sie ruhig weiter. Wenn jemand nachts allein spazierengeht? Ja, das ist nicht nur ungewöhnlich, es ist geradezu verrückt. Dazu am Regentspark vorbei! Aber Stahlheimer war doch, wie Sie behaupten, noch bei Verstand, als er Sie verließ, nicht wahr?"

Selbrik zuckte mit den Schultern.

„Ich denke mir, Sie haben schon auf dem Weg zum Tor gemerkt, daß er nachtblind ist, aber Sie mußten ihn loswerden.“

„Warum hätte ich ihn dann nicht hier umgebracht und eliminiert?“

„Weil sein Besuch registriert war. Er sollte so weit wie möglich von Ihrem Haus entfernt sterben. Und so natürlich wie möglich. Am besten war da ein Unfall. Vielleicht im Regentspark? Wie leicht kann dort ein alter Mann in den See fallen oder von einer der Klippen stürzen.“

„Und wie“, unterbrach Selbrik, „wie sollte ich Stahlheimer dazu bringen, in den Regentspark zu gehen, auf die Klippen zu steigen oder zum See zu laufen, ohne selbst das Haus zu verlassen?“

„Ja, wie?“ Timothy machte ein Gesicht, als sei er ratlos. „Aus dem Haus mußte er. Sie konnten keine Untersuchung riskieren. Man hätte herausfinden können, wie er in diesen Zustand geraten ist.“

„Wollen Sie behaupten, das sei bei mir passiert?“

„Ja, natürlich.“

Selbrik lehnte sich zurück und kreuzte die Arme über der Brust. „So was Komisches wie Sie, Mister Truckle, ist mir schon lange nicht mehr begegnet. Wie sollte Stahlheimer in diesem Zustand allein von hier fortgekommen sein?“

Timothy legte die Hände auf die Knie und ließ die Beine baumeln. „Das ist die entscheidende Frage. Und die Lösung. Das war ein geradezu genialer Einfall von Ihnen.“

„Sie wollten sicher sagen, von Ihnen, Mister Truckle.“

„Das auch. Ja, ich bin sehr zufrieden mit mir.“ Timothy lächelte versonnen. „Dieser Gangster behauptet doch tatsächlich, Stahlheimer hätte an der Haltestelle mit jemandem gesprochen. Er habe den anderen nicht sehen können, weil er sich nicht so nahe herantraute, aber gehört – gehört will er es haben. Stahlheimer wiederum sagt, er habe niemanden getroffen. Er sei die ganze Zeit allein geblieben.“

Selbrik grinste. „Ja, wem wollen Sie nun glauben, dem Gangster oder dem Geistesgestörten?“

„Ich habe Stahlheimer daraufhin gefragt, ob er mit jemandem gesprochen habe, und er sagte ja. Mit wem wohl?“

„Vielleicht mit mir?“

„Genau. Und ich weiß auch wie. Stahlheimer hat auf dem ganzen Weg gesprochen. Das hat diesen Gangster auf die Idee gebracht, Johnny könne ein Spitzel sein, der sich über ein Sprechfunkgerät mit anderen Polizisten unterhielt."

Timothy griff in die Tasche und holte einen „Ohrwurm" heraus. Selbrik streckte die Hand aus.

„Nehmen Sie es ruhig, es ist nur ein Duplikat. Das Beweisstück liegt im Museum."

„Im Museum?"

„Ja, im ‚Texas'. Colonel Hanks, der Chef der dortigen Safemen, hat sich ein kleines Museum zu seinem Ruhm eingerichtet. Und zu Ihrem Pech."

„Was soll dieser Unsinn?"

„Ich finde, das ergibt durchaus einen Sinn. Sie haben – warum und wie, lassen wir vorerst außer acht – Stahlheimer um den Verstand gebracht. Sie müssen ihn loswerden, aber Sie können ihn nicht einfach hier verschwinden lassen. Da haben Sie eine geradezu teuflische Idee. Sie wissen ja, in welchem Zustand Stahlheimer sich befindet, daß er aufs Wort gehorcht. Also setzen Sie ihm den ‚Ohrwurm' ein und schicken ihn los. Es ist bekannt, daß er oft spazierengeht. Daß es diesmal schon Nacht ist, wird man als Spleen eines alten Mannes auslegen. Sie haben eine Erklärung, warum Sie ihn nicht daran hindern, Ihr angeblicher ‚Hollylove'-Rausch. Unterwegs wollen Sie ihn ferngesteuert verunglücken lassen. Was Sie aber nicht wissen: Er ist nachtblind. Er kann Ihnen nicht ausreichend Informationen geben. Er stolpert, stößt gegen eine Wand. Sie bekommen Angst, daß man ihn zu nahe an Ihrem Haus findet und die Spur doch noch zu Ihnen führt. Sie beschließen, ihn die ausgeleuchtete Straße entlang zu schicken, dirigieren ihn zur Haltestelle und dann nach Hause. Bei Ihnen, so beruhigen Sie sich, ist er gesund fortgegangen, dafür haben Sie einen Zeugen. Was immer ihm zugestoßen ist, man wird annehmen, es sei unterwegs geschehen. So gewinnen Sie Zeit. Sie brauchen nicht zu befürchten, daß er unterwegs redet; er spricht ja nur, wenn man ihn fragt. Und wer kümmert sich schon um einen alten Mann? Am ‚Texas' lassen Sie ihn aussteigen. Haben Sie es eigentlich ständig wiederholt, oder hat ein Kommando genügt?"

Timothy sah Selbrik in die Augen, aber der verzog keine Miene.

„Nun gut. Sie dirigieren ihn in einen leeren Fahrstuhl. Wenn der Lift sich öffnet, so befehlen Sie ihm, soll er den ‚Ohrwurm' herausnehmen, wegwerfen und sich in den nächsten Sessel setzen. Stahlheimer führt alles gehorsam aus. Und wenn Colonel Hanks nicht seinen Tick mit dem Museum hätte, wäre das kleine, billige Ding im Müll gelandet. Nun aber liegt es wohlbehütet im ‚Texas'. Mit Ihren und Stahlheimers Fingerabdrükken. Pech, Mister Selbrik!"

Selbriks Lächeln wirkte recht gequält. „Warum erzählen Sie das eigentlich mir? Warum gehen Sie nicht zur Polizei, wenn Sie sich Ihrer Sache so sicher sind?"

„Ich habe nicht die Absicht, zur Polizei zu gehen. Ich dachte an das Video. Das ist doch eine Bombenstory: ‚Wissenschaftler macht Kollegen zum Roboter – Der Mann, der nachts spazierenging – Doktor Selbrik, Genie oder Wahnsinn?' und so weiter. Stahlheimer ist populär, Tausende sind nach seiner Methode operiert worden. Man könnte eine Konferenz abhalten, auf der Stahlheimer vorgeführt wird. Oh, Mister Selbrik, mir wird noch allerhand einfallen, das verspreche ich Ihnen. Es sei denn –"

„Es sei denn, was?" preßte Selbrik heraus.

„Es sei denn, Sie sagen jetzt die Wahrheit. Ich will wissen, was geschehen ist. Das ist das einzige, was mich interessiert."

Selbrik stützte den Kopf in die Hände. Timothy ließ ihm Zeit.

„Gut", sagte Selbrik schließlich. „Sie sollen die ganze Wahrheit erfahren." Er holte seine goldene Dose heraus und nahm eine Pille.

„Was schlucken Sie eigentlich andauernd?" fragte Timothy.

„Ein Entwöhnungsmittel gegen ‚Hollylove'." Selbrik griff zur Wasserflasche. „Möchten Sie noch einen Schluck?"

„Nein, danke. Aber wenn Sie einen Whisky hätten. Und einen anderen Stuhl."

8.

Sie gingen in das Nebenzimmer. Timothy ließ sich erleichtert auf einen Liegesessel fallen und stellte die Automatik ein; als der Sessel die Ideallage einnahm, grunzte Timothy zufrieden. „Manchmal", sagte er, „liebe ich unser Jahrhundert richtig. Kaum auszudenken, wie man früher ein ganzes Leben auf so unbequemen Sitzgelegenheiten zugebracht hat."

Selbrik brachte drei Flaschen zur Auswahl, Whisky war nicht dabei. Timothy entschied sich für Gin. Die Flasche war noch versiegelt, Timothy öffnete sie selbst und bestand darauf, daß Selbrik wenigstens einen kleinen Schluck nahm.

„Sie haben ziemlich genau erraten, wie es war“, begann Selbrik, „nur, ich wollte Stahlheimer nicht umbringen. Glauben Sie mir, ich wollte ihn von Anfang an nach Hause lotsen; ich wußte, die besten Ärzte der Staaten würden sich seiner annehmen.“

„Warum haben Sie ihn nicht hier abholen lassen?“

„Um die Spur zu verwischen! Ich brauchte eine Zeitspanne, in der das mit ihm geschehen sein konnte; aber es war ein Unfall, Mister Truckle, kein Verbrechen! Und was hätte es ihm genützt, wenn man mein Haus durchsucht hätte? Nichts. Es hätte jedoch sein Lebenswerk vernichtet.“ Selbrik sah Timothy beschwörend an.

„Unsere Arbeit wäre nicht länger zu verheimlichen gewesen. Es ist Stahlheimers Idee, und ich habe nicht das Recht, die Entdeckung seines Lebens leichtfertig zu veröffentlichen; wir haben ja noch nicht einmal die Vorpatente angemeldet. Nein, ich mußte die Spur verwischen, deshalb der Spaziergang.“

„Auf dem er zufällig umkommen konnte.“

„Ich hatte Stahlheimer die ganze Zeit unter Kontrolle. Im Notfall hätte ich eingegriffen.“

„Wie denn?“ erkundigte sich Timothy. „Von hier aus, den Leib voller ‚Hollylove‘?“

Selbrik winkte unwillig ab. „Die Spritze habe ich erst genommen, als Stahlheimer im ‚Texas‘ war. Ich hätte ihm im Notfall den Auftrag erteilt, das Sprechfunkgerät einem anderen zu geben, mit dem hätte ich mich dann verständigen können.“

„Klingt ganz plausibel.“

Selbrik sah Timothy erleichtert an. „Nicht wahr, Sie glauben mir?“

„Was ist das für eine Entdeckung? Hängt sie mit Johnnys Anästhesiemethode zusammen?“

„Nein, Mister Truckle, etwas Neues, etwas absolut Neues, eine der sensationellsten Entdeckungen unserer Zeit, ach, was sage ich, aller Zeiten! Deshalb muß ich es geheimhalten, bis Stahlheimer wieder gesund ist oder bis ich unsere Arbeit allein abgeschlossen habe.“

„Was ist es?“ fragte Timothy unnachgiebig.

„Sie wissen, was ich riskiert habe, damit niemand es erfährt.“

„Wenn es nicht nötig ist, wird es niemand von mir erfahren, das verspreche ich Ihnen. Mich interessiert nur, wie Stahlheimer zu helfen ist.“

Selbrik sprang auf und tigerte durch den Raum. Schließlich stellte er sich vor Timothy, kreuzte die Arme über der Brust und sah ihn triumphierend an.

„Wir haben die Seele entdeckt.“

„Wie bitte?“ Timothy war hochgeschnellt.

„Sie haben richtig gehört, die Seele! Keine Angst, das hat nichts mit Religion zu tun, im Gegenteil, es handelt sich um eine wissenschaftlich erfaßbare, sich materiell konstituierende Erscheinung.“

Selbrik dozierte mit halbgeschlossenen Augen in einem Tonfall, als stünde er vor der ‚National Bord of Science‘.

„Sie wissen, daß noch lange nicht alle Bereiche und Prozesse des menschlichen Gehirns erforscht sind. Stahlheimer ist nun auf ein Phänomen gestoßen, auf eine hochfrequente singuläre Permutation, die von den bisherigen Apparaturen nur gelegentlich erfaßt und bislang als Störfrequenz gewertet wurde. Wir konnten sie identifizieren und lokalisieren: Es handelt sich um einen in sich geschlossenen Kreis im Zwischenhirn.“ Er lächelte Timothy an. „Ja, Mister Truckle, die Seele ist nichts als ein Wellenbündel, wenn auch ein sehr kompliziertes, ein Schwingkreis, der selbst nur eine geringe Feldstärke besitzt, der sich aber wie ein Rhythmus auf alle intellektronischen Vorgänge des Gehirns legt und ihnen eine individuelle Modulation aufprägt.“ Er spreizte ein paarmal die Finger. „Es ist nicht so einfach, das einem Laien zu erklären.“

„Wenn ich Sie richtig verstanden habe“, sagte Timothy, „handelt es sich um eine Art Grundmuster für die ganz persönlichen Strukturen des Denkens, Fühlens und Verhaltens.“

„Ja, so könnte man sagen, ein individuelles Muster, das sich über alle Prozesse des Bewußtseins und Unterbewußtseins lagert. Offensichtlich wird es im Laufe des Lebens erworben und ständig angereichert. Ich habe Messungen an Kleinkindern vorgenommen, da ist die Seele noch kaum ausgeprägt. Ich bin sicher, daß sie um so komplizierter wird, je intelligenter, gefühlsreicher und erfahrener jemand ist.“

Er unterbrach seinen Vortrag, um eine Pille zu schlucken.

„Man hat ja immer wieder versucht, etwas Derartiges zu finden. Schließlich muß sich alles materiell konstituieren, auch die Individualität. Die verbreitetste Theorie zielt auf ein komplexes Zusammenspiel mannigfacher Gehirnprozesse, aber die Versuche, der Individualität mit der Kybernetik beizukommen, sind längst in einer Sackgasse gelandet. Man ist heute bei Formeln angelangt, die nicht mehr handhabbar sind, selbst wenn man die größten Elektronengehirne von DRAUSSEN zuschalten könnte. – Haben Sie eine Ahnung, was es bedeutet, wenn man die Individualität technisch handhabbar machen könnte?"

„Ich glaube, schon. Ich habe mich in den letzten Tagen auch ein wenig um die Probleme der Hirnforschung und der Intellektronik gekümmert, dabei bin ich auf eine interessante Abhandlung gestoßen." Timothy schmunzelte. „Vielmehr mein guter, alter Napoleon; ich habe mir nur referieren lassen. Der Autor klagt darüber, daß selbst den kompliziertesten Automaten, obwohl sie in vieler Hinsicht dem Menschen weit überlegen seien, das Entscheidende fehle, um die Grenzen der Programmierung überschreiten zu können: Es fehle ihnen die unverwechselbare Individualität, aus der heraus erst Eigenschöpferisches erwachsen könne. So war es doch?"

„Etwas simpel formuliert, aber im Prinzip stimmt es."

„Es war die Abhandlung eines Fachmanns", sagte Timothy, „eines gewissen Doktor Selbrik."

Selbrik nickte anerkennend. „Verstehen Sie jetzt, wie ich aufhorchte, als Stahlheimer mir anvertraute, er glaube, der Seele auf der Spur zu sein? Seine Seele und meine Automaten – das bedeutet eine Revolution der Technik!"

„Und Sie haben sie tatsächlich gefunden?"

„Wir sahen zwei Wege: einmal eine Seele zu analysieren und dann eine künstliche Seele nach diesem Modell zu schaffen, doch dazu scheint die gegenwärtige Wissenschaft noch nicht auszureichen; der zweite Weg: durch einen induktionsartigen Prozeß ein identisches Außenfeld zu modulieren, ein Duplikat herzustellen. Leider erwies sich auch das als unmöglich."

„Es wird also nichts mit der künstlichen Seele?"

„Nein." Selbrik lächelte selbstzufrieden. „Dafür haben wir etwas noch Größeres entdeckt. Man kann das Seelenmodul, wie Stahlheimer es nannte, abschöpfen."

Timothy stellte sein Glas mit hartem Knall auf den Tisch. „Meinen Sie, einem Menschen die Seele abnehmen?"

„Es mag sich brutal anhören; es erinnert an die alten Märchen, nicht wahr? Aber es ist eine der grandiosesten Erfindungen aller Zeiten, die Erfüllung eines uralten Menschheitstraumes: die unsterbliche Seele! Wovon Tausende von Generationen träumten, worauf sich Weltreligionen und Weltreiche gründeten, ich habe es möglich gemacht. Nicht in einem imaginären Jenseits, an das Dummköpfe glauben mögen, sondern hier auf Erden. Der Mensch muß nicht mehr mit seiner sterblichen Hülle ins Nichts versinken. Er kann sein Ureigenstes, seine Individualität, weitergeben. An einen Automaten, eine Maschine, gewiß, aber wer weiß – wir stehen erst am Beginn einer neuen Epoche, die mit dieser Entdeckung eingeleitet wird –, vielleicht wird man einmal das kurze biologische Leben als ein, wie es die Religionen nannten, Durchgangsstadium zur Unsterblichkeit betrachten." Selbrik hatte die Hände zur Decke gestreckt, als wolle er der Welt den Segen erteilen.

„Und wie", fragte Timothy, „wollen Sie so eine Seele aufbewahren? Ich stelle mir das äußerst kompliziert vor."

„Das ist relativ einfach." Selbrik öffnete einen Wandsafe und entnahm ihm einen wie Titan schimmernden Zylinder. Er balancierte ihn auf der Hand wie die Zeusstatue in Washington die Erdkugel. „Das ist ein stabiler Frequentator, in dem sich das eingespeiste Seelenmodul unbegrenzt halten läßt."

„Sieht eher wie eine gewöhnliche Konservendose aus", murmelte Timothy. „In so was soll man nun seine Seele einsperren lassen?" Er tippte mit dem Finger gegen das kühle Metall. „Das Grab einer Seele."

„Nicht das Grab", protestierte Selbrik pathetisch, „die Unsterblichkeit!" Er stellte den Zylinder zurück in den Safe.

„Und Stahlheimer?" Timothy ließ den Namen wie etwas Verlorenes ausklingen.

„Ein Opfer der Wissenschaft, und ein besonders tragisches dazu; nicht weil es so mit ihm gekommen ist, sondern weil er sein Werk nicht vollenden konnte. Er wußte, daß sein Körper eines Tages eine seelenlose Hülle sein würde. Er wollte es. Sein Modul sollte die erste unsterbliche Seele sein. Er war zum Größten bereit, dessen ein Wissenschaftler fähig sein kann, zum Selbstversuch."

„Und wo ist sein Vermächtnis?"

Selbrik lachte bitter. „Es gibt keins. Weil er das Opfer eines dummen, sinnlosen Zufalls wurde. In ein paar Monaten erst wären wir soweit gewesen. Er freute sich darauf, daß er unbelastet von den Mühen seines Jobs hier arbeiten könnte."

„Ich dachte, er wollte ins Navajo-Gebiet."

„Das war nur ein Vorwand. Hier –", Selbrik öffnete die Tür zu einem großen, mit Apparaturen verstellten Raum, „hier wollte er arbeiten."

Timothy ließ ihm den Vortritt. Selbrik zeigte auf einen Laborsessel inmitten eines Gewirrs von Geräten und Leitungen.

„Dort ist es passiert. Stahlheimer wollte einen verbesserten Cephalographenhelm ausprobieren, dabei muß er den Defraktor ausgelöst haben. Ich fand ihn so, wie Sie ihn jetzt kennen. Es war ein Unfall, verstehen Sie?"

„Ja, ich verstehe", sagte Timothy leise. Dann schrie er unvermittelt: „Selbrik!"

Selbrik fuhr herum und starrte auf den Rayvolver in Timothys Hand.

„Hände in den Nacken! Setzen!" Timothy wies auf den Laborsessel. „Keine Bewegung!" Timothy ließ die stählernen Halterungen der Sessellehnen über Selbriks Armen einschnappen.

„Ja, ich habe gut verstanden, Mister Selbrik. Sie sind nicht nur ein begabter Intellektroniker und messerscharfer Denker, sondern auch ein skrupelloser Phantast und ein unverschämter Lügner."

9.

Timothy ließ sich einen Stuhl vor den Laborsessel fahren, an den er Selbrik gefesselt hatte. Als er die Hand der Pulttastatur näherte, schrie Selbrik auf. „Nichts anfassen!"

„Ich will einmal glauben, daß Stahlheimer die Seele entdeckt hat, obwohl sich alles in mir gegen diesen Gedanken sträubt, aber hätte er Ihnen seine Entdeckung ausgeliefert? Wäre er bereit gewesen, mit Ihnen daran zu arbeiten, die Seele handhabbar zu machen? – Johnny ist ein unverbesserlicher Menschenfreund, ein altmodischer Mann, der Spaziergänge schätzt und Käse aus richtiger Milch, der sich nicht scheut, auf einem Cello Musik zu machen, der sich tatsächlich darauf freute, im

Navajo-Gebiet die Überreste eines von unseren Vorfahren ausgerotteten Volkes zu bergen, ein Mensch, der noch etwas von Würde und Verantwortung hält, der alles Lebende achtet. – Ich habe einmal gesehen, wie er eine Raupe von der Fahrbahn nahm und ins Gras setzte. Er mußte den Superhighway überqueren, um das Gras zu erreichen, aber er tat es. Wenn Johnny irgend etwas auf dieser Welt verabscheut hätte, denn das – einem Menschen die Seele zu nehmen."

„Was verstehen Sie schon von der Mentalität eines Wissenschaftlers", keuchte Selbrik. „Wer so etwas entdeckt, der muß seinen Weg bis zum Ende gehen, und sei es ein bitteres."

„Was verstehen Sie von der Verantwortung eines Wissenschaftlers", erwiderte Timothy. „Die unsterbliche Seele – ich gestehe, das ist ein verlockender Gedanke; doch Johnny hätte weitergedacht und sofort die Folgen seiner Entdeckung gesehen, die Jagd nach Seelen, weil Hunderttausende von Automaten ausgerüstet werden sollen ..."

„Millionen", stieß Selbrik hervor. „Überall auf der Erde, zuerst in den Staaten, und dann – Mister Truckle, wir stehen am Beginn einer neuen Epoche. Machen Sie mit. Vollenden Sie mit mir Stahlheimers Werk, unser Werk."

„Haben Sie schon mit jemand anderem darüber gesprochen?"

„Niemand weiß davon. Ich habe nicht einmal meine Stelle gekündigt. Wir müssen in aller Heimlichkeit vorgehen, wir müssen uns Zeit lassen, nichts überstürzen; wenn wir es richtig machen, werden wir die Herren der Welt. Sie und ich. Ich bin bereit, Sie zu beteiligen."

„Sie Narr", entgegnete Timothy verächtlich. „Ich bin ebensowenig bereit, da mitzumachen, wie Johnny es gewesen ist. Unsterblichkeit? Ja, vielleicht eines Tages, aber nicht hier und heute. Ich weiß nicht, wie Sie an sein Geheimnis gekommen sind, aber es war bestimmt nicht Johnnys Idee, Seelen in solche Konservendosen zu sperren und in Computern arbeiten zu lassen. Er hätte sofort an die Hunderttausende von entseelten Körpern gedacht und an die Möglichkeit, ein Heer menschlicher Roboter heranzubilden, die jedem aufs Wort gehorchen, der das Befehlsgerät besitzt. Ich bin sicher, daß Sie Ihre Apparatur gebaut haben, ohne ihn zu informieren. Warum haben Sie sie ihm gezeigt? Sind Sie nicht weitergekommen, brauchten Sie seine Hilfe? Wollten Sie seine Zustimmung? Hatten Sie

Angst, man würde doch dahinterkommen, daß es nicht Ihre Entdeckung war?"

Selbrik war kreidebleich. Schweißtropfen sammelten sich auf seiner Stirn.

„Geben Sie mir eine von den Pillen", stöhnte er. „Bitte! Ich flehe Sie an."

Timothy holte die Dose aus Selbriks Tasche und steckte ihm eine Pille in den Mund, dann wischte er sich die Finger ab.

„Aber Sie mußten erkennen, daß Stahlheimer alles andere wollte, als daß seine Entdeckung publik würde, und deshalb mußten Sie ihn zum Schweigen bringen. Also probierten Sie Ihre Apparatur an ihm aus, so konnten Sie drei Fliegen mit einer Klappe schlagen: Sie konnten das Gerät erproben, Sie hatten ein ideales Versuchskaninchen, eine Seele, wie Sie sie sich nicht besser wünschen konnten, gebildet, schöpferisch, musisch, mit einer reichen Lebenserfahrung, und zugleich schafften Sie sich Stahlheimer vom Hals und konnten die Entdeckung für sich allein beanspruchen. War es so?"

Selbrik saß mit versteinertem Gesicht da.

Timothy richtete den Rayvolver auf Selbriks Oberschenkel. „Wo ist seine Seele? Reden Sie, oder ich zerstrahle Sie stückweise."

„Das werden Sie nicht." Selbrik versuchte, seiner Stimme einen überlegenen, ja höhnischen Klang zu geben, aber sein Gesicht verriet Angst. „Sie können nicht brutal sein, Mister Truckle, Sie nicht. Sie haben sich selbst verraten. Mit Ihrem Plädoyer für Menschenwürde."

„Zum letztenmal, wo ist seine Seele?"

„Darüber können wir sprechen, wenn Sie Ihre Kanone wegstecken."

„Eins, zwei, drei —"

Selbrik lachte auf. „Ich wußte doch, Sie würden es nicht fertigbringen. Hören Sie auf mit dem Unsinn, und lassen Sie mich los."

Timothy drückte ab. Der Hosenstoff verdampfte auf einem fingerbreiten Streifen. „Das nächste Mal geht es tiefer."

Selbrik schüttelte lächelnd den Kopf.

Timothy preßte die Lippen zusammen. Er zielte ein Stück höher und drückte zum zweitenmal ab. Diesmal roch es nicht nur nach geschmolzenem Terlon, sondern auch nach versengten Haaren. Selbrik heulte auf.

„Wo?“ brüllte Timothy.
„Im Safe“, schrie Selbrik. „Der Zylinder mit der roten Markierung.“
Timothy holte ihn. Er trug ihn wie etwas unendlich Kostbares und setzte ihn behutsam auf den Tisch.
„Ich biete Ihnen ein Geschäft an“, sagte er dann, „obwohl es mir in der – obwohl es mir zuwider ist. Ich biete Ihr Leben gegen Johnnys Seele.“
„Nehmen Sie sie doch“, brüllte Selbrik, „ich kann Sie nicht daran hindern, Sie Ignorant.“
„Wenn es Ihnen gelingt, den Versuch umzukehren und die Seele wieder in Stahlheimers Kopf zu bringen, werden Sie am Leben bleiben. Unter der Bedingung natürlich, daß Sie sich verpflichten, niemals wieder diese Forschung aufzunehmen und gegen jedermann zu schweigen.“
„Damit Sie es für sich nehmen!“
„Sie sind ein widerliches Schwein“, sagte Timothy. „Aber seien Sie beruhigt, weder Stahlheimer noch ich sind daran interessiert, auf solche Weise zu Ruhm und Reichtum zu gelangen. Also, was ist?“
„Ich weiß nicht, ob es geht. Vielleicht ist es ein irreversibler Vorgang. Ich müßte es durchrechnen, ausprobieren, Apparaturen entwickeln –“
„Lassen Sie sich schnell etwas einfallen. Sie werden dieses Haus nicht mehr lebend verlassen, es sei denn, Stahlheimer ist wieder okay. Wie ist Ihr Arbeitsrhythmus, haben Sie Selbstprogramm, oder arbeiten Sie Schicht, jeden zweiten oder jeden dritten Tag?“
„Rollende Schicht“, erklärte Selbrik. „Vier Tage Arbeit, vier Tage frei. Heute war mein erster Frei-Tag.“
„Dann bleiben Ihnen also drei Tage. Nutzen Sie sie gut, es könnten Ihre letzten sein. Was brauchen Sie?“
„Vorerst nur mein Labor und eine Verbindung zum Zentralarchiv.“
„Das schlagen Sie sich aus dem Kopf. Sie müssen mit dem auskommen, was Sie im Haus haben oder was ich Ihnen ohne Aufsehen verschaffen kann.“
„Wie denken Sie sich das?“
„Sie sind jetzt dran mit Denken.“ Timothy löste Selbriks Arme, dirigierte ihn ins Bad, befahl ihm, sich auszuziehen und in die Wanne zu steigen, und schloß seine linke Hand mit einer

Handschelle an ein armdickes Rohr, so daß Selbrik sich unmöglich befreien konnte.

„Was soll ich hier", jammerte Selbrik. „Hier kann ich nicht arbeiten."

„Denken kann man überall", antwortete Timothy. „Und hier können Sie mich am wenigsten stören. Ich habe noch ein paar Vorbereitungen zu treffen."

Als erstes blockierte Timothy alle Außenverbindungen mit Ausnahme der automatischen Rufanlage, der er die Nachricht eingab, Selbrik sei in die Berge gefahren. Dann inspizierte er die Vorräte, notierte sich eine lange Liste des zu Besorgenden und bestellte ein Aerotaxi zum „Nebraska".

„Ich möchte nachher noch mal wiederkommen", sagte Timothy zu dem Wachmann, „aber ohne registriert zu werden. Ich habe da gerade eine tolle Puppe kennengelernt."

Er lächelte versonnen.

„Evelyn?" Der Wachmann blickte ihn verwundert an. „Mann, Sie müssen Kies haben! Evelyn ist ziemlich wählerisch."

„Es soll niemand wissen. Mögen Sie Adler?" Timothy drückte dem Wachmann eine 100-Dollar-Münze in die Hand.

„Okay", sagte der. „Aber kommen Sie vor achtzehn Uhr, danach kann ich die automatische Registrierung nicht mehr ausschalten."

Zu Hause studierte Timothy seinen Terminkalender und die eingegangenen Communics und sagte alle Verabredungen ab.

Napoleon informierte er, daß er für ein paar Tage nicht zu Hause sei.

Napoleon fragte sofort zurück.

+ + bitte um bestätigung + tatsächlich: ein paar tage? + n. + + +

„Tatsächlich", knurrte Timothy. „Hast du was dagegen?"

+ + ich finde es nur außergewöhnlich + und beunruhigend + n. + + +

„Ich auch", antwortete Timothy. „Ende."

+ + darf ich erfahren, wie Sie zu erreichen sind? + n. + + +

„Das geht niemand etwas an. Wenn jemand nachfragt, sage, ich sei in Urlaub gefahren."

Dann rief er den Großen Bruder an und vereinbarte mit ihm eine Notruffrequenz, unter der er ihn erreichen könnte.

„Was ist los?“ fragte der Große Bruder besorgt.

„Das erzähle ich dir später einmal. Es geht um eine Riesenschweinerei.“

„Kann ich dir helfen?“

„Leider nicht. Ich muß allein damit fertig werden.“

Er rief Colonel Hanks an, er könne die Sonderbewachung des Stahlheimerschen Appartements wieder einstellen, der Vorfall in der Klinik habe sich als Nachlässigkeit herausgestellt. Als letztes sprach er mit Maggy Stahlheimer.

„Die Gefahr ist vorüber“, sagte er. „Du solltest jeden Tag mit John spazierengehen.“

„Gerne, nur zu gerne!“ rief sie. „Aber . . .“

„Besorg dir zwei ‚Ohrwürmer‘, einen für dich und einen für Johnny, da könnt ihr euch unterhalten, ohne laut miteinander zu sprechen. Ich glaube, es wird auch gut sein, wenn du bei Gelegenheit einmal den Weg mit ihm gehst, den er in jener Nacht zurückgelegt hat, den ganzen Weg, verstehst du?“

Sie nickte.

„Ich gebe dir Bescheid, wann.“

Timothy nahm sein Gepäck und ging zur Tür. Dann blickte er auf die Uhr und stellte die Taschen ab. Er fuhr hinauf in die Bar.

„Sie sind heute spät dran, Massa Tiny“, sagte Tom. Timothy nickte nur.

Dann hockte er stumm auf seinem Hocker und starrte in den Nachthimmel. Der Barkeeper sprach ihn erst an, als Timothy die Finger an die Platte preßte und wippen ließ.

„Noch immer?“ flüsterte er.

„Wie gefällt Ihnen das, Melvin: Streck dich, Bäumchen; krümm dich, Wurm; wehr dich, Söhnchen, doch bedenke – das erste Mal geht’s, das zweite Mal schwer, das dritte Mal nimmermehr.“

„Ich verstehe nicht –“

„Das ist Ihr verlorener Spruch.“ Timothy wiederholte ihn und ließ dabei die Finger wippen, den Zeigefinger, den Mittelfinger – und den Ringfinger! Der Barkeeper starrte ihn mit offenem Mund an.

„Sie können es, Tiny! Sie können es!“

Timothy zeigte ihm, daß er den kleinen Finger nicht an der

Wurzel, sondern am Mittelgelenk gegen die Platte gepreßt hatte.

„Sie mogeln“, rief Melvin enttäuscht.

Timothy schüttelte den Kopf. „Ich habe mir nur gestattet, eine Korrektur vorzunehmen.“ Er schob sein Glas hinüber. „Geben Sie mir noch einen, Melvin.“

„Sie sollten sich schlafen legen, Tiny“, antwortete der besorgt. „Sie sehen müde aus. Sie haben wohl wieder einen großen Fall?“

„Ich versuche nur, einem Freund einen Dienst zu erweisen.“ Er blickte dem Keeper in die Augen. „Sind Sie religiös? Glauben Sie an die unsterbliche Seele?“

Der Barkeeper nickte.

„Dann beten Sie heute nacht für mich und meinen Freund.“

10.

Am Morgen des dritten Tages rief Selbrik nach Timothy. Sein Gesicht war grau und eingefallen. „Ich glaube, ich habe es“, sagte er, seine Stimme klang müde, aber erleichtert.

„Hoffentlich“, murmelte Timothy. „Was brauchen Sie?“

„Nichts. Ich muß nur die Apparatur anders schalten.“

Timothy ließ ihn keinen Augenblick aus den Augen; als er die Handschellen lösen mußte, mit denen er Selbriks Füße an den Sessel gefesselt hatte, behielt er den Rayvolver schußbereit in der Hand.

„Bei dem geringsten Versuch, mich zu übertölpeln, sind Sie ein toter Mann.“

„Sie vielleicht auch.“

„Das ist mein Risiko. Aber ich schätze, Sie hängen mehr am Leben als ich.“

Als Selbrik fertig war, schloß Timothy ihn wieder in das Bad ein. Er rief Maggy Stahlheimer an und sagte, er habe gerade Lust und Zeit zu einem Spaziergang, ob sie sich nicht treffen wollten. Maggy versprach, sich sofort auf den Weg zu machen, sie betonte „Weg“.

Der Wachmann grinste, als Timothy ihn aufsuchte. „Donnerwetter“, sagte er anerkennend, „drei Tage? Das hätte ich Ihnen gar nicht zugetraut.“

Timothy lächelte bescheiden. „Ich habe einen alten Herrn, der möchte Evelyn auch gerne kennenlernen. Er ist ziemlich wohlhabend."

„Geht in Ordnung, Mister. Geben Sie mir rechtzeitig Bescheid."

„Sie sind ein feiner Kerl", sagte Timothy. „Ich möchte Ihnen so gerne etwas zum Geburtstag schenken, aber was? Ich muß irgendwo noch ein paar Vögel haben, wäre das was für Sie?"

„Ich liebe Adler", antwortete der Wachmann. „Wann kommt Ihr Bekannter?"

„In ein paar Minuten."

„Dann verschwinde ich mal. Können Sie mich einen Augenblick vertreten?"

Es war nicht auszumachen, wer aufgeregter war, Timothy, Maggy oder Selbrik. Stahlheimer blieb unberührt von dem Treiben. Timothy sprach mit ihm, während Selbrik ihn an das Gerät anschloß.

„Weißt du, wo du bist, Johnny?" – „Ja." – „Hast du schon einmal in diesem Stuhl gesessen?" – „Ja." – „Hast du dich freiwillig auf ihn gesetzt?" – „Ja." – „Weißt du, was für ein Apparat dies ist?" – „Ja." – „Wußtest du das auch, als du dich das erste Mal in diesen Stuhl setztest?" – „Nein." – „Warst du angeschnallt, Johnny?" – „Ja."

Timothy sah Selbrik mit verkniffenem Gesicht an.

„Wir sollten jetzt anfangen", sagte der. „Wer weiß, wie lange ich die nötige Spannung halten kann. Ich möchte nichts riskieren."

„Ich auch nicht", erwiderte Timothy. „Gut, fangen wir an. Vergessen Sie nicht, daß Ihr Leben davon abhängt, ob es gelingt."

Selbrik überprüfte noch einmal die Leitungen des Cephalographenhelms. Timothy setzte sich zu Maggy.

„Ich verstehe das Ganze nicht", flüsterte sie, „was geht hier vor?"

„An diesem Gerät hat Johnny den Verstand verloren. Selbrik versucht nun, den Versuch umzukehren."

Die Felder des Armaturenpults begannen aufzuleuchten. Summen füllte den Raum, es roch nach Hallogenazon. Stahlheimer saß still in seinem Sitz. Selbrik hatte darauf bestanden, daß er trotz seiner Unbeweglichkeit angeschnallt wurde. Plötzlich änderte sich die Frequenz des Summens. Selbrik sprang auf. Timothy stellte sich sofort hinter ihn und drückte ihm den Rayvolver in die Seite.

„Sehen Sie“, flüsterte Selbrik, „sehen Sie doch, es geht!“

Stahlheimer schloß die Augen, preßte die Lider zusammen, riß sie wieder auf, unnatürlich weit, wie jemand, der gerade aus tiefem Schlaf gerissen wird.

„John!“ rief Maggy. Sie schob Timothy und Selbrik beiseite und beugte sich über den Sessel. Stahlheimer lächelte. Mühselig langsam bewegte er die Lippen. Er lallte etwas Unverständliches. Dann zuckte er zusammen, begann zu schreien, an den Halterungen zu zerren, bäumte sich auf, soweit die Stahlklammern es erlaubten. Maggy nahm seinen Kopf in die Hände. Stahlheimer bäumte sich noch einmal auf, dann fiel er in sich zusammen, ein dünner Blutfaden sickerte aus dem Mundwinkel.

„Er stirbt“, schrie Maggy. „Wir brauchen einen Arzt. Wo ist der Communicator?“

Timothy hielt sie zurück. Er deutete auf das Welfarometer über Stahlheimers Kopf. Alle Zeiger standen auf Null. Timothy nahm ihm den Helm ab und drückte ihm die Augen zu. „Er ist tot, Maggy.“

„Aber es hat funktioniert“, keuchte Selbrik. Es hat funktioniert! Ich habe meinen Teil erfüllt, Mister Truckle. Er hat seine Seele wieder. Sie müssen mich freilassen. Nicht wahr, Sie lassen mich frei?“

Timothy drängte ihn zur Wand und schloß ihn an die Türverankerung.

„Sie dürfen mich nicht töten!“ schrie Selbrik. „Das können Sie nicht tun!“

Timothy antwortete nicht. Er half Maggy, den Toten aus dem Laborstuhl zu befreien, ihn auf einen Sessel zu legen und nach nebenan zu fahren. Dann verwüstete er das Labor. Er riß alle Kabel heraus, schob die Geräte durcheinander und schloß sie willkürlich zusammen, zerschlug die Bildschirme, löschte die Informationsspeicher und füllte sie mit Programmen aus dem Video, öffnete alle Schränke und Behälter, ließ Kristalle, Folien und Bänder vom Eliminator löschen, durchsuchte das ganze Haus und kam mit zwei Säcken voller Kristalle und Folien wieder, die er ebenfalls eliminieren ließ.

Selbrik hatte anfangs geschrien und geflucht, dann gebettelt und geweint, schließlich war er still geworden. Als Timothy jetzt die Reste aus dem Eliminator in die Stube kippte, lachte er hysterisch. „Glauben Sie wirklich, daß Sie so eine Erfindung vernichten können? Selbst wenn Sie alle Kristalle der Welt löschten, Sie könnten den Fortschritt nicht aufhalten; da müßten Sie schon alle Gehirne –" Er brach mitten im Satz ab und starrte Timothy an. Seine Augen weiteten sich vor Angst. Timothy legte eine Injektionsspritze bereit und holte eine Viererampulle „Hollylove" aus der Tasche.

„Das können Sie nicht tun", jammerte Selbrik, als Timothy die Ampulle köpfte und Selbrik den Arm frei machte. „Ich hab' doch die Pillen geschluckt. Ich würde nie wieder aufwachen!"

„Hören Sie auf zu jammern", fuhr Timothy ihn an. „Sie genießen den Vorzug, in einem farbenprächtigen Traum sterben zu dürfen. Sie müssen nur noch bestimmen, ob er ein paar Stunden oder ein paar Jahre dauern soll. Wie groß soll ich die Dosis machen?"

„Sie Schwein", brüllte Selbrik, „Sie fieser, dreckiger, hinterhältiger Zwerg!"

„Dann muß ich eben kalifornisch Roulett mit Ihnen spielen." Timothy drückte den Kolben herunter, schloß die Augen und ließ die goldgelbe Flüssigkeit in die Spritze klettern. Selbrik schrie auf, als Timothy ihm die Nadel in den Arm stach. Kurz darauf verklärte sich sein Gesicht. Er begann zu lachen, zu singen. Timothy reinigte die Spritze mit einem Tuch und drückte sie Selbrik in die Finger. Der besah sie wie etwas seltsam Fremdes, kicherte und warf sie zu Boden. Timothy löste die Handschellen. Selbrik beachtete ihn nicht. Er begann zu tanzen. Er breitete die Arme aus und drehte sich durch den Raum, unter seinen Schuhsohlen knirschten die zersplitterten Kristalle.

11.

„Was hast du da?" Maggy zeigte auf die Titanzylinder, die Timothy in den Armen hielt.

„Leere Konservendosen. Hoffentlich leere." Er steckte sie in einen Plastiksack. Dann trug er seine Sachen zusammen und verstaute alles in seinen Taschen, zum Schluß zog er die Handschuhfolien von seinen Fingern. Er sah unendlich müde aus, das Kinn stach spitz hervor, tiefe Falten hatten sich neben den Nasenflügeln eingegraben.

„Jetzt müssen wir Johnny nach Hause bringen.“ Er legte die Hand auf Maggys Arm. „Ich glaube, es ist besser so für ihn. Was war das noch für ein Leben.“

„Aber solange er lebte, gab es eine Chance, daß er eines Tages wieder gesund werden könnte.“

„Glaubst du, der Teufel gibt eine Seele wieder heraus, die er schon in den Klauen hat?“

Maggy sah ihn verständnislos an. Sie bekam keine Erklärung.

„Hier rauszukommen ist kein Problem“, murmelte Timothy. „Am besten, wir bringen ihn bis zum Park und rufen von dort die Ambulanz. Wir sagen, der Tod habe ihn während des Spazierganges überrascht, das ist letztlich die Wahrheit.“

„Und was wird mit dem da?“ Maggy nickte zur Tür.

„Irgendwann wird man ihn finden und feststellen, daß er sich eine Überdosis ‚Hollylove‘ injiziert und in seinem Rausch das Labor verwüstet hat, dann wird man ihn in ein Irrenhaus bringen. Oder in die Anatomie.“

Maggy blickte entsetzt.

„Starr mich nicht so an!“ brach es aus Timothy heraus. Er hielt ihr die Hände vor die Augen, sie zuckte zurück.

„Ich weiß, was du jetzt denkst!“ brüllte Timothy. „Meinst du, es ist mir leichtgefallen, einen Menschen zu vernichten?“

Er rannte durch den Raum, blieb schließlich vor ihr stehen.

„Du solltest nicht vor diesen Händen erschaudern, Maggy, sondern vor einer Welt, die einen gutmütigen, alten, müden Mann zwingt zu töten, wenn er nicht an Hunderttausenden von Unschuldigen schuldig werden will. Manchmal bekommt man die Verantwortung in die Hände gespielt und kann sich nicht drücken, nicht, wenn man noch ein Fünkchen Gewissen in sich hat.“

Er goß ein großes Glas voll Gin und stürzte es in einem Zug hinunter.

„Entseelt – seit Jahrtausenden haben die Menschen dieses Wort gebraucht, aber sie hatten keine Ahnung, wie schrecklich es sein würde, wenn diese Metapher eines Tages Wirklichkeit wird.“

„Was meinst du, Tiny?“

„Johnny hat wahrscheinlich eine gewaltige Entdeckung gemacht, die – nein, ich werde es dir nicht sagen. Es soll hier in meinem Kopf begraben bleiben. Niemand soll es erfahren. Niemand!"

„Glaubst du, daß du eine Entdeckung ungeschehen machen kannst? Irgendwann wird ein anderer darauf stoßen."

„Manchmal bedeuten ein paar Jahre unendlich viel. Ein Jahr oder zwei, das kann das Leben von Millionen Menschen bedeuten, ja unseres ganzen Planeten."

12.

Timothy badete lange. Er schwamm zwischen rosa Korallenriffen, über denen zartblaue Quallen im Sog wedelten. Danach wählte er lange, bis er sich für einen kardinalsroten Anzug und ein mattgoldenes Hemd entschied. Er ging in die Küche und blickte in die Vorratskammer. „Nein", murmelte er, „heute kann ich nichts aus Dosen ertragen." Er kochte sich zwei Eier.

Während er sein Haar rotgold kämmte, ließ er Napoleon die in seiner Abwesenheit eingegangenen Communics vorspielen. Plötzlich lachte er laut auf. Auf dem Bildschirm stand:

+ + vorfall in klinik war kein attentat, sondern fahrlässigkeit des personals + pfleger hat gestanden + lexington + + +

„Weißt du, Napoleon", sagte Timothy vergnügt, „es verblüfft mich immer wieder, wie man von einem falschen Ausgangspunkt ausgehen und doch an das richtige Ziel kommen kann."

Bevor er sein Appartement verließ, fragte er Napoleon: „Leidest du darunter, daß du keine Seele hast?"

Es dauerte nicht lange, bis Napoleon sich räusperte. Timothy drückte die Gebertaste.

+ + was ist eine seele? + keine information in speicher + soll ich recherchieren? + + n. + + +

„Lieber nicht", sagte Timothy.

Samuel, das Monster

1.

Timothy spürte seine Sinne schwinden. Das Gefühl von Nässe, das ihn noch von seiner Umwelt getrennt hatte, löste sich auf; alles Gefühl kroch aus der Haut, den Muskeln; die Nerven verstummten. Er schwebte schwerelos, körperlos. Die letzten Spuren des herben Aromas von Tang und Meer verflüchtigten sich. Eine unbeschreibbare Leichtigkeit durchflutete ihn. Dann setzte die große Stille ein, löschte das Rauschen eines fernen Gestades, löschte Wellen und Brandung, und zugleich starb das Licht. Die Farben verkrochen sich. Das Blau wallte in Grünblau, Violettblau, Schwarzblau, Blauschwarz und schließlich in ein farbloses Dunkel, aus dem ferne Lichtpunkte flohen.

Als er erwachte, wußte er nichts.

Er versuchte sich zu erinnern. Er hatte keine Vorstellung, wo er sich befinden mochte, nur das unbestimmbare Empfinden einer im Dunkeln lauernden Gefahr. Timothy fragte sich, ob er sich fürchtete. Es schien ihm unendlich lange zu dauern, bis er die Frage formuliert und bis er sie beantwortet hatte. Nein. Dann wurde ihm bewußt, daß er seinen Körper nicht fühlte. Er versuchte, die Finger zu bewegen. Er konnte nicht feststellen, ob es ihm gelang. Ein Gedanke an Tod huschte durch sein Gehirn: körperlose Seele. Timothy wehrte sich gegen den Gedanken. Ich denke, also bin ich. Er versuchte, die Zehen zu krümmen, die Hände zu bewegen, die Füße. Nichts. Als er seinem Kopf den Befehl gab, sich zu drehen, glaubte er, ein kaum wahrnehmbares Ziehen gespürt zu haben, so, als habe jemand ein Haar gegen den Strich gebürstet.

Er wollte mit der Hand an den Nacken greifen, aber er merkte nicht, ob die Hand sich bewegte, und nicht, ob die Finger etwas berührten. Er schloß die Augen. Kein Anzeichen verriet ihm, ob wenigstens das gelungen war. Warum?

Er war erschöpft. Er machte eine lange Pause, bis er sich

kräftig genug für eine neue Anstrengung wähnte. Er öffnete die Lider.

Licht kreiste vor seinen Augen, so dicht, daß er erschrak. Er war froh, daß er erschrecken konnte. Und daß es ein Licht gab. 11.17.

Als Timothy erfaßte, daß es Zahlen waren, setzte auch sein Erinnerungsvermögen wieder ein. Elf Uhr siebzehn. Das Bad. Vainity. Die Lichtzeichen pendelten. Es war sein Kopf, der pendelte. Er konzentrierte sich und brachte die Zahlen zum Stehen. 11.18. Um zehn hatte er sich hingelegt. Bis zum Abend. 11.19. Was war geschehen?

Das Dunkel begann sich zu lichten, bis ein mildes Blaugrau ihn umhüllte. Töne tropften in die Stille, vereinten sich zu Klängen. Timothy sah, wie sich vor seinen Augen ein Umriß formte, Fläche, dann Gestalt annahm, und er wußte, daß es seine Füße, seine Beine waren, die dort schlingerten. Die Klänge flossen zu einer Melodie zusammen, die ihn freundlich stimmte. Er war glücklich. Er bemühte sich, gegen dieses Gefühl anzukämpfen. 11.24. Das Alarmprogramm! Wer hatte das Alarmprogramm eingeschaltet? So also sah aus, was er sonst nur im Unterbewußtsein wahrnahm, wenn er aus der Vainity zurückkehrte. Das Licht hatte sich in einem hellen Stahlgrau stabilisiert, das er kannte. Gleich würden die Farben an den Seiten wachsen. Blumen. Fische. Der kleine weiße Delphin würde sich über ihm tummeln.

Die Farben flammten auf. Er schwamm zwischen Blumen und Fischen. Wo blieb der kleine weiße Delphin? Das Grau wurde heller, blendete.

„Guten Morgen, Tiny“, sagte eine Stimme hinter ihm. „Entschuldigen Sie bitte, daß ich Sie auf die Erde zurückgeholt habe.“

2.

Er kannte die Stimme, aber er konnte sie nirgends einordnen. Eine Frau. Timothy versuchte sich umzudrehen, doch er hatte nicht genug Kraft. Eine Frau mit einem Baß. Aber jetzt wußte er wenigstens, wo er war. Er lag in seinem Bad, und gläserne Wände trennten ihn von den Fischen, Korallen und Blumen, und wenn der kleine weiße Delphin nicht gekommen war, dann, weil die Projektion sich nicht eingeschaltet hatte, die die

Illusion vervollständigte, man schwebe inmitten eines weiten, friedlichen Ozeans.

„Ich glaube, jetzt kann ich Sie ohne Gefahr herausholen", sagte die Stimme. Ein Schatten tauchte neben seinem Kopf auf, den er als Deborrah Johnsons Gesicht identifizierte. Die Bachstelze! Sie griff unter Timothys Schulter, in die langsam wieder Gefühl einzog, löste mit der anderen Hand seinen Kopf aus der Halterung, griff unter seine Knie und hievte ihn aus dem Bassin. Sie legte ihn auf den Sessel, deckte ihn zu und ließ den Sessel in den Tagesraum hinüberfahren.

„Einen Whisky?"

Timothy blinzelte mit den Augen. Die Bachstelze flößte ihm Whisky mit einem Löffel ein, holte dann den Massator und ließ Timothy durchkneten.

„Machen Sie so etwas um Himmels willen nie wieder, Debby", sagte Timothy. „Es ist lebensgefährlich, wenn man jemanden unsachgemäß aus dem Unbewußtsein holt."

Die Bachstelze lachte. „Ich habe Napoleon gefragt, wie man Sie wieder auf die Erde zurückbringen kann."

„Und er hat es Ihnen verraten?"

„Natürlich. Wie sollte er sich weigern. Ich habe ihm meine Frequenz unter den Identificator gehalten."

Timothy nahm sich vor, dieses Problem bald zu lösen. „Eine entsetzliche Welt", sagte er, „in der eine Polizeifrequenz ausreicht, um aus einem Vertrauten einen Verräter zu machen!"

„Seien Sie ihm nicht zu böse, Tiny. Ich hätte Ihren Computer in der Zwischenzeit gern ein wenig abgefragt, doch er blieb stumm wie einer Ihrer Goldfische. Ich weiß gar nicht, wie Sie das angestellt haben." Sie sah Timothy lauernd an, aber er reagierte nicht. „Er hat mir nur verraten, wo Sie sind und wie ich das Alarmprogramm einstellen kann. Daß Sie diesen Unsinn mitmachen! Nicht genug, daß Sie sich diese krächzende Plastik angeschafft haben!"

„Es ist kein Unsinn, Debby. Es ist phantastisch, wirklich. Sie sollten es einmal versuchen. Es regeneriert das Gehirn, macht aufnahmefähiger, gefühlsreicher –"

„Ich habe so schon mehr Gefühle, als ich mir leisten kann", erwiderte sie grob.

Timothy mußte sich zusammennehmen, damit er nicht auflachte. Die Bachstelze und Gefühle!

„Ich frage mich", sagte sie, „wie Sie sich solch einen Luxus erlauben können. Raub oder Erpressung?"

„Nehmen wir an, ich hätte jemandem geholfen, ein kleines Problem zu lösen, Mister Brooker zum Beispiel. Steht das noch nicht in Ihren Unterlagen?"

„Ich denke, dem haben Sie den Weinkeller ausgeräumt."

„Das war die Prämie", antwortete Timothy. „Nur vom Vergnügen kann ich nicht leben. Sie sind nicht gut informiert, Debby." Er schüttelte den Kopf. „Die Polizei ist auch nicht mehr das, was sie einst war. Aber davon lebe ich schließlich. Und nicht schlecht, wie Sie sehen. Warum machen Sie sich eigentlich nicht selbständig?"

„Warum sollte ich! Ich bin gerade befördert worden. Steht das noch nicht in Ihren Unterlagen?"

„Meinen Glückwunsch. Was machen Sie denn jetzt? FBI?"

„Sie sehen den Detektivchef von Illinois vor sich."

Sie setzte sich steif auf, drückte das Kreuz durch und kniff die Augen zusammen; mit ihren Hängebäckchen und der knubbligen Nase sah sie jedoch noch immer wie eine Matrone aus, zumal sie heute ein fast schmuckloses schwarzes Satinkleid im Stil des 19. Jahrhunderts trug. Timothy wußte, wie sehr ihr Äußeres täuschte, wie brutal sie sein konnte. Deborrah Johnson hatte sich nicht zufällig über zehn Jahre als Kriminalchef von Chicago halten können.

„Was hat Sie zu mir geführt, Debby?" fragte Timothy. „Sicher nicht nur der Wunsch, mich einmal wiederzusehen."

Sie rieb nervös die Hände. „Ich brauche Ihre Hilfe, Tiny."

„Sie? Das ist gut."

„Nicht ich persönlich", sagte sie zögernd, „ich –"

„Möchten Sie, daß wir in mein Mausoleum gehen?" Timothy verkniff es sich, auch nur eine Andeutung von Spott in diese Frage zu legen.

„Ja, gerne." Es klang erleichtert. Timothy fuhr im Sessel hinüber.

„Das also ist Ihre berüchtigte Höhle." Deborrah Johnson ließ ungeniert ihren Blick kreisen. „Ich wundere mich immer wieder, daß Sie die Genehmigung haben."

„Sie würden sich nicht wundern, wenn Sie wüßten, was für Probleme die Großen unserer Welt zuweilen haben." Timothy löschte das Licht bis auf die kleine Lampe an ihrem Sessel.

„Ich wollte mich gerade ein wenig umsehen“, sagte die Bachstelze enttäuscht. „Sie haben doch nichts dagegen?“

„Erzählen Sie lieber, wo Sie der Schuh drückt.“

„Da muß ich Sie erst verpflichten, Tiny.“

Sie holte einen Recorder aus der Handtasche, legte einen neuen Kristall ein und ließ Timothy die vorgeschriebene Stimmprobe und seine Identicat-Chiffre sprechen.

„Sie, Timothy Truckle“, sagte die Bachstelze dann in feierlichem Ton, „werden hiermit für die Vereinigten Staaten von Amerika dienstverpflichtet. Sie erklären, sich ganz und rückhaltlos zum Wohle der USA einzusetzen, das Amtsgeheimnis zu wahren und allen Anordnungen zu folgen.“

Sie hielt Timothy den Recorder hin, der jedoch winkte mit verkniffenen Lippen ab. Die Bachstelze stellte das Gerät ab.

„Nicht so“, sagte Timothy, „doch nicht diese Gummiformel, nach der Sie mir befehlen könnten, meine eigene Mutter umzubringen. Ich will mich verpflichten, Ihre Geheimnisse zu wahren, mehr nicht.“

„Ich muß Sie dienstverpflichten, Tiny. Es geht um die höchste Geheimhaltungsstufe.“

„Und wenn ich mich weigere?“

„Verlieren Sie Ihre Lizenz.“

„O tempora, o mores.“

„Was sagten Sie?“

„Ein alter lateinischer Spruch, etwa: Welch lausige Zeiten, welch miese Sitten.“

Die Bachstelze grinste und hielt ihm noch einmal den Recorder hin.

„Ich verpflichte mich“, sagte Timothy. Während Deborrah Johnson den Recorder verstaute, goß er sich einen „Queen Anne“ ein und kippte ihn gleich hinunter. Es war ganz gut, daß die Bachstelze sein Gesicht nicht gesehen hatte.

„Und Sie dürfen unser Gespräch nicht mitschneiden“, sagte sie.

„Wozu diese Geheimniskrämerei, wenn ich doch für die Regierung arbeite? Wollen Sie etwa andeuten, daß mich noch jemand anderes bespitzeln könnte?“

Die Bachstelze überhörte die Frage. Sie legte sich bequem hin, schob die Hände unter den Kopf und schloß die Augen. „Tiny, Sie wissen, ich mag Sie.“

„Ich kann es nicht übersehen, wenn ich auch nicht begreife, warum. Warum, Debby?“

„Ist das wichtig? Vielleicht weiß ich es selbst nicht.“

Wer soll dir das glauben, dachte Timothy. Als ob die Bachstelze irgend etwas ohne Berechnung täte! Anfangs hatte er geglaubt, daß sie ihm gegenüber einen Mutterkomplex entwikkelt hätte, daß ihre weiblichen Instinkte sie bewegten, ihn, den Zwerg, den Außenseiter, zu beschützen, aber er war schnell dahintergekommen, daß ihre unübersehbare Mütterlichkeit nur Show war – und die Bachstelze fand fast täglich eine Gelegenheit, sich irgendwo in der Öffentlichkeit zu zeigen. Sie arbeitete unaufhörlich an ihrem Image einer zwar tatkräftigen und, wenn es not tat, auch hart zupackenden, letztlich aber doch warmherzigen Frau von mittelwestlicher Biederkeit. Mit Erfolg. Sie wehrte nicht nur alle Konkurrenten ab, sondern kletterte alle paar Jahre eine Sprosse höher auf der Leiter der Macht, und es hieß, sie träume insgeheim von einem Platz im Gouverneurspalast, wenn nicht gar im Weißen Haus. Und du als ihr Hofzwerg! Timothy hatte Mühe, ein Kichern zu unterdrücken. Er musterte sie. Vielleicht leistete sie sich ihm gegenüber tatsächlich so etwas wie Gefühle als Ausgleich für die Eiseskälte und Grausamkeit ihres Jobs und den unbarmherzigen Machtkampf gegen alle Rivalen? Nein. Wahrscheinlich überschätzte sie nur seine Beziehungen zu den Big-Bossen.

Sie schlug die Augen auf. „Hören Sie gut zu, Tiny. Wenn irgend etwas von diesem Fall an die Öffentlichkeit dringt und auch nur der geringste Verdacht besteht, daß Sie damit zu tun haben, kann ich Sie nicht mehr schützen. Niemand kann das, auch keiner Ihrer einflußreichen Freunde und Kunden, verstanden? Das oberste Gebot ist absolute Verschwiegenheit. Das geht hier noch vor den Erfolg.“

„Sie, Debby, und die Vereinigten Staaten von Amerika sind meine Klienten und können damit auch meiner Diskretion gewiß sein. Wer zahlt eigentlich das Honorar?“

„Sie lassen kein Gerät mitlaufen – versprochen?“

„Versprochen.“

„Sie müssen mir helfen, einen Mann zu finden, der seit drei Tagen verschwunden ist: Samuel Baxter.“

„Warum ich? Haben Sie und die Staatspolizei und die Bundespolizei und das FBI und die NSA nicht Leute und Spitzel genug, diesen Samuel Baxter zu suchen?“

„Die suchen ihn, alle. Baxters Steckbrief hängt in jeder Amtsstube; die Sicherheitsbeamten der Verkehrsmittel, die Haus- und Privatpolizeien, die Verbindungsleute in den Vergnügungszentren, die Straßen- und Hauskontrolleure, alle kennen sein Gesicht, und auf seine Ergreifung ist eine hohe Belohnung ausgesetzt."

„Und nun soll ich auch noch herumlaufen und mich zum Gespött der Passanten machen?"

„Natürlich nicht. Sie sollen nur nachdenken, und es hat mich verdammt viel Mühe gekostet, den Krisenstab davon zu überzeugen, daß wir Sie einschalten müssen. Denn damit Sie uns helfen können, müssen Sie Einzelheiten erfahren, die außer wenigen ausgesuchten Leuten niemand erfahren wird. Sie sehen, welch ein Vertrauen ich zu Ihnen habe, Tiny."

„Das ehrt mich", sagte Timothy. „Kommen Sie zur Sache. Warum ein Krisenstab? Was ist so Besonderes an Samuel Baxter?"

„Er ist ein Monster."

3.

Timothy richtete sich auf und sah die Bachstelze ungläubig an.

Sie blinzelte nur. Timothy goß sich noch einen „Queen Anne" ein.

„Ich weiß, was Sie jetzt sagen wollen", fuhr Deborrah Johnson fort. „Daß wir die Konvention der neuen Menschenrechte unterschrieben haben und die Konventionen zum Verbot genetischer Manipulationen an Menschen und noch ein paar Konventionen dieser Art. Ja, das haben wir. Und wenn wir es nicht einhalten, drohen uns Sanktionen: die Sperrung der Wasserlieferungen aus der Arktis und der Rohstoffzuteilungen von DRAUSSEN und was nicht noch alles. Deshalb darf ja niemand davon erfahren. Niemand, Tiny!"

„Aber Sie setzen Hunderttausende von Leuten auf Baxter an", gab Timothy bissig zurück. „Einer wird ihn finden, und es ist anzunehmen, daß er dabei nicht allein ist. Was wollen Sie mit den Zeugen machen, umbringen?"

„Notfalls ja. Aber wir wollen ihn finden, bevor er unter die Leute kommt. Außerdem, das einzige, was Samuel Baxter sichtbar von einem normalen Menschen unterscheidet, ist, daß er vier Arme hat."

„Vier Arme?"

„Ja, eine Doppelschulter."

Sie ließ ihm Zeit, sich das vorzustellen und sich von dem Gedanken zu erholen.

„Damit es nicht auffällt, trägt er Spezialkleidung, in der er das zweite Paar Arme verbergen kann. Außerdem haben wir Mister Super-X."

„Mister Super-X?"

„Sagen Sie nicht, daß Sie noch nicht von ihm gehört haben! Er ist das Gespräch des Tages!"

„Keine Silbe. Aber ich habe in den letzten Tagen wie verrückt gearbeitet und mich dann gleich in die Vainity geflüchtet. Die Nachrichten hatte ich mir für danach aufgehoben. Wer ist dieser Mister Super-X?"

„Ein Reklamegag. Ein Mann mit vier Armen, der von einem anderen Stern gekommen ist, um die Erde für die neuen Super-X-Cornflakes zu erobern. Wir haben ein paar Dutzend Leute mit einem zweiten Paar Arme ausgestattet und als Werbetrommler auf die Straßen geschickt. Gut, was?"

„Sehr klug." Timothy genehmigte sich einen dritten Whisky.

Die Bachstelze wollte immer noch keinen.

„Erzählen Sie", forderte Timothy. „Alles. Von Anfang an."

„Der Ausgangspunkt", begann sie, „ist Fort Baxter. Es liegt auf halber Strecke zwischen Chicago und Saint Louis am einstigen Illinois-River. Sie werden die Ecke nicht kennen, Tiny. Eine lausige Gegend! Das Lausigste, was es in ganz Illinois, wenn nicht in den Staaten überhaupt, gibt. Fort Baxter liegt in dem verlassenen Streifen zwischen den Muddies, den Müllwüsten von Chicago im Norden und denen von Saint Louis im Süden. In dieser Einöde, in die sich unter Garantie nie eine Menschenseele verirrt, geschweige denn freiwillig begeben würde, abgeschirmt durch die nahezu undurchdringlichen Muddies, liegt Fort Baxter, inmitten einer Zone dieser entsetzlichen, unbeschreibbar stinkenden, dreckigen Smog- und Mudd-Stürme. Die Versuchsstation selbst soll eine Oase sein, in der es sich herrlich leben läßt. Selbstverständlich ist sie durch eine Klimasphäre gegen die Stürme abgeschirmt. Und gegen unerwünschte Besucher."

„Wie ist Baxter denn herausgekommen?"

„Ganz offiziell. Es war ein Experiment. Er sollte versuchen, die Müllwüsten zu durchqueren, ein Test seiner Intelligenz. Er wurde zusammen mit einem Begleitkommando etwa fünfzig Kilometer nördlich von Fort Baxter abgesetzt. Der Versuch begann normal. Baxter bekam die letzten Instruktionen, schulterte seine Ausrüstung und machte sich auf den Weg. Bis zum Abend hatte er bereits zwölf Kilometer zurückgelegt und bekam die Erlaubnis, sein Nachtlager aufzuschlagen."

„War jemand bei ihm?"

„Nein, er war nur durch Funk mit der ‚Bodenstation', wie sie es nannten, verbunden. Er sollte ganz auf sich gestellt sein; wie ein Astronaut auf einem anderen Stern, und, Tiny, es sieht dort verdammt mehr nach einem fremden Stern aus als nach unserer Erde. Ich habe Aufnahmen gesehen."

„Ich kann es mir vorstellen", sagte Timothy, „ich war vor Jahren einmal in den Muddies von Cleveland und am Eriesee."

„Stimmt ja! Baxter hat den Count down vor dem Schlafen richtig durchgegeben. In der Nacht ist die Verbindung abgerissen. Man hat gleich versucht, sie wiederherzustellen, aber vergeblich. Und die Hubschrauber des Suchtrupps mußten umdrehen, weil sie in einen Müllsturm gerieten."

„Vielleicht ist Baxter darin umgekommen?"

„Das befürchtete man zuerst. Doch man fand keine Überreste, keine Leiche, nichts von seiner Ausrüstung. Vorgestern hat man nun eine Spur entdeckt: Konservenreste, die einwandfrei identifiziert werden konnten. Sie befanden sich etwa zwanzig Kilometer nördlich in Richtung Chicago. Daraufhin wurde ein Krisenstab gebildet. Als man trotz Großeinsatz von elektronisch bestückten Hubschraubern und Flugzeugen nichts finden konnte, wurden alle Zufahrtswege nach Chicago doppelt gesichert, der Steckbrief herausgegeben und Mister Super-X ins Leben gerufen. Baxter ist sehr intelligent. Es ist zu befürchten, daß er bis nach Chicago kommt. Stellen Sie sich vor, er geriete mit dem UNDERGROUND in Berührung! Nicht auszudenken! Sie werden es vielleicht nicht für möglich halten, Tiny, aber diese Banditen finden immer wieder eine Möglichkeit, die Sperren zu durchbrechen und jemand nach DRAUSSEN zu schmuggeln. Stellen Sie sich den Skandal vor, wenn Baxter DRAUSSEN auftauchen würde! Wir müssen ihn finden. Ich setzte große Hoffnungen in Sie, Tiny, fast möchte ich sagen: alle meine Hoffnungen. Sie sind Spezialist für außerordentliche Fälle, und dies ist einer. Und was Ihr Honorar betrifft, setzen Sie es selbst fest, sobald Sie Baxter gefunden haben. Außer den üblichen Tagesspesen, versteht sich. Wir haben alle Vollmachten. Alle."

„Ich werde darüber nachdenken, was ich mir wünschen könnte. Aber sagen Sie mir eins, Debby, warum diese Versuche? Warum dieses Risiko? Was, zum Teufel, können uns Monster nützen, und wenn sie sechs Arme und hundert Beine hätten? Ist diese Welt nicht schon schrecklich genug?"

„Sind Sie wirklich so weltfremd? Gibt Ihnen Ihr berühmtes Gehirn nicht selbst die Antwort? Baxter und Co. werden eines Tages unsere Geheimwaffe sein, um mit denen DRAUSSEN fertig zu werden."

4.

Timothy prustete laut los. Es dauerte lange, bis er sich wieder beruhigte. Die Bachstelze sah ihn mit unbewegtem Gesicht an.

„Entschuldigen Sie", sagte Timothy, „aber der Witz war zu gut. Mit DRAUSSEN fertig werden, wir! Das können Sie einem Klippschüler erzählen, aber nicht mir."

„Es ist bitterer Ernst", erwiderte die Bachstelze. „Natürlich denke ich nicht an Krieg oder ähnliches. Es sieht leider nicht so aus, als ob noch irgend etwas rückgängig zu machen wäre, zumindest nicht zur Zeit. Aber den Status quo, Tiny, den müssen wir erhalten. Mit allen Mitteln. Warum lassen die DRAUSSEN uns denn in Ruhe, obwohl sie soviel stärker sind? Sie haben das größere Potential, Menschen und Material, sie beherrschen das Wasser und die Atmosphäre, sie besitzen die Bodenschätze fast der ganzen Erde und des Mondes, und eines Tages werden sie auch noch den Mars und die Venus in Besitz nehmen. Und eines Tages werden sie in der Lage sein, unsere Isolation aufzubrechen, ohne Furcht vor den Vergeltungswaffen, den Nihilations-, Virus- und Nervenfraßbomben haben zu müssen. Im Vertrauen, Tiny, unsere Wissenschaft und Wirtschaft stagnieren nahezu seit Jahren. Doch es gibt ein Gebiet, auf dem wir denen DRAUSSEN überlegen sein können, und das kann sich eines Tages als das alles entscheidende Gebiet erweisen: der Mensch! Sie selbst haben sich mit den Konventionen den Weg verbaut, diese Waffe zu nutzen. Wenn es uns gelingt, einen Menschen mit doppelter Gehirnmasse und vervielfachter Leistung zu züchten, dann haben wir wieder eine Chance." Die Bachstelze nickte Timothy zu, daß ihre Hängebäckchen zitterten. „Vielleicht sogar eine größere Chance, als nur die Freiheit zu verteidigen. Deshalb diese Versuche, Tiny, und Baxter ist nur ein erstes, aber vielversprechendes Ergebnis."

Sie angelte nach ihrer Tasche und holte ein paar Folien hervor.

„Gehirnmasse sieben Prozent plus", las sie vor, „bezogen auf den menschlichen Durchschnitt. Die Denkgeschwindigkeiten liegen bei hundertzehn Prozent, die Effizienz sogar bei einhundertundvierundzwanzig, die Gehirnspeicherkapazität konnte noch nicht ermittelt werden; man hat bisher noch nichts entdecken können, was er vergessen hätte."

„Armer Bursche", entfuhr es Timothy.

„Wieso arm?"

„Ist es nicht eine der schönsten Eigenschaften, daß man vergessen kann? Wie soll man ohne die barmherzige Gabe des Vergessenkönnens leben? Ist es ein Wunder, wenn dieser Baxter durchdrehte? Er wird den Verstand verloren haben. Wie wollte man eigentlich kontrollieren, ob er nicht doch etwas vergessen hat?"

„Alle Informationen, die er bekam, sind in einem Computer gespeichert worden. Bedenken Sie, Baxter ist im Fort, in einer absolut kontrollierbaren Umgebung, aufgewachsen. Dies war sein erster Ausflug."

Timothy goß sich den vierten Whisky ein, stellte ihn dann aber beiseite.

„Ein weiterer Vorzug sind seine vier Arme. Er ist ausgebildet worden, zwei Programme gleichzeitig und unabhängig voneinander abzuwickeln. Hier, das ist er."

Sie reichte ein Foto hinüber.

„Himmel, das ist ja noch ein Kind!" rief Timothy.

„Was heißt Kind! Er ist sechzehn, aber so intelligent wie wir beide nicht. Und er kennt keine Gefühle! Nicht einmal sich selbst gegenüber, er reagiert rein logisch!" Die Bachstelze hatte sich in Begeisterung geredet, ihe Wangen glühten.

„Sind Sie sicher? Ein Mensch ohne Gefühle?"

„Ja, phantastisch, nicht wahr? Ohne Gefühle, ohne Ablenkungen, ohne Zeitverschwendung."

„Ich muß mehr über ihn erfahren, viel mehr."

„Dies hier ist alles.“ Die Bachstelze reichte ihm die Folien. „Sie hätten nicht einmal soviel erfahren, wenn ich nicht für Sie gebürgt hätte. Trotzdem steht vor der Tür ein schwerbewaffnetes Begleitkommando, das dafür sorgen soll, daß die Unterlagen sicher und vollständig wieder zurückkommen.“

Timothy überflog die Folien. Es war erbärmlich wenig, vor allem die grundlegenden Denkstrukturen und eine Übersicht über die Informationsblöcke, mit denen Baxter gefüttert worden war, dazu ein paar Anhaltspunkte über Verhaltensweisen und eine Beschreibung des Ortes, an dem die Verbindung zu Baxter abgerissen war. Kein Hinweis auf seine Herkunft und Aufzucht. Timothy sah noch einmal nach, tatsächlich, nicht einmal, daß Baxter vierarmig war, stand da.

„Keine Notizen?“ fragte Timothy.

„Keine Notizen.“

Timothy prägte sich den Inhalt der Folien ein. Für eine halbe Stunde konnte er sich auf sein nahezu fotografisches Mittelkurz-Gedächtnis verlassen. Bis dahin mußte er die Bachstelze losgeworden sein. Sie stand von allein auf und nahm die Folien an sich.

„Das Foto können Sie behalten.“

„Diese Informationen reichen nicht, das ist Ihnen doch klar, Debby? Ich muß einen seiner – wie sagt man? – Erfinder sprechen.“

„Unmöglich. Sie unterschätzen noch immer, was es mich gekostet hat, Ihnen überhaupt soviel Informationen geben zu dürfen.“

„Dann kann ich Ihnen nicht helfen.“

„Sie haben sich verpflichtet.“

„Alle meine Kräfte einzusetzen, ja. Doch meine Kräfte sind gefesselt. Es ist auch in Ihrem Interesse, denke ich.“

Deborrah Johnson nickte zustimmend.

„Ja“, sagte sie, „ich möchte mich nicht gleich zu Anfang meines neuen Jobs blamieren. Aber es ist unmöglich, bestimmt.“

Timothy dachte nach. Die Bachstelze blieb geduldig neben seinem Sessel stehen.

„Was ist mit seinen Betreuern?“ fragte Timothy. „Er muß doch Betreuer haben, einen Haufen Personal, das ihn umsorgt, ihn großgezogen hat. Vielleicht gibt es jemand, der nichts von den eigentlichen Versuchen verraten könnte, mir aber Informationen über Baxters alltägliches Verhalten geben kann?“

„Ich habe wenig Hoffnung, aber ich will mich umsehen. Lassen Sie mich hinaus?"

Da Timothy wußte, wie genau die Bachstelze ihn jetzt beobachten würde, machte er eine Reihe überflüssiger Handgriffe; er schaltete die Luftversorgung herauf, ließ im Wohnzimmer die Fensterjalousien schließen und das Licht aufflammen, ließ die Goldfische füttern, das Kaffeewasser anheizen und Badewasser einlaufen, dabei ruhte seine linke Hand etwa zehn Sekunden lang auf dem Tast-Identificator der Armlehne. Kurz darauf öffnete sich die Tür des Mausoleums. Deborrah Johnson stürmte hinaus, Timothy hatte Mühe, ihr zu folgen. An der Wohnungstür drehte sie sich noch einmal um.

„Ich rechne fest mit Ihnen, Tiny. Sie müssen es schaffen. Es wird Ihr Schade nicht sein."

Timothy verriegelte die Tür hinter ihr. Dann holte er seinen Whisky und setzte sich zu Napoleon.

„Ach, alter Junge", stöhnte er. „Wenn du wüßtest, wie schmutzig die Welt ist, du würdest dir die Sicherungen aus dem Leib reißen."

Er diktierte Napoleon Wort für Wort und Ziffer für Ziffer den Inhalt der geheimen Folien; auf eine Code-Frequenz, versteht sich. Dann instruierte er den Communicator. „Ich gehe baden und dann ins Bett und bin für niemanden zu sprechen außer für Deborrah Johnson."

„Zum Teufel mit ihr", fügte er noch hinzu, doch erst, nachdem er die Empfangsdiode geschlossen hatte.

5.

Timothy fühlte sich frisch, als er erwachte. Er frühstückte ausgiebig, obwohl es mitten in der Nacht war, bereitete sich einen Bohnenkaffee und setzte sich zu „Schneewittchen". Die Sonic tönte leicht und beschwingt. Fast eine Stunde saß er bei ihr, wippte im Schaukelstuhl und gab sich den zarten Tongespinsten hin, die „Schneewittchen" über ihn ausströmen ließ. Dann gab er Baxters Foto in den Spectomaten, stellte das Bild auf Lebensgröße und dirigierte es so auf die Bildwand, daß er Samuel Baxter gerade in die Augen sehen konnte. Große, klarblaue Augen. Ein Dutzendgesicht. Ein junger Bursche, wie es sie zu Tausenden gab, blond, weißhäutig, leicht abstehende

Ohren, das sah man trotz der dichten, schulterlangen Haare, Sommersprossen, eine noch nicht voll ausgebildete Nase, ein Grübchen am Kinn. Er schien ein wenig traurig dreinzuschauen, doch das konnte täuschen. Timothy vergrößerte das Bild auf Wandhöhe und ließ den Eindruck auf sich wirken. Baxter sah tatsächlich traurig aus. Keine Gefühle? Bah! Als ob es das geben konnte: ein Mensch ohne Gefühle. Und ein Mensch war es wohl trotz allem, oder?

Timothy ließ Napoleon aufsagen, was er ihm über Baxter eingegeben hatte. Verdammt wenig. Ohne zusätzliche Fakten lohnte es sich kaum anzufangen. Er holte die Landkarte von Illinois und den Stadtplan von Chicago aus dem Geheimschrank. Wenn die Bachstelze wüßte, daß ich so was besitze, dachte er vergnügt, sogar Meßtischblätter – und die neuesten dazu!

Um sieben Uhr rief er Josuah Trevers an und ließ sich über Mister Super-X informieren; wozu hat man den Hauptarchivar der größten Nachrichtengesellschaft zum Freund? Timothy entschuldigte sich nicht, daß er ihn schon beim Frühstück überfiel, und Joe beklagte sich nicht; er hatte sich längst Klagen an Timothys Adresse abgewöhnt. Und neugierige Fragen. Es mußte ein gigantischer Rummel sein, Joe fluchte Stein und Bein über Mister Super-X.

„So ein Aufwand wegen Cornflakes!“ schloß er. „Als ob es nicht völlig egal ist, welche Sorte man in sich hineinschlingt, der ganze Fraß stammt doch ohnehin aus ein und derselben chemischen Fabrik.“

Timothy lud ihn zum Essen ein. Er versprach Joe Fisch, einen frischen Hecht. Sobald er ihn beschaffen konnte. In echter Butter. Von Baxter hatte Joe selbstverständlich gehört. Die ICC würde nichts von der Großfahndung bringen, keine der Nachrichtengesellschaften.

„Die Polizei ist komischerweise nicht daran interessiert“, sagte Trevers, „Hast du eine Ahnung, warum?“

„Nein“, entgegnete Timothy, „wie sollte ich!“

„Mir egal“, brummte Joe. „Es wird nach so vielen Leuten gefahndet. Ob Baxter oder ein anderer, eines Tages landen sie alle bei mir im Archiv. Als zerschossene oder zerstückelte oder gehenkte und geachtteilte Leiche. Das heißt, wenn sie es wert waren, die Aufmerksamkeit der Öffentlichkeit zu beanspruchen.“

Kurz nach acht kam Deborrah Johnson. Sie ließ sich nicht anmelden, sie klingelte gleich an der Wohnungstür. Timothy versteckte schnell die Meßtischblätter. Sie wollte nicht einmal eintreten.

„Keine Zeit, Tiny. Ich wollte Ihnen nur etwas bringen.“

Sie winkte, und drei bewaffnete Polizisten führten einen Mann herbei.

„Das ist alles, was ich auftreiben konnte“, sagte die Bachstelze. „Dieser Mann steht Ihnen genau eine Stunde zur Verfügung.“

Bevor Timothy sich von seinem Staunen erholt hatte, war sie schon wieder verschwunden. Die Polizisten postierten sich vor Timothys Appartement. Der Sergeant blickte stur auf die Tür, die beiden anderen sicherten nach den Seiten. Timothy zog den Mann in die Wohnung; er war etwa sechzig, mittelgroß, hatte eine Kolbennase, wäßrige Augen und sehr lange Ohrläppchen. Er trug einen Yllicord-Anzug, der an Ellenbogen und Knien abgewetzt war. In den breiten, rissigen Händen drehte er eine Schirmmütze.

Besonders intelligent sieht er ja nicht gerade aus, dachte Timothy. Er hielt ihm die Hand hin. „Ich bin Timothy Truckle.“

„Pat –“ Der andere brach mitten im Wort ab und grinste verlegen.

„Darf ich Ihnen ja gar nicht sagen.“ Er sprach stockend und mit dem Akzent der Upperslums.

„Macht nichts“, sagte Timothy. „Was kann ich Ihnen anbieten? Kaffee, Tee, Schnaps, Bier, Meskalino –“

„Tee“, sagte der andere, „ich trink immer Tee.“

„Welche Sorte? Ich kann Ihnen echten russischen oder chinesischen Tee anbieten.“

Der andere blickte verständnislos. „Na, Tee!“

Timothy dirigierte ihn in den Tagesraum, forderte ihn auf, sich irgendwo hinzusetzen, eilte in die Küche und brühte einen starken, schwarzen grusinischen Tee. Als er mit dem Servicewagen in das Zimmer kam, saß sein Besucher im Schaukelstuhl vor Baxters Bild und zog die Mütze wie einen Rosenkranz durch die Finger. Aus seinen Augenwinkeln lösten sich Tränen und glitten über die faltigen Wangen. Timothy fuhr den Servicewagen neben den Schaukelstuhl und ließ seinen Sessel danebengleiten.

„Entschuldigen Sie." Der Alte schnaufte. „Ich hoff' ja immer noch, daß Sammy nischt passiert is, trotzdem."

Timothy goß ihm Tee ein. Der Alte nahm bedächtig einen Schluck, sah Timothy mit großen Augen an, nahm einen zweiten Schluck und schlürfte dann hastig die Tasse leer, als habe er Angst, man könne sie ihm wieder wegnehmen.

Timothy goß gleich nach.

„So 'n guten Tee hab' ich mein Lebtag nicht getrunken", sagte der Alte und maß die Kanne mit einem Blick.

„Wenn Sie nett zu mir sind", antwortete Timothy, „schenke ich Ihnen ein Päckchen davon."

„Bin ich", erwiderte der andere eifrig. „Die Chefin hat gesagt, zu Ihnen darf ich offen sprechen. Also fragen Sie nur."

„Sie können Vertrauen zu mir haben", sagte Timothy sanft, „absolutes Vertrauen. Ich werde niemandem verraten, worüber wir gesprochen haben. Und ich habe für alles Verständnis."

Der andere musterte ihn, dann nickte er. „Ja, glaub' ich, wo Sie doch selbst fast so was wie 'n –" Er hielt erschrocken die Hand vor den Mund.

„Wie ein Monster?" ergänzte Timothy freundlich lächelnd.

„Nee, 'n Muta."

„Ein Muta?"

„So nennen wir sie, die Mutierten, wenn Sie wissen, was eine Mutation ist, Mister."

„Weiß ich. Woher kennen Sie Samuel Baxter?"

„Ich war doch sein Nurse!"

„Nurse?" Timothy mußte unwillkürlich kichern, als er sich den ungeschlachten Kerl in der Tracht einer Krankenschwester vorstellte. Er wurde schnell wieder ernst. „Heißt das so in Fort Baxter?"

„Ja, und alle nennen mich auch so."

„Gut, Nurse, erzählen Sie mir von Samuel. Sie hängen sehr an ihm, was?"

„Tu ich. Immer noch. Obwohl ich ihn ja schon ein paar Jahre nicht mehr hab'. War mir der liebste von allen. Hatte ihn richtig ins Herz geschlossen. Ich meine, so 'n Wesen ist doch auch 'n Mensch, hat aber niemand nich, kein' Vater, keine Mutter –"

„Wirklich nicht? Muß nicht jeder Mensch Vater und Mutter haben?"

Nurse setzte sich auf und machte eine gewichtige Miene. Sicher hatte er nur selten Gelegenheit, jemanden zu belehren.

„Also, der Samen, ja? Der kommt in Ampullen. Ebenso das Ei. Kein Mensch weiß, von wem. Stehen ja nur die Dats drauf. Dann wird's befruchtet. Manchmal wird vorher schon dran gedreht, meistens aber erst danach. Dann liegt's vier Wochen im Brutkasten, und wenn's was Interessantes verspricht, wird's dann eingebettet."

„Eingebettet?"

„Klar! Geht doch noch nicht künstlich. Also bekommt's eine von den Tragfrauen eingebettet, bis es ausgereift ist und geboren wird. Aber 'ne Tragfrau ist keine Mutter nich. Ich meine, es ist ja nich ihr Kind, oder? Und sie sieht es ja auch nie, Gott sei Dank. Die meisten möchten 'n Schock kriegen, wenn sie sehen, was sie da ausgetragen haben." Er hielt seine Tasse hin. Timothy goß ein. Für sich einen großen Whisky. Es war noch viel zu früh für Whisky, aber jetzt brauchte er einen. Wenn das so weitergeht, dachte er, werde ich über diesem Fall noch zum Säufer.

„Die meisten sterben ja gleich wieder", fuhr Nurse fort. „Oder sie werden annulliert. Viel Ausschuß. Ich hab' lange auf Station eins gearbeitet, ich kenn' mich aus. Solange man noch nicht genau weiß, wie das mit der Mutation funktioniert, braucht man eben viel Material, ist doch klar."

„Sammy war also ein Zufallstreffer?"

„Und ob! Ich meine, mir sagt ja keiner was, aber so doof, wie die Eierköppe mich halten, bin ich nicht. Seit seiner Geburt versuchen sie, es zu wiederholen. Aber sie schaffen's nicht. Nie werden sie's schaffen, nie! Ich sage Ihnen, Mister, der Herr läßt sich nicht in seine Karten gucken. Sie können mal aus Versehen 'n Trumpf erwischen, mehr nicht. Sammy ist einmalig." Er sah Timothy mit strahlenden Augen an. Dann winkte er zu dem wandgroßen Porträt. „Sie mögen ihn auch, was?"

„Er wirkt sehr sympathisch. Was hat ein Nurse zu tun?"

„Na, für seinen Schützling zu sorgen. Wenn die Mutas klein sind, ist da viel Arbeit, saubermachen, anziehen, füttern, für die Sachen sorgen, auch mal spielen; ich mein', so 'n Muta hat ja 'ne Menge Leute, die sich um ihn kümmern, Lehrer, Erzieher, Dispos und so, aber der Wichtigste ist und bleibt der Nurse, oder? Auch wenn sie dann größer werden. Ist dann so 'ne Art Butler, wenn Sie wissen, was ich meine, Mister."

„Ich glaube schon.“

„Wir haben uns schnell angefreundet, Sammy und ich. Vielleicht hat er gemerkt, daß er mir leid tat. Aber ist auch nicht schwer. Ich sage Ihnen, Mister, so ’n Muta ist was von anhänglich, na, Kunststück, wo unsereins ihm schließlich Vater und Mutter ersetzen muß. Und was hat so ’n Wesen schon vom Leben? Nehmen Sie Sammy: acht Stunden Schlaf, aber selbst da muß er noch lernen, eine Stunde Hygiene, vier Stunden Körperertüchtigung, sechs Stunden lernen, vier Stunden technisches Training, bleibt eine Stunde Freizeit. Und das seit seinem fünften Lebensjahr.“

„Und das Essen?“ fragte Timothy.

Nurse winkte ab. „Wollen Sie das essen nennen? Sammy schlingt sein Zeug ’runter und fertig. Ist ihm doch egal – ach ja, können Sie ja nicht wissen. Hat doch keine Geschmacksnerven. Sie können ihm vorsetzen, was sie wollen, schmeckt ihm alles gleich, nämlich nach gar nichts. Den Eierköppen ist’s recht. Braucht er nicht soviel Zeit für Nebensachen, haben sie gesagt. Riechen kann er ja auch so gut wie nichts, und sein Tastsinn – Sie, Mister, einmal hab’ ich ihn erwischt, wie er die Finger ins Feuer hielt, er wollte sehen, wann er es fühlt. Die Haut war schon angekohlt. Klar, die Eierköppe sind zufrieden. Ist er nicht so empfindlich, sagen die. Mit irgendwas muß man den Fortschritt immer bezahlen, oder?“

Timothy zuckte mit den Schultern.

„Wenn Sie irgendwo was dazutun, Mister, fällt woanders was weg. Ist immer so. Die zweiten Arme und seinen Grips bezahlt Sammy eben auf diese Art. Aber er ist dabei zufrieden. Er weiß es ja auch nicht anders. Die Eierköppe sagen ihm immer nur, was wunder Besonderes er ist. Ist er ja auch auf seine Art.“

„Hat Sammy wirklich keine Gefühle?“

„Ja, Mister, ehrlich, ich weiß es nicht.“

„Wenn Sie es nicht wissen, Nurse, wer dann?“

„Das hängt wohl alles zusammen, ich meine, wo er doch nicht schmecken und riechen und tasten kann, andererseits, ich meine, irgendwo ist jeder ein Geschöpf des Herrn, wie sehr sie auch an ihm herumgedoktert haben mögen. Und ich lass’ mir nicht ausreden, auch Mutas haben ’ne Seele; Sammy bestimmt. Und wer ’ne Seele hat, der muß auch fühlen können, irgendwo. Vielleicht kann er’s nur nicht so zeigen? Sie haben ihn doch von klein an drauf gedrillt, keimfreie Erziehung und so, keine personellen Bindungen, deshalb haben sie ja auch immer wieder den Nurse gewechselt. Einmal dacht' ich schon –"

Nurse lehnte sich zurück und betrachtete Baxters Bild.

„Was war da?"

„Ach, nichts."

Timothy ging in die Küche und holte zwei Päckchen Tee.

„Damit wir es nachher nicht vergessen."

„Danke, Mister, vielen Dank."

„Also", forderte Timothy auf, „reden Sie schon, Nurse."

„Vielleicht war's ja auch gar nichts, und es ist schon Jahre her."

„Ich möchte es trotzdem wissen."

„Aber Sie dürfen's keinem erzählen, okay?"

Timothy versprach es, er schwor es sogar.

„Das war so: Sammy hat mir leid getan, nur Technik und Wissenschaft und Sport und so. Ich frage Sie, Mister, ist das richtig? Ich meine, 'n Mensch muß noch was anderes haben, was Höheres, das über ihm steht. Na, da hab' ich ihm eines Tages von Gott erzählt, aus'm Neuen Testament, was ich noch so wußte. Er konnt' gar nicht genug hören. Da hab' ich ihm abends was vorgelesen, heimlich natürlich, weil wir den Mutas doch keine Informationen nicht geben dürfen, die nicht durch'n Computer laufen. Aber ich frage Sie, Mister, ist der liebe Gott 'ne Faktengruppe? Trotzdem, Sammy wußte, daß er nichts weitererzählen durfte. Und eines Tages hab' ich ihm sogar Patricks Prophezeiung vorgelesen. Nicht, daß ich 'n Patrick-Anhänger bin, ganz im Gegenteil, aber ich dacht', das wär' das richtige für Sammy. Sie kennen doch Patrick?"

Timothy nickte, obwohl er keinen blassen Schimmer hatte. Aber er wollte auf keinen Fall Nurse unterbrechen. Der grinste verlegen.

„Aber sollt' ich dem armen Sammy nicht 'n bißchen Trost gönnen? Er wußte doch, daß er den ‚Rightmen'*, wie er immer sagte, unheimlich war, wenn sie ihn nicht sogar verabscheuten. Als er nu wieder mal davon sprach – und wie er davon sprach, Mister! –, so sachlich, als müßt' es so sein, und da war er erst dreizehn! Na, da hab' ich ihm Patricks vorgelesen, und da, Mi-

---

* Wortspiel: soviel wie richtige Menschen; write-men: soviel wie Schreiber, Protokollierer.

ster, hatt' ich so was wie 'n Gefühl gemerkt, er nahm meine Hand und drückte sie, aber dann haben sie mich ja auch bald versetzt."

„Ist Sammy wirklich so intelligent?"

„Und ob! Der denkt schneller als jeder andere. Schach wollt' keiner mehr mit ihm spielen; sogar der Computer hat verloren, na, nicht verloren, aber nur 'n Unentschieden geschafft, und das ist gegen 'n Computer doch so gut wie gewonnen, oder? Und ein Gedächtnis hat er! So 'n Gedächtnis, sagt der Chef, hat's noch nie gegeben. Hoffentlich ist ihm nichts zugestoßen. Wissen Sie nicht, was passiert ist? Mir sagt ja keiner was."

„Ich weiß es auch nicht, noch niemand. Aber wir finden ihn bestimmt bald. Unversehrt. Hatte Sammy ein Hobby? Was machte er in der Freistunde?"

„Meistens hat er vorm Bildschirm gesessen und sich technische Sendungen angesehen, er war doch ehrgeizig, was, wollt' immer noch mehr schaffen, als sie ihm aufgegeben haben. Einmal hat er sich ja Tiere gehalten, aber auch nur für Experimente." Nurse machte ein Gesicht, als erinnere er sich nicht gerne daran. „Aber woher sollte er auch Ehrfurcht vor der Kreatur herhaben? Gerade er."

„Wie war sein Tagesablauf? Oder nachts, träumte er? Was?"

Da klingelte es. Der Sergeant stand in der Tür.

„Die Stunde ist um."

Timothy versuchte vergeblich, noch ein bißchen Zeit herauszuschinden.

„Schade", sagte Nurse. „War richtig nett bei Ihnen, Mister. Hoffentlich finden Sie Sammy bald. Sie tun alles für ihn, nicht wahr? Sie sind sein Freund, das spür' ich."

Er steckte die beiden Päckchen Tee ein und ging hinaus.

6.

„Was weißt du über Monster?" fragte Timothy Napoleon.

\+ + was ist „monster"? + n. + + +, tickte Napoleon zurück.

„Dummkopf", brummte Timothy. „Weißt du wenigstens was über Religion? Kennst du das Neue Testament und das Alte Testament, und kennst du Patrick?"

+ + altes testament: ja + neues testament: ja + patrick: ja + n. + + +

„Wer war dieser Patrick?“

+ + evangelist in detroit ausgang des 20. jahrhunderts, eigentlich automobilarbeiter + sekte bis ins vorige jahrzehnt nachgewiesen + zeichen: kreuz mit doppelbalken + n. + + +

„Und wie heißt seine Prophezeiung?“

+ + keine ahnung + n. + + +

„Dann wird es Zeit, daß du etwas für unsere Bildung tust“, sagte Timothy. „Bestell sofort Patricks Prophezeiung bei der Zentralinformation.“

Er schluckte zwei Rosaperlen und legte sich hin, doch er konnte nicht einschlafen. Nicht, weil es erst Mittag war; er fühlte sich hundemüde, aber seine Gedanken gaben keine Ruhe.

Er überlegte nicht, wie er Baxter auf die Spur kommen könnte. Ihn zu finden war das eine, aber was dann? Ihn ausliefern? Mußte nicht die ganze Welt erfahren, was in Fort Baxter und wer weiß wo sonst noch überall ausgebrütet wurde? Aber wie?

Viel einfacher war es, nichts zu tun, Geschäftigkeit vorzutäuschen und sich aus allem herauszuhalten. Dank würde er ohnehin nicht ernten, im Gegenteil. Wenn er Baxter fand, ihm gar begegnete, wurde er zum Mitwisser eines gefährlichen Staatsgeheimnisses, ein Todeskandidat. Aber war er das nicht jetzt schon? Und konnte er wirklich so tun, als wisse er von nichts?

Timothy fluchte lauthals, daß er sich jemals so weit mit der Bachstelze eingelassen hatte, daß die ihm Vertrauen schenken konnte, wenn auch aus durchsichtig egoistischen Motiven. Und daß er solch ein Idiot sei, sich den Luxus eines Gewissens zu leisten.

Ja, einfach die Hände in den Schoß legen und abwarten. Irgendwann würde irgendwer Baxter aufgabeln, und wenn er Glück hatte, würde die Bachstelze niemandem verraten, wieviel Timothy von ihr erfahren hatte, und man würde ihn in Ruhe lassen. Warum mußte sie mit diesem Fall zu ihm kommen!

Wer war hier eigentlich wirklich der Klient, die Vereinigten Staaten von Amerika oder die Bachstelze? Oder die weißbekittelten Verbrecher von Fort Baxter? Nicht vielmehr der arme

Samuel Baxter oder die Weltöffentlichkeit? Und er selbst! Diesmal ging es auch um seinen Kopf.

Er grübelte lange, irgendwann schlief er endlich ein. Als er wach wurde, schaltete er Baxters Porträt ins Mausoleum und schloß sich ein. Er wanderte unruhig auf und ab und blieb immer wieder vor dem Gesicht stehen, sah es lange an, sprach zu ihm.

„O Samuel!“ sagte er. „Wer soll dir helfen? Und wie? Weißt du überhaupt, in was du mich gestürzt hast? Warum bist du verschwunden? Hast du dir in deinem superschlauen Köpfchen wenigstens was dabei gedacht? Bist du ausgerissen? Warum? O Samuel, am liebsten würde ich mich für ein paar Tage verkriechen. Kann denn niemand mich armen, kleinen Mann in Ruhe lassen? Müßt ihr mir immer alles aufhalsen?

Was soll ich tun? Soll ich gar hoffen, du wärest schon tot? Oder ein anderer entdeckte dich und befreite meine schmalen Schultern so von der Last der Verantwortung?

Ich kann doch nicht so tun, als interessiere mich dein Schicksal nicht, als sei es mir gleichgültig, ob du wieder als Versuchskaninchen nach Fort Baxter gebracht wirst, als sei es mir egal, ob die Welt von dir und deinen noch ärmeren Geschwistern erfährt.

Ich muß dich finden. Ich und kein anderer. Damit du nicht wieder im Dunkeln verschwindest, sondern Zeugnis wider deine Erzeuger ablegst! Aber wie? Wie! Nicht einmal mit meinen Freunden kann ich mich beraten.

O Samuel, was weißt du von dieser Welt. Du kennst sicher nicht einmal das erste Gebot des Überlebens: Gib niemandem ohne zwingenden Grund eine gefährliche Information; lerne schweigen, ohne zu ersticken!

Entschuldige, Samuel, vierarmiger Bruder, daß ich dich so angeschrien habe. Es mußte sein. Ich würde platzen, könnte ich nicht ab und zu meine Not hinausschreien.“

Timothy setzte sich und hörte ab, was er gerade von sich gegeben hatte, grinste verlegen, löschte den Kristall, löste ihn in Säure auf und spülte die Lösung durch den Abfluß. Dann holte er sich von Napoleon die Notfrequenz des Großen Bruders und setzte eine mehrfach verschlüsselte Botschaft ab: fünf Zahlengruppen, die wiederum für andere Zahlen standen, Kennziffern des Katalogs der Chicagoer Tiergärten: Aal – Regenwurm – Bernhardiner – Lachtaube – Maulwurf.

Timothy schmunzelte. Es bereitete ihm immer wieder Vergnügen, daß dieser Code im Grunde so einfach war, daß die Geheimdienste, falls sie ihn je entziffern würden, sich vor Wut in den Hintern beißen müßten. Weil er so einfach war. Die Nachricht hieß: Absolutes Schweigen. – Sitze an der Angel, bin verpflichtet. – Prüfe, ob ich bespitzelt werde. – Bereite Boten vor. – Bereite Untertauchen eines Menschen vor.

Danach fuhr Timothy in die „Stardust"-Bar.

„Sie waren lange nicht hier, Mister Tiny", sagte der Barkeeper respektvoll. „Arbeiten Sie wieder an einem Fall?"

„Ja", bestätigte Timothy, „und diesmal im Regierungsauftrag."

Er sagte es so laut, daß mindestens zwei der herumsitzenden Spitzel es hören mußten, vom Barkeeper gar nicht zu reden. Dann versank Timothy ganz in den Anblick des Sonnenunterganges. Als der letzte Purpurstreifen sich lila färbte, gähnte er ungeniert und verabschiedete sich von Melvin, er müsse sofort ins Bett. Aber er legte sich nicht schlafen. Er diskutierte mit Napoleon. Und fluchte immer wieder, wenn er an die Grenzen stieß, die die dürftigen Fakten ihm zogen.

Baxters Denkstrukturen erwiesen sich bei näherer Betrachtung als bedeutungslos, sie waren nicht viel anders als die eines jeden intelligenten, wissenschaftlich gebildeten Menschen, nur daß Baxter ein wenig schneller, weil direkter und präziser, das heißt mit weniger Umwegen und Fehlversuchen dachte. Die einzig verwertbaren Abweichungen von den Normen vergleichbarer Menschen waren die absolute Zweckmäßigkeit seines Denkens, die von keinerlei Gefühlsregungen beeinträchtigte Rationalität und Baxters stur auf die Erreichung des jeweiligen Zieles ausgerichtetes Handeln. Wenn Timothy den Unterlagen glauben wollte.

Gegen Morgen hatten sie ein Bündel Fragen ausgearbeitet.

„Besser als gar nichts", knurrte Timothy. „Wo eine Frage ist, ist Hoffnung."

Er überflog noch einmal die Liste und nahm letzte Korrekturen vor.

1.1. Wie viele und welcher Art von Verbindungen gab es zwischen S. B. und der Bodenstation?

1.2. Rissen alle Verbindungen gleichzeitig ab oder nacheinander? In welcher Reihenfolge und welchen Abständen?

1.3. Wann und wie wurde das Abreißen der Verbindungen bemerkt, sofort oder später? Wieviel später?

2.1. Wie waren die klimatischen und die Wetterverhältnisse, die Sicht am Ort des Nachtlagers?

2.2. Wie reagierte S. B. auf diese Umgebung?

2.3. Wurde das Versuchsgelände überwacht? Wie?

2.4. Gab es Anzeichen für die Anwensenheit fremder Personen, die S. B. mitgenommen oder entführt haben könnten?

2.5. Wann brach der Müllsturm los?

3.1. Welches waren die letzten Informationen, die S. B. über sein physisches und psychisches Befinden gab?

3.2. Hat es am Versuchstag von der Norm abweichende Werte in seinem Befinden gegeben?

3.3. Kann ich die Protokolle der Wahrnehmungen einsehen, die S. B. an die Bodenstation übermittelte? (Wenigstens in gereinigter Fassung!)

3.4. Welcher Art sind die Spuren, die nach dem „Verlust" von S. B. gefunden wurden?

3.5. Gibt es neue Spuren?

3.6. Welche Ausrüstung hat S. B. jetzt bei sich? Was hat er zurückgelassen?

4.1. Könnte S. B. Grund gehabt haben, sich bewußt abzusetzen?

4.2. Gab es Unstimmigkeiten zwischen ihm und dem „Bodenkommando", z. B. verschiedene Ansichten über die Art, die Aufgabe zu bewältigen?

4.3. Hat S. B. jemals vorher den Wunsch nach persönlicher Freiheit oder Überdruß über sein Dasein o. ä. geäußert?

Timothy ließ den Communicator die Fragen in die Chiffre übertragen, die die Bachstelze ihm für diesen Fall dagelassen hatte, und an den Krisenstab senden. Er fügte noch einen Satz hinzu: Wenn ich nicht mehr als bisher erfahre, bin ich hilflos.

Bevor er sich schlafen legte, hörte er noch die Nachrichten ab und die Polizeihauptwelle, auf der die einzelnen Bezirke ihre Turnusberichte an das Hauptquartier übermittelten.

Er konnte jedoch nichts entdecken, was mit Samuel Baxter zu tun haben könnte.

7.

Deborrah Johnson kam noch am Nachmittag. Sie ließ sich in einen Sessel fallen und schüttelte vorwurfsvoll den Kopf.

„Sie mit Ihrem Wunschzettel! Die Eierköpfe von Fort Baxter haben nur gegrinst, als ich ihnen die Fragen vorlegte: no comment, no comment, no comment. Und dann habe ich mir wieder was anhören können. Weil ich Sie eingeschaltet habe."

Timothy bot ihr einen Bourbon an, und diesmal nahm sie an, kippte den Schnaps hinunter und hielt das Glas noch einmal hin.

„Na ja", sagte sie dann in versöhnlicherem Ton, „sie haben sich Ihre Fragen schon genau angesehen, aber sie wollen nichts sagen. Keine Information mehr an Außenstehende. Deshalb bin ich vorbeigekommen. Ich will Ihnen wenigstens mitteilen, was ich weiß."

Sie holte Timothys Liste hervor.

„Wie viele Verbindungen es zwischen Baxter und der Bodenstation gegeben hat, weiß ich nicht, auf jeden Fall Sprechfunk, eine optische Simultanübertragung und automatische Datenübermittlung seines Gesundheitszustandes. Alle sind etwa zur gleichen Zeit abgerissen. Als der Kontrollcomputer Alarm auslöste, weil keine medizinischen Werte mehr von Baxter kamen, hat man festgestellt, daß auch die anderen Verbindungen abgerissen waren."

„Wann war das?"

„Etwa um ein Uhr. Baxter schlief schon seit Stunden, deshalb lief nur noch die automatische Kontrolle."

„Wann hat er sich hingelegt?"

„Gegen acht Uhr, bei Sonnenuntergang. Er war wohl erschöpft, und was sollte er dort nachts auch tun? Außerdem sah sein Programm vor, daß er bei Sonnenaufgang weiterziehen sollte. Es gab übrigens, wie so oft, zwei Müllstürme in dieser Nacht, einen, der nur wenige Minuten dauerte, kurz nach Mitternacht, den zweiten, richtigen dann zwischen zwei und sechs Uhr. Das Gelände wurde nicht besonders überwacht. Es gibt eine Art elektronischen Zaun am Beginn der Muddies, offiziell um zu verhindern, daß jemand in diese Wüste gerät und sich verirrt, in Wirklichkeit natürlich zum Schutz von Fort Baxter; der Luftraum wird mit Sonadar kontrolliert, niemand Fremdes war in der fraglichen Zeit dort."

„Das heißt, Baxter müßte den Zaun durchqueren, wenn er die Muddies verlassen wollte.“

„Ja. Und letzte Nacht hat etwas den Zaun durchquert. Ob es Baxter war? Es wurden keine Spuren in diesem Sektor gefunden.“

„Was sagt die Luftüberwachung?“

„Das Gebiet wird alle halbe Stunde fotografiert. Sie wissen, Tiny, daß man sogar einen einzelnen Schuh auf den Fotos ausmachen kann, aber es fand sich bisher nicht einmal ein Schatten von Baxter. Wenn er noch lebt, muß er sich nachts bewegen und dabei alle Spuren sorgfältig vermeiden. Man hat natürlich versucht, das Gebiet nachts mit Infrarotmaterial aufzunehmen, um seine Wärmespur zu finden, doch in den Muddies gibt es eine derartige Fülle von radioaktiven und thermischen Strahlungsquellen, daß es als sinnlos eingestellt wurde, und außerhalb der Muddies gibt es wiederum zu viele einzelne Objekte. Es ist zum Verzweifeln. Timothy, dieser Fall stellt einige grundlegende Dinge in Frage. Wenn es möglich ist, daß ein so behüteter und programmierter Mann wie Baxter spurlos verschwinden kann, was alles ist dann noch möglich?“

Timothy ging nicht auf ihren Verzweiflungsausbruch ein. „Haben die Leute von Fort Baxter keine Theorie, was geschehen sein könnte?“

„Es scheint, daß jeder seine eigene Theorie hat, aber die verraten sie nicht einmal mir. Über Ihre Fragen, ob sie sich mit Baxter verkracht haben könnten, haben sie laut gelacht. Auch darüber, ob er jemals seine Freiheit gewünscht hätte. Sie hätten Baxter derart unter Kontrolle, daß sie sehr genau wüßten, was er denken könne und was nicht, und Baxter ginge völlig darin auf, seine Programme ordentlich zu erfüllen. Es könne sich nur um einen Unfall handeln.“

„Wenn es Baxter war, der letzte Nacht den elektronischen Zaun durchbrochen hat, wie weit hat er es dann noch bis Chicago?“

„Etwa hundert Kilometer.“

„Und diese Konservenreste, die man gefunden hat, stammen eindeutig von ihm?“

„Ja, eindeutig. Wir hatten insgeheim schon gedacht, Baxter sei in einen der Müllkrater gestürzt, aber gestern wurden Teile seiner Ausrüstung gefunden, kilometerweit vom ersten Fundort entfernt, das wirft diese Theorie über den Haufen.“

Die Bachstelze trank noch einen Bourbon zum Abschied, ermahnte Timothy, fleißig zu sein, und rauschte davon, buchstäblich: Sie trug ein bodenlanges, weites Kleid aus Chinaseide. Timothy diktierte Napoleon sein spärliches neues Wissen.

„Was meinst du", fragte er ihn, „ob Baxter weiß, daß er gesucht wird? Ob er sich bewußt versteckt?" Dann gab er Napoleon kombinationsfrei und sagte: „Nun denk mal schön." Er selbst legte sich schlafen.

Als er am nächsten Morgen ausgeschlafen und dementsprechend gutgelaunt erwachte, lag in Napoleons Geber ein kurzer Streifen: + + annahme, s. b. lebt und ist nicht hilflos (verschüttet o. ä.), dann hätte er einen weg für kontakt gefunden + hat s. b. ein/kein programm für den notfall? + es gibt nur eine erklärung, warum er weder kontakt noch hilfe sucht und sich verbirgt: er will nicht + wenn s. b. so intelligent ist wie behauptet, warum sollte er dann auch input stoppen und nicht nur output? + wenn s. b. aber informationen empfängt, weiß er, daß er gesucht wird + weiß s. b. auch wie? + n. + + +

„Dir ist auch nicht mehr eingefallen als mir", maulte Timothy. Er wanderte unruhig vor Napoleon auf und ab und sprach leise vor sich hin.

„Was ist zwischen acht und ein Uhr passiert? Das ist die Kernfrage. Was hat Baxter getan? Er schlägt sein Nachtlager auf. Was bedeutet das? Er wird ein Zelt aufbauen oder eine Art Schlafsack vorbereiten. Bestimmt auf einem kleinen Hügel. Schutzvorrichtungen aufstellen. Essen schlucken. Count down an die sogenannte Bodenstation. Und dann? Einfach hinlegen und einschlafen?"

Unsinn, dachte er, Baxter ist auch nur ein Mensch, und er ist das erste Mal fort von zu Hause, wenn man Fort Baxter ein Zuhause nennen kann. Und er ist neugierig; je rationaler einer veranlagt ist, desto neugieriger.

„Mag er noch so müde und erschöpft sein", fuhr Timothy laut fort, „dies ist der erste Abend, an dem er allein und außerhalb von Fort Baxter ist. Dazu in dieser Welt! Die erste Nacht außerhalb der Klimasphäre von Fort Baxter, die bestimmt ein besonders schönes Blau zeigt. Und was sieht er? Tote oder zitternde, wogende, aufbrechende Halden, Schlammsumpf, Nikkeldämpfe und Kobaltpaffer, Salpeterbüsche und Perlongestrüpp, Silikatgesträuch, Rostbrand. Und über allem der graugrüne Himmel voller schwefelgelber Streifenwölkchen. Nein –", Timothy korrigierte sich, „nicht graugrün und schwefelgelb, sondern rot. Es ist ja ein paar Stunden vor dem Müllsturm. Baxter erblickt sein erstes Abendrot! Und was für eins: flammend in allen Schattierungen, ein rundum glühender, brennender Himmel."

Napoleon räusperte sich. Im Geber lag ein Streifen.

+ + und die himmel werden brennen über der wüste, verbrennen werden die wolken, die luft und das all + n. + + +

„Was ist das?" fragte Timothy verwundert.

+ + 4.1.26–27 aus der prophezeiung des patrick + n. + + +

8.

„Her damit!" schrie Timothy. „Laß sehen, was du noch davon hast, du mein Bester, mein Einziger!"

Während Napoleon lange Bänder ausdruckte, öffnete Timothy eine Flasche „VAT 77". Dann hockte er sich vor Napoleon auf den Boden, las, strich Passagen an, breitete die Bänder rund um sich aus.

Schließlich sammelte er die Bänder ein, setzte sich in den Sessel und las noch einmal, was der selbsternannte Evangelist Patrick aus Detroit im vorigen Jahrhundert prophezeit hatte.

„. . . Eines Tages aber, da die Erde verseucht und die Winde verätzt und die Wasser geschändet sind, da die blühende, grünende Erde sich in schlammige, stinkende Wüste verwandelt, wird Gott, der Herr, in seiner unendlichen Gnade diesem Menschengeschlechte eine letzte Chance geben. Noch einmal und zum letztenmal wird er einen Sohn auf die Erde schicken, daß er den Menschen den rechten Weg weiset. . .

. . . Wenn die Wolken brennen über der Wüste, wenn Himmel und All in Flammen aufgehen, wenn die Erde selbst durch die Lüfte jagt, um von dem nahenden Weltuntergang zu künden, wird der Gottessohn alles Irdische von sich werfen und aufbrechen zu seiner Gemeinde. . .

. . . und wie einst Gottes erstgeborener Sohn, Jesus Christus, nach Jerusalem zog, so wird dieser Gottessohn aufbrechen nach Metropolis, dem neuen Babel, das sich erdreistet, seine Häuser in Gottes Himmel wachsen zu lassen. . .

. . . und der Tag wird sein Feind und die Nacht wird sein

Freund sein, und wieder werden die Häscher und Schergen Gottes Sohn verfolgen, aber sie werden ihn nicht finden. Er wird die Menschen meiden, und nur seine Gemeinde wird ihn zu sehen bekommen und durch ihn erlöst werden...

... Und er wird heißen Daniel oder Johannes oder Samuel oder Patrick, und sein Name wird sein wie seine Erdenspur: ohne Dauer. Dauern aber wird sein Weg, denn er ist die Hoffnung und die Erlösung...

... Gottes Sohn wird sein wie niemand seinesgleichen: Kein Vater hat ihn gezeugt, keine Mutter hat ihn geboren, und doch lebt er; jung, stark und klug wie kein anderer. Sein Zeichen aber wird sein: vier Arme und vier Hände, damit er den ganzen Erdball umfangen kann, Nord und Süd, Ost und West ..."

Timothy ging hinüber und stellte sich vor Baxters Bild.

„Ist es das, was dir widerfuhr, Samuel?" flüsterte er. „Die Prophezeiung eines fast vergessenen Sektenpredigers, die dir ein kindischer alter Mann einst vorlas und die du in deinem unergründlichen Gehirn gespeichert hast? Und nun, da du zum erstenmal aus deiner isolierten, keimfreien Miniwelt hinausgeschickt wirst, in die Wüsten der Zivilisation, steigen die Worte wieder aus deinem Gedächtnis empor, und es scheint sich zu erfüllen, Wort für Wort, so wie es in dir schlummerte. Und du nimmst alles nur logisch, wertest alles als Fakt, nimmst es als ein Programm, das man dir eingegeben hat? Bist du nicht zu oft programmiert worden, als daß dir dies hier wunderbar erscheinen sollte? Du weißt alles über Programme, aber was weißt du von Träumen, Poesie und Propheten? Wie sollst du den Unterschied zwischen einer Prognose, einem Programm und einer Prophezeiung erfassen. Ist es das gewesen? O Samuel!"

Timothy ließ das Bild erlöschen. Vielleicht, dachte er, war es auch ganz anders. Wahrscheinlich. Doch hier liegt meine einzige Chance, an Baxter zu kommen. Wie?

Die nächsten Stunden verbrachte Timothy mit dem Studium der Landkarten und des Stadtplanes, er entwarf Skizzen, Marschtabellen und eigentümliche lineare Gebilde und ließ Napoleon lange Kolonnen berechnen. Schließlich nickte er zufrieden und begann zu pfeifen. It's a long way to Tipperary.

Er rief bei der CLEANING CORPORATION an und bestellte einen Wohnungsreiniger. Dann bereitete er sich Milchreis. Als magenfreundliches Gegengift, wie er sich bescheinigte. Timothy hatte zuerst nach Cornflakes gegriffen, sie dann aber mit einem Ausdruck von Ekel wieder zurückgestellt.

CLEANING schickte einen jungen Burschen in geschniegelter Uniform mit blitzenden Taschen und Eimern, der sich sogleich auf die Arbeit stürzen wollte. Timothy murrte.

„Schon wieder ein Neuer! Ich habe keine Lust, mich immer wieder an neue Gesichter zu gewöhnen."

„Ich werde es ausrichten, Sir!" antwortete der Cleaner, holte dabei aber einen Puzzlestein aus der Tasche. Timothy ging mit dem Steinchen zu einem kleinen Wandtisch im Tagesraum, wo in diesem Monat ein fast fertiges Puzzle der Niagarafälle lag. Er brauchte nicht lange, um herauszufinden, wohin der Puzzlestein paßte. Er schleppte den jungen Mann ins Mausoleum, verkündete dabei lauthals, er würde sich beschweren, wenn er nicht vollends zufriedengestellt würde, und er sei außerordentlich penibel, was die Sauberkeit anbelange.

„Ich glaube, du brauchst nicht so eine Show abzuziehen", sagte der junge Mann, als sich die Mausoleumstür hinter ihnen geschlossen hatte. „Erstens: Du wirst nicht überwacht, nicht mehr als sonst auch. Zweitens: Man schickt jemand, der dich beschützt – rund um die Uhr. Drittens: Ein Maulwurf ist zur Zeit sehr schwer zu haben, man wird sich aber bemühen. Viertens: Wenn du Aufträge hast, gib sie mir."

Timothy holte einen Kristall. „Das ist für den Großen Bruder. Absolut geheim. Absolut, du verstehst?"

Der junge Mann nickte ernst. „Do or die"*, sagte er, holte eine Tube Plastik hervor, bettete den Kristall ein und formte eine Kugel, die nicht anders aussah als die Kugeln im Waschmitteleimer, in den er die Kristallkugel legte.

„Hoffentlich findest du sie wieder", sagte Timothy.

„Ich schon. Noch was?"

„Ich brauche eine Telefonnummer, die mit 8 27 30 anfängt, wo ist egal. Man soll nur einen einfachen Recaller aufstellen, der jedem Anrufer antwortet: ‚Patrick-Gemeinde. Siehe, der Herr ist nah. Suche deine Brüder, wie er es dir zuruft.'"

Der junge Mann wiederholte es leise.

„Außerdem soll man eine Reklamefläche an der Südseite des ‚Nebraska' mieten, etwa sechs Meter hoch und zwei Meter breit; sie soll das Patrick-Kreuz zeigen, so: ein langer Strich mit

---

* Tu es oder stirb.

zwei sich kreuzenden Querbalken, dazu die Rufnummer. Ich muß die Nummer natürlich auch erfahren. Mieter von Rufnummer und Reklamefläche müssen absolut anonym bleiben, und beides muß auf Stichwort ausgeschaltet werden können, okay?"

„Okay."

Timothy führte den jungen Mann wieder auf den Flur und schimpfte: „Scheren Sie sich zum Teufel. Ich habe gesagt, daß ich äußerst penibel bin. Ich werde mich bei Ihrem Chef beschweren."

„Ich bedauere es sehr", antwortete der andere unterwürfig. „Unsere Firma wird Ihnen sofort einen neuen Cleaner schikken."

Der erschien eine halbe Stunde später. Er war offensichtlich nicht zum erstenmal bei Timothy und schien keine Ahnung zu haben, daß vor ihm schon ein anderer dagewesen war. Timothy hütete sich, es ihm zu verraten. Während der Cleaner sich im Tagesraum an die Arbeit machte, ging Timothy in die Küche, öffnete sämtliche Schränke und Schubladen und stand lange unschlüssig vor seinen Vorräten. Was, dachte er, bereitet man nur so einem Gast?

9.

An diesem Nachmittag tönte die Klingel an der Wohnungstür noch zweimal. Das erste Mal war es ein Safeman der Haussicherheitstruppe, der sich bei Timothy als neuer Beamter der 827. Etage vorstellen wollte. Er unterschied sich in nichts von den dreihundert „hauseigenen Bullen" des „Nebraska", wie Timothy immer sagte, aber er verabschiedete sich völlig untypisch mit Handschlag und ließ dabei einen Puzzlestein in Timothys Hand zurück.

Der zweite Besucher kam von der Computer-Firma. Er hatte einen Reparaturauftrag bei sich, auf dem Timothys Appartement-Nummer stand, 8 27 30, aber ein falscher Name. Timothy sagte, er habe auch keine Reparatur bestellt. Der Monteur schüttelte den Kopf, schimpfte auf die Unzuverlässigkeit des Annahme-Automaten, zerriß den Auftrag und bat Timothy, die Schnipsel in den Müll zu werfen. Timothy löste vorher sorgfältig einen I-Punkt ab, der sich als Negativ erwies, das in der Vergrößerung die Südseite des „Nebraska“ zeigte. Inmitten der Reklamen prangte deutlich sichtbar, doch nicht zu auffällig, ein Patrick-Kreuz, darunter die Nummer 8 27 30 72 83. Am unteren Rand des Negativs waren ein paar Kreuze, Kreise und Vierecke eingekratzt, die Timothy als Bestätigung seiner Nachricht und Billigung seines Vorgehens deuten konnte, der Doppelkreis besagte: Safety first.

Trotzdem heftete Timothy ein Schild mit den Ziffern 72 83 hinter die Nummer seines Appartements. Dieses Risiko mußte er eingehen, wenn er überhaupt eine Erfolgschance haben wollte. Er rief aber sogleich die Bachstelze an, erkundigte sich nach Neuigkeiten und erzählte ein paar waghalsige Kombinationen. Die Bachstelze lobte ihn ob seines Eifers. Timothy meldete sich am nächsten Morgen wieder bei ihr, damit sie ihn ja nicht besuchen kam.

Die Nacht verbrachte er in einem Sessel auf dem Flur, auch den nächsten Tag. Kurz vor der Sperrstunde wurde seine Geduld belohnt. Die Türklingel schlug an. Timothy wäre beinahe hingefallen, so schnell stürzte er aus dem Sessel und zur Tür. Er zog den Mann, der vor seinem Appartement stand, herein, entfernte die Karte hinter seiner Wohnungsnummer und blickte nach links und rechts; er atmete erleichtert auf, da er niemand sah außer dem Safeman, dem er beruhigend zunickte.

„Willkommen“, sagte er dann und öffnete die Tür zum Tagesraum. „Tritt ein, Samuel, und sei mein Gast.“

Wenn Timothy ihn nicht erwartet und in den vergangenen Tagen nicht stundenlang das Porträt studiert hätte, er hätte Baxter nicht erkannt, auch nicht, als der die Ballonmütze absetzte, die er sich tief ins Gesicht gezogen hatte, und sein Haar auf die Schultern fiel. Baxter war unrasiert, seine Haut war grau und rissig, die Augen eingefallen, die Lider rot entzündet, tiefe Falten hatten sich eingegraben. Baxter trug einen Raglanmantel, der sein zweites Paar Arme gut verbarg, aber Timothy glaubte nicht, daß dieser Mantel zur Ausrüstung gehört hatte, er sah aus, als habe Baxter ihn einer Heuschreckenscheuche gestohlen. Baxter wankte mehr, als er ging. Timothy führte ihn zum Sessel.

„Oder willst du gleich ins Bad und dich erfrischen?“

Baxter ließ sich in den Sessel fallen. Er öffnete seine aufgesprungenen Lippen, brachte aber nur ein heiseres Krächzen hervor. Timothy öffnete den bereitstehenden Servicewagen, in dem ein Dutzend im Licht funkelnder und sich in den Spiegeln der Seitenwände und der Rückwand immer wiederholender Gläser wartete, ein Bild kostbaren Überflusses. Timothy hatte jedes Glas mit einem andersfarbigen Getränk gefüllt, aber im Grunde war es immer dasselbe: ein ziemlich fades Konzentrat.

Er registrierte zufrieden, wie seinem Gast die Augen aufgingen. Baxter griff nach dem karminroten Trunk, goß ihn hinunter, schickte den ultramarinblauen in langen, gierigen Zügen hinterher und holte sich dann ein Glas mit lindgrünem Inhalt, das er jedoch nur noch zur Hälfte schaffte. Er rülpste wollüstig.

„Danke", krächzte er, „das tut gut."

Timothy ließ Baxters Sessel in Liegestellung fahren und die vorbereitete Musik erklingen. Vivaldi. Baxter riß die Augen auf, als höre er zum erstenmal Musik. Timothy überlegte, aber in den Unterlagen hatte nirgends gestanden, ob Baxter schon mit Musik konfrontiert worden war. Nurse hatte auch nichts gesagt. Am liebsten hätte er Baxter gefragt, aber er brachte es nicht über sich, ihn jetzt zu stören. Baxter hatte die Augen geschlossen. Er lächelte verklärt.

Timothy schlich auf Zehenspitzen hinaus und beobachtete den Flur. Nichts. Er sah auf die Uhr. Zwanzig Minuten waren vergangen. Wahrscheinlich war Baxter mit der letzten Metro ins Haus gekommen und in dem Trubel niemandem aufgefallen. Aber Timothy mußte jetzt mindestens eine Stunde warten, bevor er den nächsten Schritt tun konnte. Die Anweisung des Großen Bruders war eindeutig: lieber Baxter opfern als die eigene Sicherheit. Er setzte die Nachricht ab, daß Telefon und Werbefläche gelöscht werden konnten.

Baxter schlief, als Timothy zurückkam. Sein Mund stand offen, er atmete in hastigen, röchelnden Zügen. Schweiß perlte auf seiner Stirn. Timothy fühlte ihm den Puls und erschrak. Fast zweihundert! Er holte ein Thermometerblättchen und tupfte es auf Baxters eigenartig glatte Zunge: 41,4!

Timothy stürzte hinaus, ließ sich von Napoleon die Frequenz geben und sendete: 5.71 Kolkrabe. Dann wickelte er Tücher um Baxters Handgelenke und träufelte Kühlmittel darauf. Er blickte immer wieder auf die Uhr. Die Minuten krochen dahin. Ihm fiel ein, daß er trotz der Sperrstunde auch mit einem unangemeldeten Besucher rechnen mußte, einem richtigen Safeman zum Beispiel. Er fuhr Baxter ins Bad hinüber, verrückte die Projektionswand, stellte den Sessel dahinter und schaltete die Projektion ein, so daß Baxter hinter Fischen, Seepferdchen und Korallen verschwand. Dann ließ Timothy Wasser in das Bassin laufen, zog sich aus und warf einen Bademantel über. Endlich klingelte es. Vor der Tür stand ein Mann mit Medikamentenkoffer und Gerätecontainer. Timothy kannte ihn nicht. Er öffnete die Tür, ließ den Mann aber auf dem Flur stehen.

„Wo ist der Kranke?" fragte der. „Ich denke, es herrscht Lebensgefahr?"

„Was für ein Kranker?" Timothy sah seinen Besucher erstaunt an.

Der blickte zurück, als habe er es mit einem Geisteskranken zu tun, dann schlug er sich an die Stirn. „Niagara", sagte er dann, „und eine Zahl soll ich dir sagen, zweiundsiebzig-dreiundachtzig."

„Okay, Doc." Timothy führte ihn zu Baxter. Der Arzt maß Fieber und Puls.

„Komm, wir müssen ihn ausziehen."

„Weißt du, was dich erwartet?" fragte Timothy.

Doc wußte es nicht, nur daß es sich um einen lebensgefährlichen Krankenbesuch handelte, lebensgefährlich für ihn. Er wollte zuerst nicht glauben, was Timothy ihm erzählte. Sie quälten sich ab, weil sie nicht hinter den Öffnungsmechanismus der Spezialkombination kamen, schließlich hatten sie wenigstens die Stiefel und Strümpfe geschafft. Kurz entschlossen fuhren sie Baxter an das Bassin, ließen ihn ins Wasser gleiten, befestigten seinen Kopf in der Halterung und schnitten ihm die Sachen mit der Schere vom Leib. Timothy wollte sie gleich vernichten, überlegte es sich aber anders und stopfte sie in einen Container. Dann standen sie beide am Bassin und starrten auf die Gestalt, als könnten sie es noch immer nicht glauben, eine schöne, bis auf die Schulterpartie knabenhafte Figur, an deren Seiten jeweils zwei Arme im Wasser pendelten.

„Es gibt da eine Skizze von Leonardo da Vinci", flüsterte Timothy aufgeregt.

„Ich weiß, was du meinst", sagte Doc, „der nackte Mann in Kreis und Quadrat mit doppelter Arm- und Beinstellung."

Doc konnte es sich nicht verkneifen, zuerst einmal flüchtig die Schulter zu untersuchen, bevor er Baxters Herztöne abhorchte. Er blickte besorgt auf.

„Siehst du den Orangeschimmer auf der Haut?"

Er steckte eine Hand in das Wasser und legte sie neben eine von Baxters Rechten. Jetzt erkannte Timothy es auch.

„Davon hat niemand etwas gesagt. Komisch, eine Orangehaut wäre doch ein sicheres Erkennungszeichen."

„Ich fürchte, das ist keine Mutation, sondern Neutronitis, eine Strahlenkrankheit. Kann es sein, daß er mit radioaktivem Material in Berührung gekommen ist?"

„Schon möglich, er hat die Muddies durchquert."

Doc holte Geräte aus seinem Container, klemmte Elektroden auf Baxters Brust, an die Schläfen, Hände, Füße, zapfte dann Blut aus Armbeuge und Zeigefinger, gab das Blut in den Seraten, studierte aufmerksam die Skalenwerte und nickte ernst, holte einen Vaughn-Geiger-Zähler und tastete damit Baxter ab.

Der Zähler sprang nicht an.

„Er selbst ist nicht radioaktiv", sagte Doc, „aber es ist unverkennbar Neutronitis destructa."

„Kannst du ihn behandeln, oder muß er etwa in eine Klinik?"

Doc packte umständlich seine Geräte wieder ein.

„Was ist, Doc?" drängelte Timothy.

„Dem da kann niemand mehr helfen."

„Willst du sagen, er stirbt?"

„Innerhalb der nächsten vierundzwanzig bis achtundvierzig Stunden."

„Aber das darf nicht sein!" rief Timothy.

Doc kramte eine Flasche aus seinem Arzneikoffer. „Ich kann seinen Zustand lindern, nicht bessern. Es gibt kein Mittel, glaube mir."

Timothy holte Whisky. Sie setzten sich an das Bassin, starrten auf Baxter und tranken schweigend.

„Wir müssen wenigstens seine Leiche sicherstellen", sagte Timothy schließlich, „obwohl eine Leiche noch schwerer zu verbergen ist als ein Flüchtling. Man müßte ihn einfrieren, um seinen Körper zu erhalten, doch wo?"

„Zwecklos", erwiderte Doc. „Das Gewebe wird in spätestens zehn Tagen zerfallen sein."

„Auch die Knochen?"

„Alles. Es wird nichts von ihm übrigbleiben."

Timothy sah Doc entgeistert an. „Nichts?"

Doc schüttelte den Kopf.

„Dann werden wir ihn aufnehmen“, sagte Timothy entschlossen. „Baxter darf nicht spurlos verschwinden. Komm, hilf mir.“

Timothy holte die Hologrammkamera und schaltete eine neutrale Projektion ein, dann filmten sie einen ganzen Kristall voll: Baxter, im Bassin schwimmend, im Sessel liegend und sitzend, vor allem immer wieder die Doppelschulter, schließlich packte Doc Baxter um den Leib, legte sich seine beiden linken Arme um den Hals und zerrte ihn in die Höhe. Baxter stöhnte, stellte sich aber auf die Füße. Er schlug die Augen auf, schien jedoch nicht wahrzunehmen, was mit ihm geschah.

„Los, mach schon!“ rief Doc. „Der Kerl ist verdammt schwer.“

„Bist du verrückt? Die Aufnahme wäre so gut wie eine Fahrkarte ins Jenseits.“

„Wir müssen sie ja nicht gleich jedem zeigen. Aber wer wird das Ganze glauben, wenn nicht irgendwo einer von uns mit zu sehen ist?“

Dann diktierte Doc einen Kristall voll medizinischer Befunde. Er nahm die beiden Kristalle, überzog sie mit Lack und würgte sie hinunter, bevor Timothy etwas sagen konnte.

„Was wird mit ihm?“ fragte Doc dann.

„Wie geht es weiter?“ fragte Timothy zurück.

„So erschöpft, wie er jetzt ist, wird er erst einmal zehn oder zwölf Stunden schlafen, vielleicht sogar länger. Wahrscheinlich wird er sich dann frisch und unternehmungslustig fühlen, doch das ist nur eine pseudoaktive Phase. Das Fieber höhlt ihn aus. Es wird auf vierzig sinken, weiter nicht, und irgendwann wird es sprunghaft ansteigen. Dann sind es nur noch ein oder zwei Stunden. Kann auch sein, er wacht überhaupt nicht mehr auf.“

„Aber er muß aussagen! Erzählen, was mit ihm geschah, wo, wie. Was er erlebt hat.“

„Du wirst wohl nur noch Fieberphantasien von ihm hören. Das Gehirn entgleitet zunehmend seiner Kontrolle, stellt willkürliche Verbindungen her.“

„Kannst du ihm nicht etwas geben, das ihn aufmuntert?“

Doc gab Timothy eine Injektionsampulle. „Vielleicht kannst du ihn damit aufmuntern, aber höchstens für eine halbe Stunde. Ein Dopingmittel, es mobilisiert die letzten Reserven. Aber das gilt nur für den Körper, nicht für den Verstand. Was hast du vor?“

„Ich weiß nicht", sagte Timothy, es klang recht verzweifelt. „Wenn er nicht mehr zu sich kommt, möchte ich ihn am liebsten ausliefern. Kann man feststellen, daß ihn ein Arzt behandelt hat?"

Doc untersuchte Baxter. „Halb so schlimm", sagte er. „An den Händen ist nichts zu erkennen, die sind ohnehin zerschunden, die Elektrodenstellen beseitige ich mit Percohol, bleibt die Armbeuge." Er nahm ein Skalpell, zerkratzte damit die Haut in Baxters Armbeuge und sprühte Verband darüber.

„Ich könnte sagen, daß er völlig erschöpft und verschmutzt ankam. Ich habe ihn gleich in die Wanne gesetzt, dabei ist er zusammengeklappt und nicht mehr zu sich gekommen."

„Wie erklärst du, daß er gerade zu dir kam?" warf Doc ein.

„Das ist nicht das Problem."

„Sondern?"

„Ob mir nicht noch etwas Besseres einfällt." Timothy streckte Doc die Hand hin. „Danke schön. Ich glaube, du machst dich jetzt lieber davon. Oder willst du warten, bis die Sperrstunde vorbei ist?"

„Kein Problem." Doc grinste breit. „Ich wohne auch im ‚Nebraska'."

Er sagte nicht wo, und Timothy fragte nicht.

10.

Timothy wachte bei Baxter, wischte ihm Schweiß von der Stirn, feuchtete die Lippen an und flößte ihm alle halbe Stunde zwanzig Tropfen des Linderungsmittels ein, dabei maß er jedesmal Fieber; die Temperatur hielt sich bei 39,8. Gleich früh rief er die Bachstelze an. Sie hatte keine Neuigkeiten. Von Baxter keine Spur.

Timothy holte „Schneewittchen" ins Bad. Die Sonic verbreitete getragene, fast klagende Töne, zitterte und bebte. Timothy schluckte zwei Pillen Xenopholan, um nicht einzuschlafen. Mit einemmal wußte er, was er mit Baxter anfangen könnte. Er erschrak über seinen Gedanken, sah Baxter lange und nachdenklich an. „Du bist dein Leben lang manipuliert worden", sagte er leise, „warum nicht einmal, das letzte Mal, zum Nutzen der Menschen?"

Dann erschien es ihm wieder zu gefährlich. Und unmoralisch. Er zwang sich, es in Ruhe nach allen Seiten zu durchdenken. Er entschied sich, die Aktion wenigstens vorzubereiten.

Die nächsten Stunden hantierte er in der Küche, zwischendurch suchte er die Skizze Leonardo da Vincis heraus und speicherte sie in den Spectomaten, und alle paar Minuten lief er ins Bad, um nach Baxter zu sehen.

So vergingen der Vormittag und der Nachmittag. Die Bachstelze rief an. Sie war mürrisch, ungeduldig und ungerecht. Timothy hatte Mühe, sie von einem Besuch abzuhalten. Er verabredete sich für den nächsten Tag mit ihr, er habe eine neue Idee, die er gerade mit Napoleon durchrechnen wolle.

Kurz nach sieben schlug Baxter die Augen auf. Er sah Timothy an, schien sich zu erinnern, lauschte, drehte den Kopf „Schneewittchen" zu, starrte sie an.

„Was ist das?"

„Eine Sonic, ich erkläre es dir später, zuerst –"

„Gibt es ein Später?" unterbrach ihn Baxter. „Du brauchst mir nichts vorzumachen. Ich weiß, daß ich sterben muß. Ich hatte zu spät gemerkt, daß ich in aktiven Müll geraten war, erst, als die Geräte ausfielen. Wie hoch ist das Fieber, wie ist die Pulsfrequenz, die Zerfallskurve der roten Blutkörper?" Er ließ nicht locker, bis Timothy es ihm verraten hatte. „Ich will aufstehen."

Bevor Timothy ihm zu Hilfe eilen konnte, hatte er seine vier Hände auf den Rand des Bassins gestemmt und seinen Körper hinausgeschwungen. Wenn Timothy nicht zugefaßt hätte, wäre er hingestürzt.

„Wie heiß mir ist", sagte er verwundert, „und wie schwach."

„Das Fieber", erklärte Timothy. „Bist du nie krank gewesen?"

„Nur mal erkältet."

Timothy schlang ihm ein Badetuch um die Hüften.

„Deine Sachen habe ich zerschneiden müssen."

Baxter lächelte. „Wirf alles Irdische von dir –. Wo ist die Gemeinde?"

„Später, Samuel, später. Zuerst mußt du dich stärken. Ich habe ein Essen vorbereitet."

Er half Baxter in den Sessel. Bevor er ihn hinüberfuhr, stellte er Projektion und Musik ein – er hatte sich für die Brandenburgischen Konzerte entschieden – und zündete die Kerzen an. Baxter warf nur einen kurzen Blick über die Tafel, dann starrte er auf die Wand. Timothy hatte die Leonardo-Skizze so eingestellt, daß nur die obere Hälfte zu sehen war; die vier Arme streckten sich wie zum Segnen über die ganze Breite.

„Was ist das?“ keuchte Baxter.

„Die Zeichnung eines der berühmtesten Maler der Menschheit. Er lebte vor siebenhundert Jahren in Italien und hieß Leonardo da Vinci. Hast du von ihm gehört?“

„Nein. Was ist Italien?“

„Ach, Samuel!“ stöhnte Timothy. „Wie soll ich dir das erklären? Wie soll ich dir alles erklären, was du wissen müßtest!“

„Vor siebenhundert Jahren?“

„Ja. Als hätte er dich geahnt, nicht wahr?“

„Hat er auch Jesus Christus gemalt?“

Timothy nickte nur. Ein Kloß saß ihm in der Kehle. Baxter vertiefte sich in den Anblick der Tafel. Timothy hatte den Tisch völlig ausgefahren. Auf dem weißen Damasttuch standen vier sechsarmige Leuchter mit Kerzen und eine Fülle von Tellern, Gläsern und Silberbesteck. Timothy hatte alles Kostbare aufgeboten, das er besaß, sogar das venezianische Kristall; er hatte ein Dutzend Karaffen und geschliffene Flaschen mit bunten Flüssigkeiten gefüllt und Blumen auf die Decke gestreut. Baxter hielt sich die Wangen mit den vorderen Händen, die hinteren faltete er im Schoß. Er sah Timothy fragend an.

„Das Abendmahl?“

„Ja, das Abendmahl.“ Timothy beschäftigte sich schnell damit, aus jeder Karaffe und Flasche ein Glas zu füllen.

„Ich habe immer gedacht“,. sagte Baxter, „daß es für mich nichts gibt als das Denken, doch seitdem ich aufgebrochen bin, habe ich so vieles entdeckt, vor allem die Farben. Im Fort hatte ich sie gar nicht wahrgenommen, sie waren ja von Anfang an da und immer gleich, verstehst du? Erst unterwegs habe ich die Farben bewußt gesehen. So vieles, von dem ich nichts wußte! Vor allem dieses ungeheure, verwirrende Metropolis mit seinen Unmengen Menschen, den unendlich vielen Dingen, die ich nicht kenne, den in den Himmel wachsenden Häusern – dann diese Töne bei dir. Ach, ich verstehe so vieles nicht. Ist es das, was mit dem unerforschbaren Ratschluß des Herrn gemeint ist?“

Timothy gab keine Antwort. Baxter nahm einen Schluck Rotes. „Beinahe hätte ich euch nicht gefunden“, fuhr er fort. „Eine Prognose ist kein Programm. Zuwenig Fakten. Zu viele

Überraschungen. Über Metropolis wußte ich so gut wie gar nichts. Dann waren noch alle Geräte ausgefallen, und ich bekam keine Informationen mehr." Er lächelte. „Gut, daß ich wenigstens noch mitbekommen hatte, daß die Häscher und Schergen hinter mir her waren. Ich wäre sonst nie auf die Idee gekommen, mir Mantel und Mütze zu nehmen. Ein paarmal wäre ich beinahe gefaßt worden. Ich wollte schon aufgeben, doch da erblickte ich das Zeichen an deinem Haus."

Timothy hatte die beiden Servicewagen herangefahren und stellte Schüsseln auf den Tisch. Obwohl alles aus der gleichen, kalorienarmen und sättigungsschwachen Masse bestand, wirkte es doch wie ein überaus reiches Festmahl. Timothy hatte nicht umsonst Stunden in der Küche verbracht. Er hatte Dutzende verschieden geformter und gefärbter Speisen gezaubert, hatte alle seine Nudelformen benutzt, Spiralen und Sternchen, Kugeln, Spaghetti und Makkaroni, Buchstaben, Ziffern, Hörnchen, Muscheln, Fäden; anderes wiederum hätte man für Kroketten, Pommes frites oder Püree, für Pilze oder Spargel, Kirschen oder Pflaumen, für Zucker, Reis oder Erbsen halten können, wenn es nicht in den verwegensten, knalligsten Farben geleuchtet hätte, dazu gab es bunte Soßen, Cremes und Streuselchen.

Baxter saß da und starrte auf die Pracht, die Timothy vor ihm aufbaute.

„Zum erstenmal bedauere ich, daß ich nicht schmecken kann", sagte er. „Und du hast dir so viele Mühe gegeben. Aber jetzt weiß ich, was das ist: schön."

Timothy wandte sich ab. Was ging es Baxter an, daß ihm Tränen in den Augen standen. Dann sah er zu, wie sein Gast aß, winzige Portionen, wie Timothy ihm geraten hatte, damit er nicht zu schnell satt würde. Es war faszinierend, wie Baxter mit der einen Hand einen Teller hielt, mit der anderen darauf seine Portion mischte, mit der dritten eine Gabel zum Mund führte und mit der vierten zum Glas griff. Timothy beglückwünschte sich, daß er daran gedacht hatte, die ganze Szene im Bild festzuhalten. Er wechselte immer wieder Geschirr und Besteck aus; die schmutzigen Sachen brachte er sofort in die Küche und stellte sie in den Spülautomaten. Und immer wieder ließ er Baxter die Zunge herausstecken, damit er die Temperatur messen konnte. Ein paarmal versuchte er zu fragen, um doch noch Informationen über das Fort zu bekommen, aber Doc hatte recht gehabt: Baxter phantasierte, seine Sätze wurden immer wirrer.

Dann war das Fieber auf 41,5 gesprungen. Timothy holte die Ampulle und gab Baxter eine Injektion in den Arm. Er wartete, bis Samuels verquollene Augen sich weiteten und der Atem freier ging.

„Steh auf!" sagte Timothy.

Baxter erhob sich. Schweißbäche liefen ihm über die Wangen, aber er schwankte kaum.

„Jetzt, Samuel", sagte Timothy, „jetzt gehe zu deiner Gemeinde."

11.

„Du wirst mit dem Lift hinunterfahren, in den siebenten Stock", erklärte Timothy. „Du wirst durch die Doppeltür vor dir gehen. Dort warten über tausend Menschen auf dich. Nicht alle sind deine Freunde. Auch dort werden Häscher und Schergen warten. Laß dich nicht beirren, Samuel. Geh deinen Weg. Geh ganz nach vorn. Steige auf die Bühne. Wirf deinen Mantel ab. Breite die Arme aus und verkünde deine Botschaft. Hast du alles verstanden?"

„Ja. Gib mir die Botschaft, die ich verkünden soll."

„Sag, wer du bist. Wo du herkommst. Sprich von deinem Leben in Fort Baxter."

Samuel nickte. Timothy hängte ihm den Raglanmantel über, spähte auf den Flur, bis er seinen Safeman erblickte, winkte ihn herbei.

„Einen Lift. Sofort. Und exklusiv!"

Der Safeman lief zum Fahrstuhlblock. Es schien Ewigkeiten zu dauern, bis er einen leeren Lift hatte.

„In den siebenten Stock", flüsterte Timothy ihm zu. „Fahr unterste Geschwindigkeit. Kein Gespräch unterwegs. Paß auf, daß er den Saal betritt, notfalls schiebe ihn hinein. Dann verschwinde. Sofort und absolut. Es darf nichts schiefgehen, und niemand darf dich erwischen."

„Do or die!" antwortete der Safeman.

Timothy wartete noch, bis sich die Lifttür geschlossen hatte, dann stürzte er in seine Wohnung. Er hatte achteinhalb Minuten Zeit, bis die beiden unten ankamen. Er riß den Kristall aus der Kamera, verstaute ihn im Geheimschrank, versiegelte den mit einem Sprengverschluß, räumte den Tisch ab, ließ Speisen und Getränke vernichten, ebenso die fleckig gewordene Damastdecke, Baxters Kleidung und das Badetuch, das Samuel umgehabt hatte, stellte das Geschirr in den Spülautomaten, riß es noch feucht wieder heraus und stellte es in die Schränke, spülte Flaschen und Gläser. In der Aufregung hatte er den Videomaten falsch eingestellt. Timothy stierte verwirrt auf die Crackmatch-Übertragung; es dauerte ein paar Sekunden, bis er begriff, was los war, und Kanal siebenundzwanzig wählte, wo seit zwei Stunden die große Show „Wahl der ‚Miß des Monats'" direkt aus dem Festsaal des „Nebraska" übertragen wurde. Timothy sah auf die Uhr. Er hatte noch Zeit, sich einen Whisky einzugießen, er hatte sogar noch genug Zeit, die „White Lady"-Flasche wieder wegzustellen und einen „House of Lords" zu holen.

Das Video übertrug gerade die Parade der zweiten Auswahlrunde. Sechzehn ausgesucht schöne, nackte Mädchen stolzierten in hochhackigen, fellbesetzten Pantoffeln über den Laufsteg. Plötzlich wurde es irgendwo unruhig, dann sah man im Bildhintergrund einen Schatten auf die Bühne springen, ein Schrei gellte auf, pflanzte sich durch den Saal fort, die Musik verstummte, nur ein Traumaphon klapperte ein paar Takte nach, die Kamera schwenkte auf die Bühne, erfaßte Samuel, der nackt auf der Bühne stand, die vier Arme ausbreitete und mit krächzender, sich überschlagender Stimme in den Saal schrie.

„Ich bringe – die Botschaft – ich – Gemeinde – der Herr – Fort Baxter –"

Weiter kam er nicht. Er griff mit allen vieren an den Hals, würgte, lief rot, dann blau an, stürzte zu Boden, zwei Männer sprangen hinzu, warfen einen Mantel über ihn, schleppten ihn davon. Das Bild setzte aus. Eine Schrift meldete „Technische Störung". Dann kündigte die Ansagerin freundlich lächelnd an, es ginge sogleich mit der Übertragung des dritten Wahlgangs weiter. Timothy schaltete ab. Er dirigierte Samuels Porträt über den Kopf der Leonardo-Skizze, so daß es aussah, als segne Samuel ihn von der Wand, überlebensgroß. Timothy erhob das Glas.

„Auf dich, Samuel", sagte er leise. „Dir zum Gedenken, Bruder."

12.

Es klingelte. Timothy schreckte hoch. Die Klingel schlug ein zweites Mal an, verstummte nicht mehr. Timothy schlurfte hinaus, öffnete. Vor der Tür stand die Bachstelze.

„Habe ich Sie überrascht, Tiny?"

Timothy brachte keinen Ton heraus. Nimm dich zusammen, befahl er sich. Sie kann nichts wissen. Und sie ist allein gekommen. Dann wurde ihm siedeheiß. Im Zimmer stand noch immer die Leonardo-Skizze mit Samuels Kopf an der Wand.

„Ich wollte einen Whisky bei Ihnen trinken, Tiny. Wobei habe ich Sie gestört? Gestehen Sie!"

Sie drängte an ihm vorbei; in der Tür des Tagesraumes blieb sie wie vom Blitz getroffen stehen.

„Ist das von Ihnen, Tiny?"

„Ja und nein. Das Arrangement ist von mir, die Skizze von einem gewissen Leonardo da Vinci. Keine Angst, er ist seit über sechshundert Jahren tot. Das Foto stammt von Ihnen."

„Und was bedeutet das?" fragte sie mißtrauisch.

„Ich dachte, es würde mich inspirieren", erklärte Timothy. „So mache ich das immer, wenn ich nicht weiter weiß, Debby. Ich verschaffe mir einen optischen Anhaltspunkt, höre Musik und trinke; ich hatte so schon die besten Einfälle."

Die Bachstelze musterte ihn skeptisch, ging in das Schlafzimmer, den Arbeitsraum, sah nach, ob etwas in Napoleons Geber lag, faßte die Außenhaut an mehreren Stellen an, um zu prüfen, ob Napoleon erhitzt war, inspizierte dann das Bad, die Küche, sogar die Toilette und die Kammern, und überall öffnete sie die Schränke und Schubladen. Als Timothy sie fragte, was das solle, schob sie ihn einfach beiseite.

„War er bei Ihnen?" fragte sie scharf, nachdem sie ihren Rundgang beendet hatte.

„Wer?"

„Baxter natürlich! Wer sonst?"

„Natürlich nicht. Wie kommen Sie darauf?"

„Wissen Sie, was geschehen ist?"

„Ich habe die Übertragung gesehen."

„Ganz zufällig, was?"

„Nicht zufällig. Ich wollte die Wahl der ‚Miß des Monats' sehen."

„Sie, Tiny?" Die Bachstelze hielt sich die Seiten vor Lachen.

Dann wurde sie blitzartig ernst. „Ich hätte nie geglaubt, daß Sie sich für nackte Mädchen interessieren“, sagte sie lauernd.

„Warum nicht? Weil ich ein Zwerg bin? Weil ich nie eine von diesen langbeinigen Superfrauen bekommen kann? Habe ich deshalb nicht das Recht, mir die Show anzusehen? Habe ich etwa keine Bedürfnisse? Vielleicht bin ich gerade deshalb so empfänglich für alles Schöne und reagiere allergisch auf alles Häßliche!“

Die Bachstelze ließ sich in einen Sessel fallen und winkte unmißverständlich nach der Whiskyflasche. Timothy erwischte ein feuchtes Glas. Er tat schnell so, als sei er in Gedanken versunken, und polierte dabei das Glas.

„Ich wollte Sie nicht kränken“, sagte die Bachstelze, „aber verraten Sie mir eines: Wieso ist Baxter gerade ins ‚Nebraska‘ gekommen? Wieso platzt er ausgerechnet in die beliebteste Show der Staaten, die zu diesem Zeitpunkt garantiert Millionen eingeschaltet hatten?“

„Fragen Sie Baxter.“

„Baxter ist tot. Er war schon tot, als er von der Bühne gezogen wurde. Dabei hatte ich nur Betäubungsgas im Revolver.“

„Sie, Debby? Was machen Sie bei der ‚Miß des Monats‘?“ Du Idiot, dachte er. Das hättest du dir an den Fingern abzählen können, daß die Bachstelze sich solch eine Gelegenheit zur Schaustellung nicht entgehen läßt.

„Lachen Sie nicht, Tiny. Ich bin Mitglied der Jury. Ich muß auch gleich wieder hinunter. War Baxter nun bei Ihnen oder nicht?“ Sie legte ihm die Hand auf den Arm und sah ihn vertrauenheischend an. „Sie können es mir ruhig sagen, Tiny.“

„Wie kommen Sie nur darauf?“

„Ich dachte, Sie hätten Baxter vielleicht gefangen und er wäre Ihnen ausgerissen. Das wäre zumindest eine plausible Erklärung.“

„Eine falsche!“ rief Timothy entsetzt. „So war es wirklich nicht. Das schwöre ich. Ich habe Baxter nicht gefangen, leider. Sie kommen auf Ideen!“

„Ich traue Ihnen eben alles zu.“

„Zuviel, Debby, zuviel! Aber die Idee, daß Baxter jemandem ausgerissen sein könnte, finde ich nicht schlecht. Wem? Dieser merkwürdige Mantel, den er anhatte, gehörte doch bestimmt nicht zu seiner Ausrüstung. Über den könnte man vielleicht weiterkommen.“

Dann wurde Timothy schlecht vor Schwäche. Den Mantel hätte er in der Übertragung gar nicht sehen können!

„Es wird wohl keine Untersuchungen mehr geben", sagte die Bachstelze. „Wozu auch? Baxter ist tot, seine Leiche in Sicherheit. Und selbst wenn ihn jemand gesehen oder aufgenommen hat – Sie wissen, was derartige Aufnahmen wert sind. Nichts. Der Fall ist zu Ende, nein, es hat ihn nie gegeben."

„Aber Baxter ist öffentlich gesehen worden! Über tausend Augenzeugen allein im Saal. Und Millionen am Bildschirm."

„Längst erledigt." Sie schmunzelte selbstzufrieden. „Denken Sie, ich habe untätig herumgesessen? Wir hatten natürlich ein paar Varianten für den Fall ausgearbeitet, daß Baxter doch öffentlich gesehen würde. Die Nachricht ist schon auf dem Sender. Es war ein bedauerlicher Übergriff der Werbeleute. Morgen werden die Schuldigen vor dem Instant-Gericht zur Verantwortung gezogen, und als Strafe wird jede weitere Werbung für Super-X-Cornflakes verboten. Und die Augenzeugen? – Selbst die in den ersten Reihen werden überzeugt sein, daß sie einer besonders gut geratenen plastischen Maske aufgesessen sind. Daß ich geschossen habe, hat in der Aufregung niemand mitbekommen, und daß es sich um den vielgesuchten Samuel Baxter handelte, konnte man zum Glück auch nicht erkennen. Was wirklich geschehen ist, wird niemand erfahren. Niemand!"

Timothy nickte diensteifrig.

„Wir leider auch nicht", fügte sie dann noch hinzu. Sie zeigte mit dem Daumen auf die Skizze. „Löschen Sie das. Es ist kein gelungenes Bild." Sie stand auf. „Ich muß wieder hinunter. Haben Sie eine besondere Favoritin? Ich könnte ein wenig nachhelfen, daß Ihr Liebling ‚Miß des Monats' wird."

Timothy tat verlegen. „Eigentlich nicht."

„Dann winke ich Ihnen wenigstens mal zu, wenn die Kamera auf die Jury schwenkt."

Als sich die Tür hinter ihr geschlossen hatte, mußte Timothy sich setzen. Ihm zitterten die Knie. Dann ging er zu Bett. Er nahm die Flasche „House of Lords" mit.

Spiel auf Leben und Tod

1.

„Was willst du?“ Smiley Hepburn starrte Timothy an, als habe der ihm soeben erklärt, er wolle fortan nur noch aus dem Restaumaten essen. „Sag das noch einmal, vielleicht glaube ich es dann.“

„Ich will mich unter das Volk mischen“, wiederholte Timothy ruhig, „und du sollst mich begleiten. Ich engagiere dich als Cicerone und Leibwächter.“

„Und was ist ein Cicerone?“ erkundigte sich Smiley mißtrauisch.

„Eine etwas altertümliche, aber sehr treffende Bezeichnung für einen beredsamen Fremdenführer. Du quasselst doch andauernd. – Wir müssen einen Mann finden: Jacques Puissant. Er ist Anfang Siebzig, mittelgroß, beleibt, um nicht fett zu sagen, hat immer noch volles echtes Haar und einen Schnurrbart.“ Timothy reichte Smiley ein Foto. „So sieht er aus.“

„Den kenne ich.“ Smiley betrachtete nachdenklich das Bild. „Aber woher?“

„Du wirst doch nicht heimlich Romane lesen, noch dazu unamerikanische? Er sieht Alexandre Dumas ähnlich, dem Autor der ‚Drei Musketiere‘, trägt nur das Haar länger –“

„Der diese scheußliche Videoserie geschrieben hat?“ unterbrach ihn Smiley. „Hab’ erst neulich so ’n Ding gesehen. ‚Die drei Musketiere auf Alpha Centauri‘. Schrecklicher Mist.“

„Ich glaube kaum, daß er das geschrieben hat.“ Timothy lachte, daß sein Bauch hopste. „Dumas ist seit zweihundert Jahren tot, damals gab es noch nicht mal Kino.“

„Aber ich habe den hier vor noch gar nicht so langer Zeit gesehen“, beharrte Smiley. „Vielleicht im Video? Laß mich mal nachdenken.“

Timothy bereitete inzwischen einen Mokka.

„Na klar!“ rief Smiley plötzlich. „Das ist der Erfinder des Kaugummis. Aber hieß der nicht Higley oder so ähnlich?“

Timothy fragte Napoleon. Der Mann, den Napoleon als Jeremias Wrigley, Erfinder des Kaugummis, auf seinem Bildschirm zeigte, hatte tatsächlich eine verblüffende Ähnlichkeit mit dem Foto von Jacques Puissant; es war ein Porträt von Alexandre Dumas, wie Timothy sich und Smiley anhand einer bibliophilen Ausgabe der „Drei Musketiere“ überzeugte.

„Armer Dumas“, seufzte Timothy, „das hätte selbst deine Phantasie nicht aushecken können, daß du eines Tages so in die Geschichte der Vereinigten Staaten eingehst.“

„Laß dich bloß nicht erwischen!“ Smiley schüttelte mißbilligend den Kopf. „Oder hast du ’ne Büchergenehmigung?“

„Wieso, habe ich Bücher?“ Timothy stellte den Roman zurück und ließ die Klappe des Wandschranks zugleiten. Smiley untersuchte die Wand, während Timothy den Mokka eingoß, konnte aber den Schrank nicht entdecken.

„Also, was ist mit diesem Wrigley?“

„Puissant“, korrigierte Timothy, „Jacques Puissant. Er ist der Leibkoch von Henry Ford dem Sechsten, ein gastronomisches Genie und ein besessener Spieler. Henry Six hat ihm in Fordsville einen Spielsalon eingerichtet und ein halbes Dutzend der gerissensten Spieler engagiert, Puissant soll sogar einen eigenen Computer haben, mit dem er spielen kann, aber auch das hilft nichts, alle paar Jahre verschwindet er trotz automatischer Überwachung und Leibgarde auf einen Spieltrip, und Henry Six steht dann tausend Ängste aus, ob er seinen Koch wiedersehen wird. Glover, der Chef der FORD-Polizei, hat mich gestern abend besucht und um diskrete Hilfe gebeten. Henry Six hat eine halbe Million als Belohnung ausgesetzt, Glover will sie mit mir teilen, wenn ich ihm helfe.“

„Warum wollen nicht wir beide uns die halbe Million teilen?“

„Weil wir gar nicht wissen dürfen, daß Puissant verschwunden ist. Top secret. Was glaubst du, was los wäre, wenn das publik würde? Zwei Dutzend Polizeien wären hinter ihm her. Puissant ist der letzte Koch in den Staaten, der noch drüben in Europa ausgebildet wurde, außerdem hat er sich jahrelang in Asien herumgetrieben. Jeder Big-Boß wäre glücklich, wenn er Puissant hätte.“

„Ist er auf ein Spiel besonders scharf? In Chicago gibt es schließlich Tausende von Möglichkeiten für Glücksspiele.“

„Das ist das Problem. Er sucht Nervenkitzel als Ausgleich für seine diffizile Arbeit, was heißt Arbeit, für seine Kunst!“

Timothy schnalzte mit der Zunge. „Ich kenne ihn leider nicht persönlich und weiß zuwenig über seine jetzige Verfassung. Als er das letzte Mal verschwunden war, hat man ihn beim Plotto gefunden; er wollte gerade seinen linken Fuß einsetzen. Ein andermal entdeckte man ihn beim Rattenrennen in den Underslums. Ich bin sicher, wo wir ihn nicht finden können: in den Spielhöllen und Salons der FORD FOUNDATION, damit scheiden schon über ein Viertel aller Etablissements in Chicago aus. Ich glaube überhaupt nicht, daß er in einen der Spielpaläste geht; dort wimmelt es von Polizisten; er riskierte, schnell wieder eingefangen zu werden. Im Ernstfall helfen sich doch die Polizeien untereinander. Am ehesten finden wir ihn wohl in den exklusiven Kasinos der oberen Zehntausend, wo keine Polizei zugelassen ist, oder in den öffentlichen Spielparks, wo Puissant in der Anonymität der Menge untertauchen kann."

„Und ausgerechnet da willst du ihn finden? Wenn dieser Mann gerissen genug war, seiner Leibgarde zu entwischen, ist er auch schlau genug, sein Aussehen radikal zu verändern. Wie willst du ihn dann erkennen?"

„Erstens an seinem Bauch, den er nicht verbergen kann, zweitens an seinem Riechkolben, selbst wenn er die Röte überschminkt, drittens an seinem Schnurrbart –"

„Den kann er sich abnehmen."

„Wird er nicht. Puissant verdeckt damit ein paar Warzen auf der Oberlippe, er ist eitel. Außerdem hat er auf dem linken Unterarm eine Tätowierung, einen Drachen, und ihm fehlt das rechte Ohr. Er hat es vor Jahren beim Mariana-Roulett verloren. Völlig verrückt, hat das eine Ohr auf Farbe, das andere auf Zahl gesetzt, eine Chance von eins zu hundert, daß er mit beiden Ohren heil da herauskommt; er hat noch Glück gehabt, daß er nicht beide hergeben mußte."

„Trotzdem, Tiny, in den Spielparks treiben sich Zehntausende herum. Unsere Chancen stehen nicht mal eins zu hunderttausend."

„Du hast mich vorhin auf eine Idee gebracht, Smiley. Sag allen Leuten, die du kennst, du solltest für eine Kaugummi-Show ein Double von Jeremias Wrigley auftreiben, und drück ihnen das Bild in die Hand. Fünfzig Dollar für jeden Tip und tausend Dollar Prämie für den richtigen. Wir werden uns inzwischen in den Kasinos der VIPs umsehen."

„Wenn man uns reinläßt. Du hast selbst gesagt, die sind für Polizei und Detektive gesperrt."

„Wir sind Mitglieder, Smiley." Timothy warf zwei Identicat-Folien auf den Tisch. „Ich habe einem meiner Klienten gestanden, daß mich die Spielleidenschaft gepackt hat, daß ich mich aber fürchte, allein zu gehen, und mich deshalb von meinem Freund, dem Anthropologen Anthony Smiles, begleiten lassen möchte."

„Anthropologe? Was ist das nun schon wieder?" Smiley blickte Timothy mißtrauisch an.

„Erklär' ich dir später in Ruhe. Entscheidend ist, daß es ihn wirklich gibt, falls man es überprüft, und daß er dir einigermaßen ähnlich sieht. Daß ich einen Mann mit Namen Smiles ‚Smiley' nenne, wird auch den mißtrauischsten Kasino-Diener nicht beunruhigen, zumal wenn du die Klappe hältst. Ein Anthropologe ist nämlich ein ziemlich gebildeter Mann. Hast du einen modernen Frack? Schon gut, stell dich unter den Dressomaten. Dann sagst du bis auf weiteres alle Termine ab und bringst das Bild von Mister Wrigley unter die Leute. Ich entwerfe inzwischen den Schlachtplan."

2.

Als Smiley am späten Nachmittag wiederkam, führte Timothy ihm den „Truckle-Spezial-Wunder-Frack" vor. In Sekundenschnelle hatte er die Schöße in die Taschen gestopft, den Frack umgedreht und wieder angezogen, und nun sah er wie ein schon etwas schäbiger Allerweltsrock aus. Der Spitzenkragen des Hemdes ließ sich mit einem Handgriff abreißen und auch wieder anheften.

„Die Hosen können wir leider nur umfärben", erklärte Timothy, „aber ich denke, das wird reichen." Er holte aus einer der vielen Hosentaschen einen Handcolorator. „Damit können wir auch blitzschnell die Haare umtönen. Hier hast du einen ‚Ohrwurm', neuestes Modell, es genügt, wenn du mit geschlossenem Mund murmelst, und ich kann dich fünfhundert Meter weit hören. Außerdem werden wir diese Westen tragen – ein Sender für taktile Signale. Wenn du dir auf die Brust drückst, spüre ich es auf dem Rücken. Hier ist eine Liste der Codezeichen, die ich mir ausgedacht habe."

„Wozu solch ein Aufwand? Wir haben doch nichts zu verbergen.“

„Erstens kann ich es nicht ausstehen, wenn jemand mich abhört, zweitens dürfen wir in den Kasinos kein Aufsehen erregen, und drittens fürchte ich, daß Glover mir seine Leute an die Fersen heften wird, um im entscheidenden Augenblick doch noch die Nase vorn zu haben. Ich hoffe, wir können sie abschütteln, aber sicher ist sicher.“ Timothy lächelte versonnen. „Ich will Puissant erst mal für mich haben.“

„Wollen wir eine Leibgarde mieten?“

„Habe ich schon getan. Auf deinen Namen. Die Leute bekommen Sprechfunkgeräte, damit wir sie dirigieren und im Notfall rufen können. Ich möchte nicht, daß sie uns wie ein Schwarm Hunde hinterherlaufen.“ Timothy zog ein weiteres Gerät hervor. „Das hier ist ein Defreezer, mit dem wir über den ‚Ohrwurm‘ die Animiermusik stören können. Und das hier ein Spray gegen euphorisierende Aerosole; ich möchte weder in den Kasinos noch in den Parks plötzlich vom Spielfieber ergriffen werden.“

„Du alter Geizkragen willst wohl überhaupt nicht spielen?“

„Wenn es nötig ist, bin ich bereit, ein kleines Vermögen zu riskieren.“ Timothy zeigte, daß die dicken Sohlen und die hohen Absätze seiner Schuhe voller Geld steckten.

„Warum bekomme ich nicht so schöne Schuhe?“

„Bei dir würde es auffallen, bei mir hält es jedermann für Eitelkeit. Nun der Stock.“ Timothy drückte Smiley einen Spazierstock aus Bambusrohr in die Hand. „Zum Glück hat die Mode dieses schöne Accessoire der Upperclass sofort aufgegriffen, so fallen wir damit weder in den Kasinos noch in den Parks auf. Ich habe mir allerdings gestattet, unsere Stöcke ein wenig zu verbessern. In der Spitze steckt ein Schockgaswerfer mit einer Reichweite von zwei Metern, die Füllung genügt für etwa ein Dutzend Einsätze; hier im Griff befindet sich ein Rayvolver mit vier Ladungen, und wenn du den Griff abschraubst und umdrehst, hast du einen Trinkbecher. Das allerdings war nicht meine Idee, das haben kluge Engländer schon vor ein paar hundert Jahren erfunden. Der Stock faßt ein viertel Liter. Du darfst dir was aus meinen Beständen aussuchen.“

„Du hast an alles gedacht“, sagte Smiley anerkennend.

„Ich hoffe. Nun noch die Peilanlage. Den Sender steckst du dir in die Tasche, den Empfänger schaltest du an deinen

Communicator im Büro und verbindest den mit meiner Nummer. So bekommen wir eine Dreipunktpeilung, und Napoleon weiß immer, wo wir sind."

Smiley starrte Timothy entsetzt an. „Bist du wahnsinnig?" brach es aus ihm heraus. „Auf den Betrieb überbezirklicher Funkanlagen steht die Todesstrafe!"

„Wer spricht denn von einer Funkanlage? Dies ist eine Notruf-Frequenz, und sie ist von der Funküberwachung genehmigt. Eine für dich und eine für mich. Daß wir die Dinger umpolen, den Sender mitnehmen und den Empfänger installieren, wird niemand merken."

„Und wie erfährt Napoleon, wenn wir Hilfe brauchen?"

„Sobald beide Geräte schweigen, vergleicht er die letzten Koordinaten mit dem Stadtplan –"

„Mit dem Stadtplan! Weißt du etwa nicht, daß der kantenverzerrt und winkeluntreu ist?"

Timothy schmunzelte. „Napoleon wird schon damit fertig." Er verriet Smiley nicht, daß er Napoleon die Originalmeßtischblätter von Chicago eingespeichert hatte. „Sobald unsere Signale verstummen, ruft er Inspektor Hopkins an, er habe soeben ein leider verstümmeltes Communic empfangen, Mister Truckle befinde sich dort und dort in Gefahr."

„Hoffentlich kommt er dann auch schnell genug. Wie bewegen wir uns eigentlich, Tiny?"

„Zu den Kasinos fahren wir per Aerotaxi. Wenn wir in die Parks müssen, steigen wir in die Metro um."

„Das muß ich erleben!" Smiley jubelte laut. „Timothy Truckle in der Metro – darf ich das aufnehmen? Das glaubt mir sonst kein Schwein."

„Du darfst jetzt in dein Büro fahren und den Peilempfänger anschließen. Und dann lerne deinen Code. In spätestens zwei Stunden brechen wir auf."

Timothy rief den Großen Bruder an.

„Ich melde mich sofort zurück, wenn ich die Wohnung wieder betrete", schloß er seinen Bericht. „Im Notfall kann Napoleon mich auch unterwegs benachrichtigen, daß du mich sprechen willst."

„Ich denke, du hast die Notruf-Frequenz umgepolt?"

„Napoleon würde ein ultrakurzes Signal zu meiner Taktilweste senden, das kann niemand anpeilen. Ich käme dann sofort nach Hause, um dich anzurufen. Du mußt nur ausnahmsweise mal über das Netz kommen. Melde dich als Jacques Puissant, das wird der Überwachung am wenigsten auffallen; ich bekomme in den nächsten Tagen bestimmt Dutzende von Communics wegen Puissant, und er selbst ruft unter Garantie nicht an. Ich instruiere Napoleon, daß er mir, sobald Puissant mich sprechen will, den Rücken streicheln soll."

„Ich weiß nicht, Tiny – ist es wirklich nötig, daß du dich mit diesem Fall beschäftigst?"

„Versuch nicht schon wieder, mich zu agitieren. Puissant ist der einzige Mensch in den Staaten, der mir zeigen kann, wie man ein Soufflé fantastique zubereitet."

3.

Wo anfangen? Es gab achtzehn VIP-Kasinos in Chicago.

„Einem Spieler kann man nur mit Spiel beikommen", sagte Timothy und schrieb die Namen der Kasinos auf die Steine des Mühlespiels. „Komm, Smiley, der letzte geschlagene Stein wird das erste Reiseziel." Es war das „Casino der Sieben Himmel".

Unterwegs erprobten sie die Taktilsender. Smiley begriff es schneller als Timothy, obwohl der die Zeichen ausgeknobelt hatte. Sie machten einen langen, hakenreichen Umweg durch das Korridorsystem der Etage, dirigierten einander mit unvermittelten Signalen, stiegen sogar eine Treppe hinunter, von deren Existenz Timothy bislang nicht einmal etwas geahnt hatte, gerieten in die abendlich leere Ladenstraße im 825. Stockwerk und machten einander von Brust zu Rücken auf Schaufensterauslagen aufmerksam. Sie wurden von einem Safeman angehalten. Er studierte lange Timothys Identicat, bevor er dessen fadenscheinige Erklärung akzeptierte, er habe seinem Freund nur die neuen DIOR-Modelle zeigen wollen; als wenn man sich die nicht wesentlich besser am Videoschirm vorführen lassen konnte, jederzeit und von einem Mannequin seiner Wahl.

Die „Sieben Himmel" erwiesen sich als ein nackter, von Smog und Regen zernarbter, fensterloser Betonklotz. Die oberste Etage diente als Lande- und Empfangshalle, von hier ging es dann Himmel um Himmel abwärts, der fünfte lag schon unter der Erde.

Timothy ließ sich von dem „Maître de Plaisir", der sie in

Empfang nahm, genau erklären, was sie wo finden könnten, versicherte dann aber, daß sie sich weder für die beiden Sex-Etagen noch für den ersten, den gastronomischen Himmel interessierten, auch nicht für den sechsten, in dem man alle Träume erwerben konnte, die mit Traumaten und Halluzinogenen zu erreichen waren, noch den siebenten, dessen „Wolken“ psychedelische Simulationskammern waren, mit Videoschirmen nicht nur an allen vier Wänden, sondern auch an Decke und Fußboden, so daß man in der totalen optischen und akustischen und psychosensischen Illusion nahezu alles erleben konnte, Rückkehr in die Welt der Kindheit ebenso wie Geschlechtertausch und Expeditionen in die schönsten und grauslichsten Welten. Sie streiften durch die Säle der beiden Spieletagen, konnten aber nirgendwo Puissant entdecken. Schließlich gingen sie zurück zum Empfang. Timothy winkte den „Maître de Plaisir“ heran.

„Ich habe heute kein Glück“, erklärte er ihm, „und ich habe es mir zum Prinzip gemacht, aufzuhören, wenn ich in einer Strähne zehntausend verloren habe. Ich war mit einem Freund verabredet“, er zeigte Puissants Foto, „würden Sie mich wissen lassen, wenn er noch kommt?“

Der Maître lächelte. „Es ist unser Grundsatz, niemals eine Information über einen Gast zu geben.“

„Ich weiß“, erwiderte Timothy, „deshalb bitte ich Sie auch nur um eine Nachricht.“ Er zog sein Giroheft hervor, schrieb einen Scheck über tausend Dollar aus, riß den Sicherungsstreifen ab und notierte auf der Rückseite Smileys Nummer. „Falls er doch noch kommt.“

Der Maître verbeugte sich. „Ich hoffe es.“

Sie fanden Puissant weder in „Disneyland“ noch im „Casino de Paris“, dafür trommelte es „Im Goldenen Westen“ auf Timothys Rücken Alarm. Auf der Bühne des Raums, der wie eine als Festsaal improvisierte Scheune aus dem frühen 19. Jahrhundert eingerichtet war, hockten sich zwei Männer im „Comanchen-Duell“ gegenüber.

Timothy und Smiley versuchten, sich zur Bühne vorzudrängeln, konnten aber nur einen Platz an der Wand ergattern. Smiley hob Timothy kurz entschlossen hoch und setzte ihn auf ein Wagenrad.

Ja, der weißhäutige, dreibäuchige Mann auf der Bühne

konnte Puissant sein. Der Federschmuck der Indianerhaube verdeckte die Ohren, aber seine Unterarme waren tätowiert, wenn Timothy auch nicht ausmachen konnte, ob ein Drache dabei war, und er trug ganz unindianisch einen Bart, einen Vollbart zwar, aber was besagte das schon.

Sein Gegner schien ein echter Indianer zu sein, er war jung und trainiert. Es sah aus wie ein Kampf zwischen einem Profi und einem Mann aus dem Publikum, und da entdeckte Timothy auch die Inschrift neben der Bühne: „Neu! Neu! Neu! Der Nervenkitzel von Chicago! Wer besiegt den Häuptling? Die zwanzig härtesten Kämpfer der Comanchen warten auf Herausforderer. Wer einen von ihnen im Duell besiegt, erhält 1 000 000 Dollar! Heute abend: Häuptling Schwarzer Adler gegen Mister –!"; anstelle des Namens stand nur ein Y.

Die Zuschauer wurden still. Schwarzer Adler zog sein Messer, hob den Arm, richtete die Messerspitze auf seine Brust, ließ die Klinge niedersausen und quer über die Brust reißen, Blut quoll hervor. Timothy hatte unwillkürlich die Augen geschlossen, ein heftiger Schmerz auf dem Rücken schreckte ihn hoch. Smiley blickte Entschuldigung heischend, er hatte in der Aufregung beide Hände gegen die Brust gepreßt. Timothy schien der einzige im Saal gewesen zu sein, der die Augen geschlossen hatte, rundum stierte man zur Bühne. Schwarzer Adler stand auf, zeigte dem Publikum die tiefe, klaffende Schnittwunde. Beifall klang durch den Saal.

Jetzt setzte Y sein Messer an. Timothy ließ sich von dem Wagenrad gleiten, gab Smiley einen Wink und drängelte sich zum Ausgang. Er mußte sich an die Wand lehnen, so übel war ihm. Er schraubte den Griff seines Stocks ab und goß den Becher voll Whisky. Kurz darauf kam Smiley.

„Es ist nicht Puissant", erklärte er. „Mister Y ist ohnmächtig geworden, und als er umkippte, verrutschte die Indianerhaube; ihm fehlt kein Ohr. Wohin jetzt?"

„Für heute ist mein Bedarf gedeckt", antwortete Timothy. „Tu mir einen Gefallen und sieh dir die letzten Säle allein an. Ruf mich, wenn du unseren Mann findest."

Sie spürten ihn auch am nächsten Tag nicht auf, obwohl sie schon früh loszogen, weil einer von Smileys Informanten ein Wrigley-Double entdeckt hatte. Am Abend hatten sie bereits ein Dutzend passable Darsteller für eine Wrigley-Rolle, nur nicht Puissant.

An diesem Abend fuhren sie ins „Haus der Rosen“, das seinen Namen von dem mittelalterlichen „Krieg der weißen gegen die roten Rosen“ in England bezog. Sie mußten sich höfische Kostüme aus der Feudalzeit leihen, um eingelassen zu werden; Smiley ging als Mundschenk, Timothy als Hofnarr. Die Attraktionen des Hauses waren psychedelische Gelage mit Hexensabbat, Schwarzen Messen und Folterkammerorgien und ein Ritterturnier, an dem jedermann teilnehmen konnte, das aber nicht mit Pferden, sondern mit Motorrädern ausgetragen wurde, die aus fest verschweißten Rammspornen elektrische Lähmstöße austeilten. Auch die Spielsäle waren dem „finsteren Mittelalter“ angepaßt.

„Wenn unsere Vorfahren geahnt hätten, wie finster die Zukunft in den Staaten werden würde“, kommentierte Timothy, „sie wären sicher nie über den großen Teich gekommen.“

Als Preise gab es vorwiegend Antiquitäten, nur wenige aus dem Mittelalter, die meisten aus dem 20. Jahrhundert, aber alle unzweifelhaft echt; dieses Publikum hätte sich auch kaum mit Kopien abspeisen lassen. Der größte Andrang herrschte in der „Venezianischen Lotterie“, wo es Gläser zu gewinnen gab. Um den Kitzel des Spiels zu erhöhen, wurden nicht nur Gewinner, sondern auch Verlierer ausgelost, die dann in eine „Folterkammer der Inquisition“ geführt und vor dem Publikum ziemlich hart malträtiert wurden.

In „Tausendundeiner Nacht“ bekam Smiley Lust mitzumachen, er mußte in einen Sog euphorisierenden Gases gekommen sein. Timothy verpaßte ihm schnell einen Schuß Antispray.

Dann stiegen sie „noch tiefer in die Barbarei“, wie Timothy sagte, ins „Alte Rom“. Beim Kampf in der Arena gegen (gedopte) Löwen glaubten sie schon, Puissant endlich erwischt zu haben, aber das erwies sich wieder einmal als Irrtum. Smiley wollte noch in den Keller fahren, wo ein Reklame-Video einen Sklavenmarkt verhieß: „Gewinnen Sie einen Sklaven. Für einen Tag, eine Woche, einen Monat, ein Jahr – Sie selbst bestimmen die Dauer. Und was riskieren Sie schon? Nur selbst Sklave zu werden, wenn Sie verlieren. Das aufregendste Spiel des Jahrhunderts!“

Timothy winkte ab. „Glaube kaum, daß das Puissant reizen

könnte. Was soll er mit einem Sklaven? Und er selbst ist es doch schon, wenn auch an goldenen Ketten. Komm, Smiley, ich will nach Hause. Es widert mich an, und ich bin sicher, daß wir Puissant hier nicht finden. Er ist zwar ein Spieler und bestimmt auf ausgefallenen Nervenkitzel aus, aber wenn er nur halb so gut kochen kann, wie man behauptet, muß er ein Mann mit Geschmack sein und kann sich unmöglich in diesen Kasinos wohl fühlen."

4.

Am nächsten Tag lief ein vielversprechendes Communic ein. Bud und Sidney Spencer, zwei Gelegenheitsspione, hatten in Funny Hills ein Wrigley-Double gefunden und fragten an, ob es etwas ausmache, daß dem Mann ein Ohr fehle.

Timothy bestellte ein Aerotaxi, um bis zum McCarthy Square zu fliegen, das letzte Stück wollten sie mit der Metro zurücklegen, damit sie in Funny Hills kein Aufsehen erregten. Der Taxifahrer weigerte sich, am McCarthy Square zu landen, und ließ sich nur für ein hohes Trinkgeld überreden, sie bei laufendem Rotor direkt am Metro-Eingang abzusetzen.

Auf dem Bahnsteig lungerten ein paar schwerbewaffnete Guards, die sie mißtrauisch ansahen. Als der Zug einfuhr, merkte Timothy, warum.

„McCarthy Square", tönte es aus den Lautsprechern. „Achtung, Reisende! Unbewachtes Gebiet. Aussteigen und Verlassen des Bahnhofes nur auf eigene Gefahr."

Niemand stieg aus, und die Passagiere des überfüllten Waggons rückten beiseite, als seien Timothy und Smiley leprakrank.

Bud Spencer erwartete sie am Ausgang der Metro-Station Funny Hills mit langem Gesicht.

„Vor zehn Minuten haben wir ihn aus den Augen verloren. Weit kann er noch nicht sein. Vielleicht hat Sidney ihn schon wiedergefunden."

Doch Sidney zuckte nur mit den Schultern, als sie ihn endlich trafen. „Wie vom Erdboden verschwunden."

Sie hasteten durch die Spielstraßen, ohne sich mit den Saloons aufzuhalten, die doch nur Spiele für kleine Leute mit kleinem Geldbeutel bereithielten und als Preise die üblichen Bons für Sauerstoffduschen oder Wasserkonserven, Drogen oder Naturallebensmittel boten. Um den Zentralsaloon mußten sie einen weiten Bogen schlagen, solch ein Gedränge herrschte dort; Bud Spencer erklärte, um diese Zeit würden immer Arbeitslizenzen als Extraprämie ausgelost. Fast ebenso stark war der Andrang zu einem Saloon, in dem es Pseudoerlebnisse zu gewinnen gab; die Plakate versprachen „alle Herrlichkeit auf Erden", von einem Tag im Schlaraffenland bis zum Besuch im Harem des Sultans von Konstantinopel.

„Vielleicht dort?" Smiley zeigte auf einen „Tattoo-Duell-Saloon", wo der Gewinner des Duells den Unterlegenen nach seinem Geschmack und auf dessen Kosten verzieren oder wahrscheinlicher verunzieren lassen konnte. „Interessiert er sich nicht für Tätowierungen?"

„Ich glaube nicht. Seinen Drachen hat er aus Asien mitgebracht, es ist das Zeichen der Goldenen Dün, des höchsten Meistergrades indonesischer Kochkunst."

Dann entdeckten sie ihn. Beim Detroit-Hazard. Er stand innerhalb der Absperrung und strich um die alten Wagen herum, die von hier aus mit Vollgas starten und die etwa dreihundert Meter lange, von Menschen umsäumte Rennstrecke herunterrasen und so dicht wie nur möglich vor einem Abgrund stoppen sollten. Sieger war, wer zuerst ankam und am dichtesten vor der zwanzig Meter tiefen Schlucht stehenblieb. Wenn er den Wagen zum Halten bekam. Einmal täglich, niemand wußte, in welchem Rennen, wurden bei einem der Autos die Bremsen blockiert.

„Hoffentlich hat er sich nicht schon einschreiben lassen!" Timothy boxte sich zur Absperrung vor, bis er in Reichweite Puissants kam. Wenn der es war. Der Mann trug einen weiten Umhang, der seine Figur verhüllte, und ein Kopftuch; aber als er sich umdrehte, sah Timothy, weil das Tuch zu fest gebunden war, daß dem Mann das rechte Ohr fehlte.

„He, Mister!" rief Timothy. „Haben Sie Lust auf eine Wette? Tausend Dollar für den, der die originellere Tätowierung hat."

Der Mann drehte sich um, musterte Timothy, zog den linken Ärmel zurück und enthüllte das kunstvoll ausgeführte Bild eines grün-blauen Drachens mit roten Augen. Es war tatsächlich der Drachen des Goldenen Dün. Puissant hielt die offene Hand hin. „Tausend Dollar, Mister Winzig. Oder haben Sie etwas Besseres vorzuweisen?"

„Gewonnen." Timothy zückte eine Tausenddollarnote. „Und

was halten Sie von einem lukullischen Duell? Jeder kann drei Gerichte bestimmen. Ich setze als Preis die Beschreibung des berühmten, verschollen geglaubten Festmahls, das Alexander Newski Anno zwölfhundertvierzig gab, nachdem er die Schweden besiegt hatte. Vor ein paar Jahren wurde ein Pergament mit allen Details gefunden."

„Ich hörte davon." Puissant sah Timothy prüfend an. „Und das Original wollen Sie haben?"

„Nicht das Original. Aber eine beglaubigte Kopie. Die einzige in den Staaten. Sind Sie interessiert?"

„Dafür laß ich das hier allemal sausen." Puissant wandte sich an die Zuschauer. „Will jemand für mich fahren?" Als die erste Hand sich hob, war Puissant schon mit erstaunlicher Behendigkeit über die Absperrung geklettert.

„Los, kommen Sie, Mister Winzig. Verschwinden wir, bevor die Rennleitung Wind kriegt."

Er nahm Timothy an die Hand und zog ihn davon. Die Umstehenden begannen zu lachen und ihnen unflätige Witze nachzurufen. Sie mußten in der Tat ein komisches Bild abgeben. Timothy stellte im Laufen den „Ohrwurm" an.

„Hallo, Smiley! Schaff uns die Spencers vom Hals und komm nach. Wenn wir uns verfehlen, Treffpunkt Südausgang der Funny Hills. Von dort nehmen wir uns ein Taxi. Oder wir sehen uns bei mir im ‚Nebraska'. Ende."

Bald war es Timothy, der Puissant hinter sich herzog. Puissant keuchte, Schweiß rann ihm über die Stirn, schließlich blieb er stehen, und Timothy versuchte vergeblich, ihn weiterzuziehen.

„Ich muß erst mal unter eine Sauerstoffdusche, Mister Winzig. Wenn ich ersticke, können wir unser Duell nicht austragen."

Timothy blickte sich um. „Dort!" An einer kleinen Abzweigung stand ein Hinweisschild auf einen Stützpunkt der PUBLIC HEALTHFARE. Aber sie erreichten das Haus nicht mehr. Plötzlich drangen zwischen den Büschen und halbverfallenen Baracken Leute mit verbitterten, entschlossenen Gesichtern hervor, Throwaways und Outdrops* aller Altersstufen. Sie for-

---

* Throwaways = Wegzuwerfende, Abschaum; Outdrops = Drogenwracks; Bezeichnung für die wohl unterste Stufe menschlichen Elends in den Staaten.

mierten sich zu einem Zug, der immer dichter wurde, Timothy und Puissant einkeilte und vorwärts schob. Einer fing an zu schreien: „Wir fordern Drops!", und gleich fielen alle ein: „Wir fordern Drops!"

Als sie einen Hauptweg erreichten, schwenkte der Zug ein. Bald schlossen sich Passanten an, aber sie schrien nicht nach Drogen, sondern wandelten den Spruch der Elenden ab: „Wir fordern Jobs! Wir fordern Jobs!" Die freudig erregten Gesichter und die fiebrigen Augen verrieten, daß sie vor nicht allzu langer Zeit mit euphorisierenden Aerosolen beschossen worden waren, die ihnen jetzt, statt Spielleidenschaft anzufachen, Mut gaben, öffentlich zu demonstrieren. Der Zug wurde immer dichter. Puissant wurde von Timothy weggetrieben, dafür tauchte plötzlich Smiley auf; er ruderte verzweifelt mit den Armen. Timothy konnte nicht ausmachen, ob es ihm gelang, aus der Demonstration zu entkommen.

Dann kam der Zug ins Stocken, die Leute drängten zurück, schrien, Timothy wurde umgerissen, hatte Mühe, den trampelnden Füßen zu entgehen und sich wieder aufzurichten, stand plötzlich allein, in der vordersten Reihe, nur wenige Meter vor einer Kette Polizeipanzer.

Links und rechts der Straße wuchsen Stahlplastwände aus dem Boden, kleine graue Würste lösten sich von den Panzern, blähten sich auf, rückten unaufhaltsam vorwärts; als sie Timothy erreichten und nach hinten schoben, waren sie schon zu Mannshöhe gewachsen. Timothy wollte davonrennen, aber er konnte sich nicht bewegen, Lichtblitze flammten, Ultraschallstöße ließen seine Muskeln zittern, ihm wurde speiübel, in den Ohren hämmerte es. Panischer Schrecken erfaßte ihn. Neben ihm fiel jemand in epileptische Krämpfe. Dann schossen die Photicdriver aus den Panzertürmen und ließen seine Gehirnströme flackern, gleich darauf überfiel ihn ein Gefühl der Leichtigkeit, unbändige Freude; rote, gelbe und blaue Schleier waberten durch sein Gehirn, er war glücklich, willenlos glücklich. Er merkte nicht einmal mehr, wie ihn dichter Schaum einhüllte, der zu einem harten Panzer verkrustete, aus dem nur noch sein Kopf herausragte.

5.

Er erwachte in völliger Finsternis, von Brechreiz gequält, schädelzersprengendes Dröhnen in den Ohren, ziehende Schmerzen in allen Muskeln, die Augen brannten. Timothy nahm alle Kraft zusammen und streckte die Hände aus. Als er sein Bein berührte, merkte er, daß er nackt war. Er tastete sich ab. Vollständig nackt. Der Boden war spiegelglatt.

Timothy richtete sich vorsichtig auf, balancierte verzweifelt, um nicht auszugleiten, seine Hände stießen gegen eine gläserne Wand. Er lehnte sich mit dem Rücken dagegen, ruhte sich aus. Wie lange? Timothy zählte bis hundert, dann tastete er sich an der Wand entlang bis zu einer Ecke. Auch die nächste Wand war gläsern.

Die Schmerzen überwältigten ihn, er mußte sich wieder zu Boden sinken lassen. Er versuchte sich zu erinnern, es gelang ihm nicht. Das Hämmern und Dröhnen im Kopf wurde immer wütender. Sein Schädel schien ins riesenhafte zu wachsen. Dann schwanden ihm die Sinne.

Als er wieder zu sich kam, blickte er in zwei riesige Augen. Sie nahmen die ganze Breite der Wand ein. Auch von den anderen Wänden starrten ihn die Augen an. Lebendige Augen, die Lider zuckten. Video, dachte Timothy. Er war glücklich, wieder denken zu können. Er mußte in einer der berüchtigten Videokammern der NSA gelandet sein. Seine Erinnerung setzte langsam wieder ein. Die Barriere. Die Demonstration. Puissant . . .

Die Augen wurden kleiner, und rund um sie wuchs ein Gesicht auf die Wände, das Gesicht eines Mannes von etwa dreißig Jahren, ein glattes Allerweltsgesicht.

„Ich bin dein Confessor“, sagte es, „und du wirst mir alles beichten. Alles. Oder ich lasse dich fallen.“

Das klang leidenschaftslos, sachlich, und doch fühlte Timothy eine Bedrohung. Dann entdeckte er, warum. Er sank, erst langsam, dann immer schneller in den Boden; das Gesicht sah teilnahmslos zu, blickte immer kleiner werdend über den dunklen Rand einer Schlucht, in die der gläserne Käfig stürzte. Timothy versuchte unwillkürlich, sich irgendwo anzuklammern, aber nirgends war Halt. Sein Herz schlug rasend, er keuchte, rang nach Luft, die vorbeisausende trübe Luft des Schachts heulte, unter seinen Füßen konnte er die Sohle der

Schlucht erkennen, noch hundert Meter, neunzig, achtzig – gleich würde der gläserne Boden auf den spitzen Felsen prallen. Noch nie in seinem Leben hatte Timothy solche Angst empfunden. Er schloß die Augen, doch das erhöhte nur die Angst. Er zwang sich, sie wieder aufzureißen. Sein Käfig stand! Hinter den Wänden schimmerte quarziger Stein. Timothy blickte zu Boden. Einen Meter weiter, und er wäre zerschellt.

Mit einem Schlag verschwanden die Felsen, und das Gesicht blickte ihn wieder überlebensgroß von allen Seiten an. Immer noch gleichmütig. „Oder ich lasse dich fallen", wiederholte der riesige Mund. Wiederholte er – oder war es noch der gleiche Satz? Wie lange hatte der Sturz gedauert? Hatte es ihn überhaupt gegeben? War es eine Videoprojektion, oder hatten sie es direkt in sein Gehirn eingespielt?

Timothy strich sich über die Stirn. Seine Todesangst war echt gewesen, er fühlte Schweißtropfen. Nur wenige. Also hatte das Ganze nur Sekunden gedauert. Also Video. Er fühlte sich erleichtert.

„Mein Name ist Frank A. Devlin", sagte das Gesicht. „Ein treffender Name, findest du nicht? Du solltest in der Tat frank und frei zu mir sprechen, freimütig und aufrichtig. Und Devlin – erinnert es dich auch an devil? Es liegt an dir, ob ich für dich der Teufel bin oder ein Engel. Das A in meinem Namen steht für angel. Also entscheide dich!"

„Ich", quetschte Timothy heraus, „ich –"

„Komm, sei aufrichtig", fuhr Devlin unbeeindruckt fort. „Erzähle, gestehe. Jeder Mensch hat etwas zu gestehen. Fang irgendwo an. Wir haben Zeit. Viel Zeit."

Er ließ Timothy keine Zeit. Er riß den riesigen Mund auf, einen Mund voller weißer, fast unplombierter Zähne, wie Timothy registrierte, und brüllte los: „Gestehe! Gestehe! Gestehe . . ."

Der Mund wurde wandbreit; nur noch ein zuckendes, schnappendes, alles verschlingen wollendes Maul klappte rundum auf und zu und brüllte. Timothy hielt sich die Ohren zu, um es ertragen zu können, doch die Worte erfaßten den Schädel, den ganzen Körper, ließen ihn vibrieren, immer stärker, daß der Kopf zu platzen drohte: „Gestehe! Gestehe!"

Timothy schrie, so laut er konnte, um diese Stimme zu übertönen, er brüllte, heulte, jaulte, Tränen rannen ihm über die Wangen, sein Körper war schweißnaß.

Der Mund schrumpfte. Devlins gleichmütiges, freundliches Gesicht erschien. „Denke nach. Erinnere dich. Erforsche dich. Und dann gestehe. Und wenn du nicht reden willst – wer weiß, vielleicht hast du geschworen, daß nie ein Wort über deine Lippen kommen soll? –, dann schweige. Du mußt nichts sagen. Du mußt es nur denken. Ich denke mit deinen Gedanken. Du kannst mir nichts verheimlichen. Nichts, nichts, nichts ..."

Das Gesicht verschwand. Timothy saß in einem Spiegelkäfig. Sein Spiegelbild und der Echoeffekt brachten ihn wieder zu sich. Er konnte sogar grinsen. Effekthascherei, dachte er. Eine Nummer zu groß für den kleinen Timothy.

Er brauchte ein paar Minuten, sich an seine neue Umwelt zu gewöhnen, das Schwindelgefühl und den Brechreiz niederzukämpfen, den sich rundum bis zur Unendlichkeit spiegelnden, immer kleiner werdenden, milliardenfachen Timothy Truckle zu ertragen, dann rutschte er in eine Ecke, legte die Fingerspitzen an die Stirn und schob sie Millimeter für Millimeter vorwärts, tastete die Kopfhaut systematisch ab, um festzustellen, ob sie ihm eine Sonde eingepflanzt hatten. Er konnte nirgendwo einen Einstich oder eine Narbe oder einen frischen Plastverband finden. Also war es nur Bluff mit dem Gedankenlesen. Und das ihm!

Er schloß die Augen und mobilisierte sein Gedächtnis, rief sich den Vorgang wieder zurück, Phase für Phase und Wort für Wort.

Plötzlich wußte er es. Er erinnerte sich, wie er gestottert hatte, etwas sagen wollte – was? Egal, da hatte der andere nicht im mindesten reagiert. Timothy durchdachte die Situation noch einmal, ließ sie noch ein drittes und viertes Mal Revue passieren und wurde vollends sicher: Das war keine auf ihn gerichtete Begrüßungszeremonie gewesen, sondern ein automatisch ablaufendes Programm, sicher für alle Häftlinge gleich, um die Neuankömmlinge zu erschrecken, einzuschüchtern, willenlos zu machen.

Timothy faßte Mut. Jetzt, da er es durchschaut hatte, war er in der Lage, sich auch auf kommende Situationen einzustellen. Der Bann war gebrochen. Gut, den ersten Zug dieses psychologischen Kampfes hatten die da gewonnen, aber schon mit dem zweiten hatte er gleichgezogen. Er konzentrierte sich, um nicht den Spiegelbildern zum Opfer zu fallen; irgendwo mußte etwas sein, durch das sie ihn beobachteten. Er fand nichts. Er rief: „Hallo!“ Immer wieder. Dann: „Ich will jemand sprechen.“ Keine Antwort. „Mister Devlin!“ Rundum nur Schweigen.

Timothy legte sich hin und schloß die Augen. Er mußte sich vorbereiten. Irgendwann würde Devlin sich melden. Er mußte erreichen, daß Devlin Auskünfte bei seinen Klienten einholte, dann würden die sich schnell einschalten und ihn herausholen. Nicht aus Sympathie, aber weil sie befürchten mußten, daß die NSA alles von ihm erfahren könnte, und welcher Big-Boß wollte schon, daß die NSA Einblick in seine Intimsphäre oder seine Geschäfte bekäme! Ob Puissant auch verhaftet worden war? Sicher würde der schnell freigelassen werden. Wenn er sich nicht halsstarrig gab und verschwieg, daß er der Leibkoch von Henry Six war. Die NSA würde es auch ohne Puissants Mithilfe herausbekommen. Und Puissant ausliefern! – Timothy fluchte still vor sich hin, zuerst, weil Puissant für ihn verloren, dann, weil er so verrückt gewesen war, sich überhaupt auf die Suche nach ihm zu begeben, das „Nebraska“ zu verlassen und sich unter die Massen zu mischen. Als bestünde nicht ständig und überall, wo mehr als ein halbes Dutzend Menschen zusammenkamen, Gefahr, daß sich eine spontane Unmutskundgebung entwickelte! Welch ein Wahnsinn, einem privaten Gelüst zuliebe seine ganze Existenz aufs Spiel zu setzen. Hätte er nur auf den Großen Bruder gehört! – Wenn er sich nicht meldete, würde der Große Bruder bestimmt versuchen, von Napoleon zu erfahren, wo Timothy abgeblieben war. Aber bestimmt waren die Peilsender bereits ausgefallen, als die Polizei die Demonstration auflöste. Timothy stellte fest, daß er keine Ahnung hatte, ob die Polizeiwaffen die Sender blockiert haben konnten. Dann könnte Napoleon nur sagen, daß er in den Funny Hills verlorengegangen war. Sicher wußte der Große Bruder längst von der Demonstration und konnte vermuten, daß Timothy bei der NSA einsaß, aber wie sollte er ihm hier helfen? Und Hopkins? Würde Hopkins den Mut aufbringen, sich bei der NSA für ihn zu verwenden? Und Smiley? Würde der sich aus Angst totstellen, oder würde er versuchen, Hilfe zu organisieren? Wenn aber Smiley auch verhaftet war?

Müdigkeit überfiel ihn. Er versuchte dagegen anzukämpfen, vergeblich.

6.

Als Timothy zu sich kam, saß Devlin vor ihm am Schreibtisch. Wahrscheinlich saß er irgendwo weit entfernt, aber das Video war so eingestellt, daß Devlins Zimmer wie die Fortsetzung von Timothys Zelle wirkte, deren übrige Wände zur Zeit wohltuend lindgrün gefärbt waren.

„Guten Morgen, Mister Truckle!“ Devlin lächelte freundlich. Timothy richtete sich auf und deutete eine Verbeugung an.

„Sie haben jetzt zwanzig Minuten Zeit, Mister Truckle, sich etwas frisch zu machen und zu frühstücken, dann sehen wir uns wieder. Brauchen Sie Medikamente, nein? Dann guten Appetit.“ Devlin zeigte auf die Wand hinter Timothy, die jetzt nach oben glitt und eine zweigeteilte Kammer freigab; in der linken Hälfte befanden sich Dusche und Kübel, in der rechten Tisch und Stuhl. Auf dem Tisch stand eine Kaffeekanne, daneben eine Schüssel Lurexbrei mit Cornflakes und einer Scheibe Brot.

„Kann ich meine Kleider bekommen?“

„Das ist nicht üblich“, antwortete Devlin und schaltete sich aus.

Timothy probierte den Kaffee; er hatte zwar nur ein Simulat erwartet, aber dieses Gebräu hier schmeckte geradezu widerlich. Timothy duschte ausgiebig, dann setzte er sich an den Tisch und zwang sich den Brei und fast die ganze Stulle hinein. Wer weiß, wann er wieder zu essen bekommen würde. Dann war Devlin wieder da.

„Sie dürfen den Stuhl mitbringen“, erklärte er, „aber nicht schieben, tragen.“

Timothy hatte Mühe, das schwere Ding hinüberzuschleppen. Hinter ihm schloß sich die Wand.

„Legen Sie die Hände flach auf die Lehnen!“ kommandierte Devlin. „Anlehnen und nicht bewegen! Nehmen Sie an, Sie säßen bei einem Arzt im Diagnosestuhl. In gewisser Hinsicht stimmt das ja auch; ein Confessor hat sehr viel von einem Arzt. Haben Sie nachgedacht?“

Timothy gab sich keine Mühe, sein Lächeln zu unterdrükken.

„Sie haben es also durchschaut. Nun ja, ein Mann Ihrer Intelligenz. – Also noch einmal“, er beugte sich vor, „mein Name ist Frank A. Devlin.“

„Tatsächlich?“

„Wir heißen hier alle Devlin. Es gibt keinen treffenderen Namen, finden Sie nicht auch?"

„Das kann ich noch nicht beurteilen."

„Von jetzt an, das verspreche ich Ihnen, werden Sie ganz individuell behandelt. Suum cuique, wenn Ihnen das etwas sagt."

„Jedem das Seine", antwortete Timothy. „Ein alter Spruch. War es nicht die Inquisition, die ihn einführte?"

„Sie irren, er ist viel älter." Devlin stützte die Ellenbogen auf und legte die Fingerspitzen aneinander. „Möchten Sie eine Erklärung abgeben?"

„Sie wissen, wer ich bin, also wissen Sie auch, daß ich nicht hierher gehöre. Es war ein unglücklicher Zufall, der zu meiner Verhaftung führte. Ich bitte Sie, mich schnell wieder zu entlassen, dringende Arbeit wartet auf mich."

„Niemand landet zufällig bei uns, Mister Truckle, niemand."

„Wessen werde ich beschuldigt?"

Devlin schüttelte den Kopf. „Mister Truckle, ich bitte Sie! Ich sagte Ihnen schon, daß ich Ihre Intelligenz schätze; also enttäuschen Sie mich nicht. Wir beide können doch ohne zeitraubende Umwege zum Ziel kommen."

„Zu welchem Ziel?"

„Nun, wie Sie wollen." Devlin zog eine Folie aus seinem Tisch. „Sie wurden als Teilnehmer einer staatsgefährdenden, antiamerikanischen Demonstration aufgegriffen, und die Umstände lassen darauf schließen, daß Sie einer der Initiatoren dieses abscheulichen Vorfalls waren. Als alle anderen längst versuchten davonzukommen, behaupteten Sie Ihren Platz an der Spitze der Demonstration. Um ein Beispiel zu geben?"

„Das ist doch lächerlich. Ich bin zufällig da hineingeraten." Timothy erklärte Devlin, warum er in Funny Hills gewesen sei, wie er in die Menge geraten und wie es ihm dann ergangen war. „Jacques Puissant kann es bezeugen. Und Smiley Hepburn kann bestätigen, warum ich in Funny Hills war. Außerdem können Sie Mister Glover von der FORD-Polizei fragen."

Devlin verschwand für ein paar Minuten vom Bildschirm; als er wieder auftauchte, war er sichtlich verärgert.

„Sie hätten sich etwas Besseres einfallen lassen sollen, Mister Truckle. Jacques Puissant hat Fordsville überhaupt nicht verlassen, und Mister Glover bestreitet, Sie in den letzten Monaten gesehen zu haben. Er schwört, daß Sie zur Zeit in keiner Weise für FORD arbeiten. Sie haben doch keinen Auftrag, oder?"

„Das gerade nicht. Was ist mit Hepburn?"

„Ja, Smiley Hepburn!" Devlin lehnte sich zurück und tippte die Fingerspitzen gegeneinander. „Hepburn ist offensichtlich klüger als Sie. Er hat gestanden."

„Was hat er gestanden?"

Devlin lächelte müde. „Geben Sie das Spiel doch auf, Truckle! Es hat keinen Sinn, leugnen zu wollen. Man greift Sie in Funny Hills auf, Sie, von dem alle Welt weiß, daß Sie nie ohne zwingenden Grund das ‚Nebraska' verlassen. Dazu in einer Ausrüstung, die keinen anderen Schluß zuläßt als Diversion. Muß ich Ihnen erst Ihren famosen Wenderock vorführen, die Taktilweste, die Waffen im Stock, die Geheimbörse im Schuh? Was suchten Sie, derart ausgerüstet, in Funny Hills, ausgerechnet zu dem Zeitpunkt, da zum erstenmal seit Monaten wieder eine Demonstration stattfand?"

„Aber das sagte ich Ihnen doch schon: Puissant."

„Hören Sie auf mit Puissant!" brüllte Devlin. „Wenn Sie noch einmal versuchen, mir diesen Bären aufzubinden, lass' ich Sie schocken, daß Sie wünschten, Sie wären nie geboren worden." Er lehnte sich wieder zurück und spielte mit den Fingern.

„Wir beobachten Sie schon lange und sehr aufmerksam. Sie sind unbezweifelbar ein erfolgreicher Detektiv der Upperclass, aber nur das? Es könnte die Tarnung für einen Bruder, ja für einen der führenden Köpfe des UNDERGROUND sein, eine nahezu perfekte Tarnung. Wer will dem Vertrauten der Big-Bosse mißtrauen? Wer könnte andererseits besser spionieren und intrigieren als Sie? Müssen Sie nicht von Berufs wegen mit Leuten aller Schichten zusammentreffen? Erfahren nicht gerade Sie eine Unmenge intimer und sogar geheimer Informationen von Ihren Klienten? Sie besitzen Geld, Einfluß, Beziehungen, einen eigenen Computer – nicht einmal den schlechtesten, wie wir wissen –, sogar ein Mausoleum. Sie können Ihre Fäden nach überall spinnen, können ganz offiziell alle nur denkbaren Informationen einholen; wem fällt es schon auf, wenn es nicht nur Fakten sind, die Sie zur Lösung Ihrer Fälle benötigen? Uns, Mister Truckle. Uns macht auf die Dauer niemand etwas vor. Niemand!"

Timothy zwang sich ein Lachen ab. „Entschuldigen Sie, Mister Devlin, aber das ist doch lächerlich, ich und ein Mitglied des UNDERGROUND!"

„Wirklich? Sie sind Fachmann genug, Mister Truckle, um zu erkennen, wie belastet Sie sind."

„Wodurch? Nur durch Vermutungen und Kombinationen. Sie haben nicht einen einzigen Fakt, der Ihren Verdacht erhärtet."

„Wenn Sie uns verlassen, haben wir Fakten genug. Falls Sie uns noch jemals verlassen."

„Sie waren so freundlich, mir Intelligenz zu bescheinigen, Mister Devlin. Wäre ich so hirnverbrannt und ließe mich bei einer von mir angezettelten Demonstration erwischen?"

„Vielleicht haben Sie sich zu sehr auf Ihre Intelligenz verlassen? Gerade die Übergescheiten machen die dümmsten Fehler. Also?"

Timothy zuckte mit den Schultern.

„Nun gut. Beginnen wir also mit dem Vorzeigen der Instrumente. Jedem das Seine – das heißt, den persönlichen Punkt zu treffen. Wo liegt er bei Ihnen? Wir sind mit allem versehen, um Sie gesprächig zu machen. Eine mittelalterliche Folterkammer? Bitte schön!" Er zeigte in den Raum.

Auf der Videowand zu Timothys Linken erschien eine Folterkammer, in der offenbar nichts fehlte, was das Mittelalter an Scheußlichkeiten erfunden hatte, von der Streckbank über Daumenschrauben und spanische Jungfrau bis zur neunschwänzigen Katze und Brenneisen. Die beiden Folterknechte schienen schon zu überlegen, wie sie vorgehen wollten. Timothy machte sich keine Illusionen, daß sie es nicht wirklich tun würden; die beiden sahen aus wie Sadisten, die diesen Job zu ihrer persönlichen Befriedigung ausübten.

„Oder möchten Sie es lieber mit dem zwanzigsten Jahrhundert versuchen?" Devlin zählte leidenschaftslos, aber mit sehr präzisen Beschreibungen auf, was er da anzubieten hatte: auch hier Schmerzen aller Art, Hunger und Durst, dazu Stromstöße, Luftverdünnung bis zum Ersticken, langsames Erfrieren oder Rösten ...

„Unsere Vorfahren waren recht erfinderisch", schloß Devlin, „aber wir stehen ihnen nicht nach. Ich weiß nicht, ob Sie die Möglichkeiten unseres Jahrhunderts voll zu würdigen wissen, die Schall- und Ultraschallpeitschen, Lichtbeile – Sie waren doch mit Stahlheimer befreundet, nicht wahr? Er hat uns sehr geholfen."

„Johnny?" fragte Timothy entsetzt.

„Ohne es zu wissen. Es war nicht nur Gefälligkeit seiner Vorgesetzten, daß sie ihm vor der Pensionierung erlaubten, die Schmerzzentren im Gehirn zu lokalisieren. So leicht, wie man sie ausschalten kann, kann man sie auch einschalten. Dank Stahlheimer kann ich Ihnen Schmerzen zufügen, wo und wie stark ich will, ohne Sie auch nur anzufassen. Und wenn ich Ihnen die Augen schließe, können Sie nicht einmal feststellen, ob ich Ihnen gerade einen Finger abgehackt oder Sie entmannt habe oder ob ich nur das Gefühl davon in Ihrem Gehirn auslöste. Glauben Sie mir, die Ungewißheit erhöht die Qual beträchtlich. Ich kann Ihnen auch Sonden ins Gehirn pflanzen und Sie laufenlassen und über Funk Schmerzschocks auslösen, wann und wo immer ich will, bis Sie freiwillig zurückkommen und mich anflehen, Ihr Geständnis zu hören."

Devlin betrachtete irgend etwas auf seinem Tisch. „Oder wie wäre es, wenn wir gar nicht Sie foltern, sondern wenn wir Sie miterleben lassen, daß ein anderer Ihretwegen leiden muß? Oder an jeder Wand ein anderer. Wir würden Sie natürlich fesseln, damit Sie sich nicht die Ohren zuhalten oder die Nase. Haben Sie mal den Gestank von brennendem Fleisch gerochen? Wir würden natürlich auch den Lidnerv blockieren, damit Sie die Augen nicht schließen können. Sagen Sie nicht, Sie hätten niemanden, an dessen Schicksal Ihnen liegt. Es gibt psychische Bindungen. Können Sie es zum Beispiel ertragen, wenn wir an Ihrer Stelle ein, sagen wir, achtjähriges Mädchen mit blonden Zöpfen und Sommersprossen foltern, das Sie anfleht, ihrem Leiden endlich ein Ende zu machen?"

Timothy hatte die Zähne zusammengebissen und die Lippen zu einer Grimasse des Lächelns verzerrt, an der er mit aller Macht festhielt.

„Oder haben Sie Angst, wahnsinnig zu werden? Auch das können wir steuern. Wir können Sie gerade so viel verrückt machen, daß Sie sich dessen immer bewußt sind. Es gibt phantastische Drogen, Mister Truckle. Kennen Sie die Wirkung von Katatonika? Die Muskeln gehorchen dem Gehirn nicht mehr; man kann auch die Nerven umpolen: Sie wollen den Finger krümmen, aber Ihr Bein schnellt hoch, nicht regelmäßig, versteht sich, völlig chaotisch. Was schätzen Sie, wie lange Sie brauchen, um darüber verrückt zu werden? Oder die Chronoleptika – Sie entstellen den Zeitsinn, Wörter wie vor und nach verlieren fortan den Sinn für Sie. Ebenso Ursache und Wirkung. Was bliebe da von dem berühmten Detektiv?"

Devlin studierte wieder die Tischplatte. Als er aufblickte und sah, wie Timothy ihn beobachtete, lächelte er.

„Ich habe hier die Aufzeichnung der Erregungszustände während unseres kleinen Einführungskurses. Der Angstdetektor sagt, Sie haben die größte Furcht nicht vor Schmerzen, sondern vor einer bleibenden Teilidiotie. Auch Ihr Mitleid mit kleinen blonden Mädchen ist bemerkenswert. Wollen wir anfangen, oder brauchen Sie noch eine Bedenkzeit?"

„Wozu?" erwiderte Timothy kraftlos. „Ich bin längst überzeugt. Ich weiß nur nicht, was ich gestehen soll. Mein Leben ist wie ein offenes –"

„Wollten Sie Buch sagen? Gut, fangen wir mit den Büchern an. Welche besitzen Sie?

„Ja, ich habe Bücher. Zweiundachtzig. Aber es sind nur Kochbücher."

„Wirklich? Keine Romane, Lexika, Fachbücher, Landkarten oder sonstige verbotene Drucksachen?"

„Bestimmt nicht."

„Ich merke, Sie brauchen doch eine Bedenkzeit. Sie dürfen aufstehen."

An Devlins Stelle erschien eine wandgroße Uhr, dann auch an den anderen Wänden. Jedesmal, wenn der Sekundenzeiger vorrückte, hallte es wie ein Schuß durch die Kammer. Timothy biß sich in die Unterlippe, bis der Schmerz ihn das Ticken vergessen ließ. Dann begann er fieberhaft zu überlegen. Wenn Devlin ihm zehn Minuten Zeit gab, hatte er eine Chance, vielleicht nicht zu überleben, aber zu schweigen. Zum Glück hatten sie die Eckzähne nicht untersucht, als sie ihm die Zahnprothese aus dem Mund genommen hatten, aber wie sollten sie auch auf die Idee kommen, daß jemand heutzutage noch Stiftzähne trug?

Wie lang mochte die Bedenkzeit sein? Obwohl er nun schon seit Jahren trainierte und jede Möglichkeit genutzt hatte, in die Vainity zu gehen, brauchte er immer noch zehn Minuten für die paraautistische* Blockade, und er hatte nur eine einzige Chance.

---

* Autismus – Flucht des psychisch Kranken in Selbstabsperrung von der Außenwelt

Er ließ sich vom Stuhl gleiten und krümmte sich auf dem Boden zusammen, als habe er Magenschmerzen. Nichts geschah. Er vergrub den Kopf in den Armen, zog die Kuppe des rechten oberen Eckzahns ab, löste mit der Zunge die klebrige Masse vom Stift, schob die Kuppe wieder auf den Zahn, zählte in Gedanken bis zwanzig und begann dann die Stichwortliste herunterzuspulen. Voller Erleichterung spürte er, wie der Druck sich über den Schädel spannte und wieder löste. Er hatte es geschafft! In wenigen Sekunden würden die gefährlichsten Regionen seines Gedächtnisses blockiert sein. Er legte die Finger an den Puls und zählte mit. Fünfundsechzig. Er lächelte.

„Setzen Sie sich!“ Devlin war wieder da.

„Was ist nun mit den Büchern?“

„Ich besitze wirklich nur Kochbücher, Mister Devlin.“

„Ich könnte jetzt ein paar Leute ins ‚Nebraska‘ schicken, und ich wette, Sie wären in wenigen Minuten überführt.“

„Bitte, tun Sie das.“

„Wir werden uns Ihre Wohnung sehr genau ansehen, doch erst, wenn Sie bereit sind, uns alles selbst zu zeigen. Und wehe Ihnen, wir finden dann etwas, was Sie nicht gebeichtet haben. Aber sprechen wir jetzt über etwas anderes. Was fällt Ihnen zu dem Wort Bruder ein?“

„Ich habe keine Geschwister, das sollten Sie wissen.“

„Bruder“, wiederholte Devlin mit Nachdruck.

Timothy strengte sich tatsächlich an, doch ihm fiel nichts ein.

„Wollen Sie behaupten, Sie hätten noch nie etwas von den Brüdern gehört?“ fragte Devlin erstaunt.

Timothy zuckte mit den Schultern.

„Stellen Sie den Stuhl ’raus! Schneller! Dalli, dalli! Wir können auch anders, mein Lieber.“

Timothy schleppte den Stuhl in die Kammer. Als die Wand sich schloß und er sich umdrehte, stand er im Nichts. Er empfand nicht einmal Dunkelheit. Jetzt verlor er auch das Druckgefühl in den Füßen. Er ließ sich fallen, aber er spürte keinen Aufprall. Er wollte sich in die Haut kneifen, aber er spürte nichts, nicht einmal, ob er die Finger bewegt hatte. Er schrie, aber er hörte nichts. Er hatte das Gefühl aufzuquellen, dann wurde die Luft dünner, er mußte immer schneller atmen, die Angst packte ihn wieder, schnürte ihm die Kehle zusammen, dann hörte er ein Bummern, das immer lauter und schneller wurde; als er begriff, daß es sein Herz war, zuckten Blitze, gleißende Helligkeit stach in sein Gehirn, obwohl er die Lider zusammenpreßte, eine Sirene heulte auf, immer höher, verschwand im Ultraschall, ließ sein Gehirn flackern, gleichzeitig wurde sein Körper von tonnenschweren Lasten zusammengepreßt. Dann hörte er sich schreien – und wie er schrie –, sah in den spiegelnden Wänden sein verzerrtes, unmenschlich entstelltes Gesicht, sah, wie er sich in Krämpfen wand, Fieberschauer rannen durch die Adern, wollten ihn verbrennen, gleich darauf fror er. Urplötzlich setzte wieder die Stille ein. Die Zelle verwandelte sich wieder in einen sinnestoten Raum. Er wartete auf den nächsten Anssturm, und die Erwartung ließ nur noch ein Gefühl gelten: tierische Angst.

Timothy hatte keine Vorstellung, wie viele Wellen von Nichts und Überreiz über ihn hinweggerollt waren, als Devlin sich wieder einschaltete. Es erschien ihm, als seien Ewigkeiten vergangen. Devlin sah auf den Communicator an seinem Tisch.

„Zwei Minuten und vierundzwanzig Sekunden. Was, glauben Sie, bleibt von Ihnen übrig, wenn ich Sie eine halbe Stunde schocke? Nun, was fällt Ihnen zu Bruder ein?“

Timothy starrte ihn an. Er war bereit, alles zu sagen. Er quälte sich, doch er stammelte nur „Bru-der“. Immer wieder: „Bru-der.“ Er zermarterte sein Gehirn, was das sein mochte.

„Ich sehe, Sie brauchen eine Pause“, sagte Devlin. „Aber ich erkenne an, daß Sie sich jetzt Mühe geben. Nur Mut, es wird schon werden.“

7.

Diesmal öffnete sich die linke Wand, von Devlin aus gesehen, seinem einzigen Orientierungspunkt. Statt der winzigen Doppelkammer vom Morgen erwartete ihn ein Bad mit Wanne und einem Toilettenbecken statt des stinkenden Kübels, und auf dem Badewasser schwamm lockender blauer Schaum. Das Baden tat ihm unendlich gut. Da er jedes Zeitgefühl verloren hatte, wußte er nicht, wie lange er schon in dem Wasser lag, als ein Gong ertönte. Er stand auf, frottierte sich mit dem bereitliegenden Badetuch, sah sich um; nirgendwo lagen Kleidungsstücke. Er überlegte, ob er das Badetuch umbinden sollte, legte es dann aber betont diensteifrig zusammen und hängte es über den Wannenrand.

Ein Teil der Wand glitt zur Seite und gab einen kleinen, aber behaglich eingerichteten Raum frei; ein weißgedeckter Tisch erwartete ihn, Porzellanteller, Silberbesteck, ein geschliffenes Glas und eine Karaffe mit Orangensaft. Drei Schüsseln standen auf Wärmeplatten bereit. Als Timothy die Deckel anhob und den Duft einsog, glaubte er zuerst, seinen Augen und seiner Nase nicht trauen zu dürfen. Hühnerbouillon mit Algengrießklößchen, süßsaures Schweinefleisch mit Bambusspitzen und Safranreis!

Sein erster Reflex war: draufstürzen, hineinschlingen. Er zwang sich zur Ruhe, setzte sich langsam auf den Sessel, ließ ihn in die richtige Höhe gleiten, füllte Suppe auf, legte sich die Serviette auf den Schoß und begann gemächlich zu löffeln. Er wollte Devlin nicht den Anblick eines gebrochenen, gierigen Timothy gönnen.

Nachdem er einen zweiten Teller der vorzüglich gewürzten Suppe verdrückt und sich eine Portion Reis und Fleisch aufgetan hatte und sich ein erstes Gefühl von Sättigung und Wohlbehagen einstellte, verlor er die Angst, dies könne eine neue Folter sein und man würde ihm die Speisen vor der Nase wieder wegnehmen. Einen Augenblick fürchtete er, man könne Drogen unter das Essen gemischt haben, aber wenn sie das wollten, konnten sie ihm die Drogen auch in die Luft mischen. Er widerstand der Versuchung, sich noch eine zweite Portion aufzufüllen, wischte den Mund ab, faltete die Serviette zusammen, trank ein Glas Orangensaft und blickte sich suchend um. Nirgends fand er einen Hinweis, was er jetzt tun sollte.

Er ließ den Sessel in Liegestellung fahren, schloß die Augen und überlegte: Sollte dies ein Zeichen sein, daß man ihn für gebrochen und redewillig hielt? Egal. Er brauchte die Pause. Er wollte sie bis zur Neige auskosten. Er begann zu zählen. Bevor er die Zehn erreicht hatte, war er eingeschlafen.

Er wurde mit Musik geweckt. Eine sanfte Stimme bat ihn, wieder hinüberzugehen; tatsächlich, sie bat!

Devlin empfing ihn mit einem Lächeln. „Nun, hat es geschmeckt? Sie sehen, wir kennen Sie gut. Besser als Sie uns. Wir sind keine Unmenschen. Natürlich, wenn man uns zwingt, können wir auch hart sein. Sie sollten mit uns zusammenarbeiten. Warum auch nicht? Niemand muß es erfahren. Sie verlieren nichts, aber Sie gewinnen dafür unsere Freundschaft und Protektion. Machen wir gleich einen Anfang. Erzählen Sie mir jetzt, was Sie von den Brüdern wissen."

„Ich würde ja gerne", erwiderte Timothy. „Wirklich, Sie müssen es mir glauben, aber ich weiß nichts."

Devlins Gesicht veränderte sich kaum, doch seine Stimme schwoll an, brüllte, dröhnte von allen Seiten, daß Timothy die Hände auf die Ohren preßte, vergeblich.

„Was bilden Sie sich ein, Sie lächerlicher, erbärmlicher Zwerg? Ich zerquetsche Sie zwischen den Fingerspitzen. Was glauben Sie, wer danach fragt, ob Sie jemals wieder hier herauskommen?"

„Meine Klienten vielleicht", versuchte Timothy einzuwenden.

„Ihre Klienten?" Devlin lachte höhnisch. „Kein Mensch fragt nach Ihnen. Und wennschon –" Er tat, als müsse er nachdenken. „Timothy Truckle? Nie gehört. Wer soll das sein?" Er zeigte mit dem Finger auf Timothy. „Und Sie werden es bald auch nicht mehr wissen. Es sei denn, Sie nehmen jetzt Vernunft an. Sie werden dieses Haus nur als unser Mann verlassen oder als Verrückter."

Devlin verschränkte die Arme über der Brust. „Es ist nicht neu, unbelehrbare Staatsfeinde und Unruhestifter für geisteskrank zu erklären und in Irrenhäuser zu sperren; wir allerdings sind rationeller, wir machen sie verrückt und lassen sie laufen."

Timothy nickte beeindruckt.

„Also, was haben Sie mir zum Stichwort Bruder zu sagen?"

„Bru-der", wiederholte Timothy nachdenklich, dann schüttelte er den Kopf. „Tut mir leid."

„Gleich", sagte Devlin mit einem Unterton, der Timothy erschauern ließ, „gleich wird es Ihnen leid tun."

Timothy wurde von hinten gepackt, auf einen Stuhl gepreßt, angeschnallt, sein Kopf unter einen Helm gesteckt, er konnte nicht sehen, von wem. Devlin zeigte nach rechts. Auf der Videowand war das Bild eines Gehirns zu sehen, das sich langsam drehte; ein Pfeil schwebte über ihm.

„Wir machen jetzt ein kleines Spiel", erklärte Devlin. „Sie sind doch ein Spieler, nicht wahr? Hier bekommen Sie, was sonst nur behauptet wird, ein wirklich aufregendes Spiel. Über Ihrem Helm kreist eine Strahlensonde. Jeder Schuß vernichtet hunderttausend Gehirnzellen. Sie können selbst einstellen, wo und in welcher Tiefe eine Ihrer Gehirnpartien vernichtet wird, dazu haben Sie die beiden Hebel unter Ihren Händen. Ich zähle bis null, dann löse ich den Schuß aus. Wir nennen es Idiotenroulett. Zehn – neun –"

Timothy hatte keinen Zweifel, daß Devlin es ernst meinte. Er versuchte fieberhaft, sich das Schema des Gehirns in Erinnerung zu rufen und zu überlegen, was er am leichtesten entbehren könnte. Die motorischen Zentren vielleicht, die Herrschaft über eines seiner Glieder? Aber dann fiel ihm ein, daß Devlin es in der Hand hatte, wann er null sagte und auslösen wollte, und Devlin war sicher ein Experte in der Bestimmung der Hirnpartien.

„Acht – sieben – sechs –"

Lieber ein Ende mit Schrecken, sagte er sich. Er dirigierte den Pfeil, bis er auf das Stammhirn zeigte, dann blickte er Devlin fest in die Augen. „Bitte, seien Sie so freundlich."

Devlin grinste. „Das könnte Ihnen so passen." Er winkte, jemand trat hinter den Stuhl, schnallte Timothy los, nahm den Helm ab; als Timothy sich umdrehte, erblickte er die beiden NSA-Leute, die ihn heute früh aus der Folterkammer angestarrt hatten. Sie stießen ihn zu Boden. „Aufstehen!" brüllte Devlin. „Strammstehen!"

In den nächsten Minuten geschah nichts, dann spürte Timothy einen immer stärker werdenden bestialischen Gestank hinter sich. Er drehte sich um. Auf der Videowand waren Dutzende von Schüsseln mit verlockend angerichteten Speisen zu sehen, dann auf allen Wänden. Timothy blickte auf den Boden; es sah aus, als stünde er mitten auf einem riesigen Tisch, auf dem die hundert besten Köche der Staaten ihre Meisterwerke aufgebaut hatten. Der Gestank wurde immer furchtbarer. Timothy mußte erbrechen.

Sofort wandelte sich das Bild. Jetzt stand er zwischen Bergen von Müll und Unrat, gegen die die Muddies von Cleveland geradezu paradiesisch anmuteten, zugleich aber umwehten ihn Wogen der schönsten Düfte, zuerst von Blumen, dann Speisen, dann ein betäubendes Aroma erlesensten Whiskys; Timothy würgte, wieder wechselte das Bild. Jetzt war er rundum von Frauen umlagert, Schönheiten aller Art, die ihn verführerisch anlächelten – und stanken.

Timothy konnte nicht einmal schätzen, wie lang die Intervalle waren, wie oft das Bild wechselte, er krümmte sich unter dem Brechreiz, der seinen Körper zerreißen wollte. Irgendwann öffnete sich die Wand zur Doppelkammer, und er stellte mit Entsetzen fest, daß er sich beim Anblick des Essens vor Ekel schüttelte und dafür magisch von dem Kübel angezogen wurde. Er stürzte hinaus und preßte sich schluchzend in eine Ecke seines gläsernen Käfigs.

Es war erst der Anfang. Plötzlich stand alles kopf. Chicago hing verkehrt über ihm, fiel auf ihn hernieder, er glitt durch die Straßen, bis er glaubte, er sei es, der kopfstünde. Dann verlangsamten sich die Töne. Er nahm sie erst wahr, wenn die dazugehörende Bewegung auf dem Bildschirm längst zum Stillstand gekommen war. Dann kippten die Farben um. Devlin hatte blaue Haut und grüne Lippen, als er sich wieder blicken ließ. Seine Worte schienen Ewigkeiten zu brauchen, bis sie Timothy erreichten.

„Sie sind kurz vor der Grenze, an der es keine Rückkehr mehr gibt", tönte er. „Ich gebe Ihnen noch eine Chance: Bruder."

„Bru-der?" wiederholte Timothy. Auch seine Töne krochen dahin. Wie gerne hätte er Devlin geantwortet. „Bru-der?"

„Sie fühlen sich also immer noch stark genug, mir etwas vorzumachen", schrie Devlin. „Dann weiter im Programm."

Von dem nun Folgenden blieben Timothy nur Erinnerungsfetzen, die in den Pausen, wenn man ihn badete oder fütterte, aufwallten und wieder versanken. Er hatte Hunger, aber das Essen verwandelte sich in seinen Fingern in Luft. Das Wasser fror auf seinen Lippen. Er schrumpfte, lief durch einen eigenartigen Wald, wurde davongeweht und erkannte, daß er durch eine Wiese gelaufen war. Sie sägten ihm den rechten Fuß ab. Immer wieder. Ratten krochen in seinen Käfig und preßten sich an ihn. Eine berauschend schöne Blondine kam zu ihm, sprach zärtliche Worte, streichelte ihn; als er sie berühren wollte, griff er in eine schleimige Masse. Ein Glas Whisky auf dem Boden. Timothy hatte nicht mehr die Kraft hinüberzukriechen, er rutschte Zentimeter für Zentimeter an das Glas heran; als seine Fingerspitzen es berührten, kippte es um. Timothy fiel in einen Weinkrampf, dann wurde er ohnmächtig.

Devlin saß da, als sei nur eine Minute vergangen. Er sah Timothy besorgt, ja mitleidig an. „Ich will Ihnen zeigen, was von Ihnen übriggeblieben ist", sagte er leise, dann führte er es auf der Videowand vor, einen zuckenden, geifernden, von Krämpfen geschüttelten, grünhäutigen Timothy mit eingefallenem Gesicht und tief in den Höhlen liegenden Augen, ein jämmerliches Wesen, das sich auf dem Boden krümmte, mit irrem Blick seinen eigenen Kot fraß, auf allen vieren herumkroch und auf Befehl bellte, das um Wasser winselte, um seinen Tod flehte.

„Zum letztenmal", sagte Devlin, „Bruder!"

„Bu-er", quälte Timothy zwischen seinen aufgequollenen Lippen hervor, Tränen liefen ihm über die Wangen. Er sah Devlin flehend an.

„Ich glaube, Sie sind tatsächlich schon verrückt", sagte Devlin enttäuscht und ein wenig ratlos.

8.

Timothy glaubte zu träumen, als er die Augen aufschlug. Er lag in einem weißbezogenen Bett, auf seinem Nachttisch standen Rosen und ein Glas Juice. Er griff nach dem Glas und wunderte sich, wie leicht ihm das fiel. Dann nahm er sich den Spiegel, der auf dem Tisch lag, zögerte lange, ehe er hineinblickte, und war überrascht, den alten Timothy Truckle zu sehen. War alles nur ein fürchterlicher Traum gewesen? Dafür waren die Erinnerungen zu deutlich. Er drückte den Signalknopf. Eine Krankenschwester schaute herein, verschwand aber gleich wieder. Kurz darauf erschien Devlin; er setzte sich zu Timothy, als sei nichts geschehen.

„Wie fühlen sie sich? Wieder besser?" Timothy nickte. „Das freut mich ehrlich. Es war Ihre Schuld, daß ich Sie etwas hart anpacken mußte, Sie zeigten sich nicht gerade bereitwillig zur Zusammenarbeit, aber nun ist das ja vorbei."

„Sie haben – erreicht, was Sie wollten?"

Devlin verzog keine Miene.

„Und jetzt", fragte Timothy, „wie geht es weiter?"

„Ruhen Sie sich noch eine Stunde aus, dann können Sie nach Hause fahren." Devlin lächelte. „Sie hatten recht, Mister Truckle, man hat Sie tatsächlich vermißt. Gleich ein Dutzend Big-Bosse hat nach Ihnen gefragt und sich für Sie verbürgt. Sie können sich glücklich preisen, so einflußreiche Gönner zu haben." Er stand auf. „Ich hoffe, Sie nehmen mir das Geschehene nicht persönlich übel. Es ist mein Job, und die Dienstvorschriften –"

„Ich werde mich nicht über Sie beschweren“, sagte Timothy. „Ich hoffe, es gelingt mir, das Ganze schnell zu vergessen.“

„Das wäre das beste. Ich muß Sie noch darauf hinweisen, daß Sie nicht darüber sprechen dürfen, was Sie bei uns erlebt haben. Bevor Sie uns verlassen, müssen Sie noch eine entsprechende Verpflichtung abgeben.“

Timothy nickte. Er war bereit, alles zu unterschreiben, wenn er nur hier wieder hinausdurfte.

„Also, good-bye, Mister Truckle. Nichts für ungut. Und wenn Sie sich richtig erholt haben, denken Sie einmal darüber nach, ob es nicht doch möglich wäre, daß Sie mit uns zusammenarbeiten. Wir brauchen Männer wie Sie.“

Die nächste Überraschung erwartete Timothy am Ausgang: Smiley, quicklebendig und vergnügt wie in alten Zeiten.

„Endlich“, begrüßte er Timothy. „Ich warte schon seit Stunden auf dich. Wenn ich gewußt hätte, daß du ein Landesverräter bist, hätte ich mich ja nie mit dir eingelassen!“ Smiley grinste und öffnete die Tasche, die neben ihm auf dem Tisch stand. „Alles wieder da, nur die Stöcke sind kaputt. Schade um den Whisky.“ Er sah Timothy prüfend an. „Und du scheinst auch noch bei Verstand zu sein. Komm, unser Taxi steht draußen, ich will endlich weg.“

„Hast du auch hier –?“

„Wie der Herr, so ’s Gescherr.“

„Sag mal, Smiley, wie lange waren wir eigentlich hier?“

„Sechs Tage. Wer bezahlt mir das!“

„Ich. Und wie gerne. Du kannst dir gar nicht vorstellen, wie froh ich bin, daß ich noch zahlen kann.“

Smiley bestand darauf, zuerst in sein Büro zu fahren. „Dann sitze ich bei dir nicht wie auf Kohlen“, erklärte er, „sondern kann mich in Ruhe besaufen. Ich hoffe doch, du gibst einen aus.“

„Bis es dir aus den Ohren herausläuft.“

Während Smiley seine Communics durchsah und ein paar Dutzend Gespräche führte, nahm Timothy die Kuppe seines linken unteren Eckzahns ab und löste die süßlich schmekkende Paste mit der Zunge vom Stift. Als sie im „Nebraska“ ankamen, begann sein Erinnerungs- und Denkvermögen wieder voll einzusetzen. Timothy ging zuerst in das Arbeitszimmer, setzte sich zu Napoleon und legte die Hände an dessen

Bauch, als wolle er sich an Napoleons stählerner Hülle wärmen. Smiley stellte Whisky und Gläser auf den Tisch.

„Wenn du auch eingesperrt warst, Smiley“, fragte Timothy, „wer hat dann eigentlich meine Klienten benachrichtigt, daß ich in die Hände der NSA geraten war?“

„Ich war so frei“, gestand Napoleon.

„Du mein Guter, mein Bester, mein Einzigartiger“, sagte Timothy, „wie bist du auf diese glänzende Idee gekommen?“

„Durch Denken, Sir. Allerdings brauchte ich geraume Zeit, um die von Ihnen blockierten Schaltungen zu überbrücken.“

„Fast hättest du zu lange gebraucht“, seufzte Timothy.

„In Anbetracht der begrenzten Möglichkeiten, die Sie mir zugestanden hatten, finde ich zwanzig Stunden durchaus angemessen“, erwiderte Napoleon, „andauernd kam das Signal ‚Kapazitätsüberschreitung‘ oder ‚Kompetenzüberschreitung‘.“

„Zwanzig Stunden? Wann hast du denn meine Klienten mobilisiert?“

„Vorgestern, präzise einundzwanzig Uhr zehn, Sir. Kurz nach Mitternacht verstummten Ihre Signale.“

Timothy und Smiley sahen sich an. „Mann“, sagte Smiley, „dann haben die unsere Sender so lange laufen lassen!“

„Ja“, erwiderte Timothy, „und wir können von Glück reden, daß die Batterien nicht noch länger reichten.“

„Darf ich fortfahren?“ erkundigte sich Napoleon.

„Ja, wir sind neugierig.“

„Sie waren in einem schwarzen Loch verschwunden. Meine Speicher schienen zuerst diesen Begriff nicht zu enthalten, aber dann stieß ich in Zusammenhang mit einer früheren Recherche darauf, daß damit die NSA gemeint sein könnte. Ich stellte daraufhin weisungsgemäß die Verbindung zu Inspektor Hopkins her und gab ihm den Text des Communics durch. Inspektor Hopkins bedauerte, nicht zuständig zu sein. Daraufhin überprüfte ich seine Kompetenzen und fand eine übergeordnete Person in meinem Speicher, Frau Deborrah Johnson. Ich informierte sie, aber auch sie erklärte sich für nicht zuständig. Daraufhin überprüfte ich sämtliche gespeicherten Personen und stellte die Prioritäten fest. Danach ergab sich eine Liste von einhundertzweiundvierzig denkbaren Personen. Ich informierte sie, und einige antworteten, sie würden sehen, was sie für Mister Truckle tun könnten. Ich hoffe, Sie billigen meine Handlungsweise, Sir.“

„Und ob!“ rief Timothy. „Ich könnte dich küssen, Napoleon.“

„Wie bitte? Würden Sie so freundlich sein, den letzten Satz zu wiederholen?“

„Ich lobte dich.“

„Danke, Sir. Darf ich noch etwas bemerken?“

„Später, mein Guter, später. Gönne mir erst eine Pause.“

Smiley kippte schon den Whisky hinunter. Timothy ließ sein Glas unberührt. „Ich möchte wissen, wer nun bei der NSA interveniert hat“, sagte er nachdenklich. „Devlin sprach von einem Dutzend.“

„Besser, du weißt es nicht. Dein Verhältnis zu den anderen würde unnötig getrübt. Prost, Tiny! Auf den guten, alten Napoleon und darauf, daß wir noch einmal mit einem blauen Auge davongekommen sind!“

„Haben sie dich auch so geschunden?“

„Mich?“ Smiley grinste. „Ich habe gleich gesagt, daß ich bereit bin, alles zu gestehen, was sie wollen. Sag mal, haben die dich tatsächlich für einen Bruder gehalten?“

„Scheint so.“

Smiley lachte, daß es von Napoleons Bauch zurückhallte. „Du ein Revolutionär, Tiny? Ich möchte wetten, es gibt in ganz Chicago, ach was, in den ganzen Staaten niemand, der so konservativ ist wie du. Und dafür haben wir eine Woche gesessen!“

„Du sollst eine anständige Entschädigung bekommen“, versprach Timothy.

„Nee, laß man, Tiny. Du bist geschädigt genug. Wenn uns Puissant nicht verlorengegangen wäre, hätte sich das Theater wenigstens gelohnt. Inzwischen hat bestimmt ein anderer die Viertelmillion kassiert.“

„Und er könnte uns jetzt was zu essen machen“, seufzte Timothy, „etwas ganz Exquisites, versteht sich, Nasi Goreng oder Straßburger Gänseleberpastete oder Kartoffelpuffer –“

„Ich wär' für 'ne Suppe“, fiel Smiley ein. „Du hast mir mal eine gekocht, mit Zwiebeln, glaub' ich.“

„Eine französische Zwiebelsuppe, mit Käse überbacken. Ja, das wär' auch nicht schlecht. Oder westfälische Erbsensuppe mit Rauchfleisch –“ Timothy brach mitten im Satz ab, schnupperte, sah Smiley an, schnupperte noch einmal. „Ich glaube, die haben mich doch verrückt gemacht. Ich bilde mir tatsächlich ein, es riecht nach Kohl!“

„Ich wollt' nichts sagen, Tiny, weil ich dachte, ich spinne, aber mir geht's genauso."

Er sprang auf und stürzte zur Küche. Timothy schleppte sich, so schnell er konnte, hinterher, in der Tür blieb er wie vom Blitz getroffen stehen. Vor dem Herd saß niemand anderes als Puissant. Er hatte sich ein weißes Tischtuch wie eine riesige Serviette um den Hals gebunden; seine Nase glühte tiefrot.

„Wird Zeit, daß Sie kommen, Mister Winzig", sagte Puissant mit ein wenig schwerer Zunge. „Wenn Sie noch etwas von Ihrem Rotwein abhaben wollen, müssen Sie sich ranhalten. Den Beaujolais habe ich schon geschafft, im Moment teste ich Ihren Burgunder." Er machte eine einladende Geste. „Kommen Sie doch näher, meine Herren. Ganz gemütlich hier, wenn auch ein bißchen niedrig für einen ausgewachsenen Mann. Aber sonst: à la bonheure! Mein Kompliment, Mister Truckle."

„Sagen Sie ruhig weiter Winzig", schlug Timothy vor. „Alle meine Freunde nennen mich Tiny." Er mußte sich schnell hinsetzen. Er war doch noch verdammt schwach. „Das ist Smiley."

„Kann er auch kochen?"

„Nee", antwortete Smiley, „aber essen für drei. Was kochen Sie denn gerade?"

„Ukrainischen Borstsch. Aber es wird nicht reichen; ich habe nicht mit Besuch gerechnet. Wenn Sie mir eine halbe Stunde Zeit geben . . . Haben die Herren einen besonderen Wunsch?"

„Wir sprachen gerade über westfälische Erbsensuppe mit Rauchfleisch."

„Du irrst", sagte Smiley, „von Zwiebelsuppe war die Rede."

Puissant sah belustigt von einem zum anderen. „Na gut, also für Sie Erbsensuppe und für Sie eine Zwiebelsuppe. Vielleicht machen Sie sich inzwischen ein wenig frisch? Ich denke, das Bad finden Sie allein."

Timothy ließ Smiley den Vortritt. „Das also wollte Napoleon mir noch mitteilen", sagte er dann. „Wie lange sind Sie schon hier?"

„Seit jenem Nachmittag. Wenn ich mich nicht täusche, ist es heute der siebente Tag. Sie hatten doch gesagt, daß Sie im ‚Nebraska' wohnen. Ihren Namen herauszubekommen war nicht schwer. Als ich mich an Ihrem Appartement meldete, ging die

Tür auf. Unvorsichtigerweise trat ich ein und war gefangen. Machen Sie das immer so?"

„Napoleon hatte keinen Auftrag, jemand hereinzulassen."

„Das hat er mir auch gesagt. Und daß er keinen Auftrag hätte, mich wieder gehen zu lassen, und eine Eigenmächtigkeit sei genug. Ich wollte mir schon mit Gewalt den Ausgang erzwingen, aber als ich Ihr Appartement besichtigte, stieß ich auf die Küche und die Weinvorräte, und da sagte ich mir: Wenn er dich schon einlädt, dann soll er's auch ausbaden. Sind Sie sehr sauer? Ich meine, wegen des Beaujolais! Aber ich konnte einfach nicht wiederstehen."

„Schon gut. Ich bin froh, daß Sie da sind. Sie haben es hoffentlich nicht eilig."

„Ich komme immer noch früh genug zu Henry Six zurück. Erst wollen wir mal unsere Wette austragen."

„Aber vorher essen. Sie können sich nicht vorstellen, was ich für einen Kohldampf habe."

„Dann probieren Sie mal gleich den Borstsch. Ich koche inzwischen die Suppen. Was halten Sie von paniertem Schinken in Burgunder als zweiten Gang?"

Doch Timothy bekam keinen Bissen hinunter. Ein Zwieback und etwas Tee waren das einzige, was sein Magen vertrug.

Er rief die Hauszentrale an und ließ sich alle Ärzte nennen, die im „Nebraska" wohnten. Schon der siebente reagierte, als Timothy sagte, er sei gerade beim Puzzlen und hätte plötzlich Magenbeschwerden bekommen. Der Arzt versprach, noch am Nachmittag vorbeizusehen.

Timothy legte sich ins Bett, auch um den beiden nicht beim Essen zuschauen zu müssen. Ab und zu sahen sie nach ihm, aber Timothy winkte nur, es sei alles in Ordnung. Er schlief ein, Smiley weckte ihn, um sich zu verabschieden. Er hatte eine mächtige Fahne.

„Mach's gut, altes Haus", lallte er. „Ich komm' ein andermal wieder, und dann saufen wir einen, ja?"

Puissant schien Smiley nicht nur hinauszulassen, sondern auch noch an den Lift zu bringen. Als er zurückkehrte, setzte er sich zu Timothy ans Bett.

„Ganz gut, daß ich da bin, was? Sie scheinen Hilfe gebrauchen zu können. Am liebsten bliebe ich ganz. Es gefällt mir bei Ihnen."

„Und Henry Six? Ich kann mir seinen Zorn noch weniger leisten als Ihr Gehalt."

„Geld habe ich genug, aber Sie haben recht, Tiny, Henry Six würde uns das Leben zur Hölle machen. Ich muß wohl zurück in meinen goldenen Käfig."

„Das ist der Fluch der Genialität in unserem gelobten Land", sagte Timothy. „Man verliert sofort die Freiheit. Sie sollten wenigstens Ihr Können vergesellschaften."

Puissant sah ihn verständnislos an.

„Sie sollten Ihre Rezepte allgemein zugänglich machen. Es ist doch eine Schande, daß eine solche Kunst nur einer Handvoll Menschen zugute kommt."

„Das darf ich leider nicht. Ich habe mich mit Haut und Haaren verkauft. Mein Wissen wird mit mir ins Grab wandern, so lautet der Kontrakt, und ich habe keine Lust, mir auf meine alten Tage noch Ärger zu machen. In diesem Punkt ist Henry Six unerbittlich. Außerdem, wer könnte schon Gebrauch davon machen?"

„Ich glaube, Sie unterschätzen, wie viele Gourmets es gibt, und Sie sehen die Zukunft zu pessimistisch. Eines Tages werden die Menschen sich gegen den Automatenfraß auflehnen und wieder selbst zu kochen beginnen. Ich mache Ihnen einen Vorschlag: Diktieren Sie meinem Napoleon ein Kochbuch. ‚Die Hohe Schule der Gaumenfreuden. Von Maître Jacques Puissant.' Nun – wie gefällt Ihnen das?"

„Klingt gut", gestand Puissant und strich sich über den Schnurrbart.

„Ich verspreche Ihnen, daß ich es erst nach Ihrem Tode veröffentliche. Es wird Sie unsterblich machen."

„Und hätte noch einen zweiten Vorzug." Puissant grinste unverhohlen. „Es würde Henry Six zur Weißglut bringen. Okay, Tiny, ich mach's. Hauptsache, Ihr Napoleon wird damit fertig."

„Ich helfe Ihnen beiden. Aber wenn er so klug war, Sie hier einzusperren –"

Timothy richtete sich auf und schaltete Napoleon ein.

„Wie bist du eigentlich auf diese blendende Idee gekommen, Mister Puissant hereinzulassen?"

„Das ist einfach zu erklären, Sir. Als er vor der Tür stand, überprüfte ich meinen Speicher. Ich fand zwar keinen diesbezüglichen Auftrag, wohl aber Ihre Anweisung, Sie sofort zurückzurufen, sobald Mister Puissant sich meldete. Ich setzte das Signal ab, empfing aber nicht die vereinbarte Bestätigung über den Peilsender. Ich stand also vor einem Dilemma. Da Mister Puissant der einzige war, dessentwegen ich Sie benachrichtigen sollte, schloß ich, daß er von äußerster Wichtigkeit für Sie sein mußte. Ließ ich ihn gehen, handelte ich also gegen Ihre Interessen. Andererseits verstieß ich auch gegen Ihre Interessen, wenn ich jemand ohne Auftrag in die Wohnung ließ. Ich entschied, daß die erste Zuwiderhandlung mit einer Wahrscheinlichkeit von sechzig zu vierzig die geringfügigere sei. Ich hoffe, daß Sie meine Zwangssituation anerkennen und mein Vorgehen als eine immerhin logische Variante im Nachhinein akzeptieren."

„Ich akzeptiere", sagte Timothy. „Mehr noch, ich spreche dir ein zweites Lob aus."

„Danke, Sir", antwortete Napoleon. „Sie sind heute außerordentlich freundlich zu mir. Darf ich mir deshalb eine Bitte gestatten?"

„Du darfst."

„Schalten Sie den Snarr nicht wieder ab."

Die Drossel

1.

Die Botin von OLD NEPTUN'S TREASURY kam eine halbe Stunde später als sonst. Timothy wartete schon ungeduldig. Er fühlte sich frisch und munter wie früher. Die eiserne Disziplin, mit der er das Rehabilitationstraining durchgehalten hatte, begann sich auszuzahlen; heute morgen hatte er zum erstenmal wieder Lust auf Arbeit gespürt und eine halbe Stunde lang mit Napoleon Trickmühle gespielt.

Der Gong des Communicators meldete, daß ein Besucher angekommen war, das NEPTUN-Girl, wie Timothy sich mit einem flüchtigen Blick auf den Bildschirm vergewisserte. Sie trug die enganliegende, silberglänzende Schuppenuniform mit dem Dreizack und balancierte auf beiden Händen einen Karton aus grüner Folie, in dem der bestellte Zander sein mußte. Als Timothy die Tür öffnete, stutzte er. Statt des erwarteten blutjungen, auf Sex dressierten Girls sah er eine Frau von etwa vierzig Jahren mit goldblond getöntem, vielzöpfig geflochtenem Haar.

Ihr Lächeln gefiel ihm. Timothy führte sie in die Küche, bat sie, die Packung zu öffnen, begutachtete den auf Eisstückchen gebetteten Fisch und fragte sie dann, ob er ihr einen Tee anbieten dürfe.

„Danke, Mister Truckle, sehr freundlich, aber ich muß noch andere Kunden beliefern." Sie schaute auf die Uhr, stand einen Augenblick unentschlossen da, Timothy hoffte schon, daß sie doch Zeit für eine Teepause finden würde, da wandte sie sich zum Gehen.

Timothy sah ihr nach, als sie zum Fahrstuhl ging. Sie schien es zu ahnen; sie drehte sich um, erwiderte sein Lächeln, blickte noch einmal zur Uhr, stürzte dann zurück, drängte Timothy in den Flur, schloß die Tür hinter sich und legte den Zeigefinger an die Lippen. Bevor Timothy sich von seiner Überraschung erholt hatte, hielt sie ihm die linke Hand hin. Ein Puzzlestein lag darin, und die beiden angeknickten Zungen besagten, daß der Große Bruder sie geschickt hatte.

Sie schien sich gut in der Wohnung auszukennen. Sie ging geradenwegs zum Mausoleum, öffnete die Tür ohne Schwierigkeiten, trat ein und schlug Timothy die Tür vor der Nase zu. Kurz darauf kam sie wieder heraus, löste einen Teil der Scheuerleiste, zog eine schmale Folie heraus und betrachtete sie aufmerksam. Dann winkte sie Timothy in das Mausoleum. Als er die Tür verriegelt hatte, lachte sie erleichtert.

„Guten Tag, Bruder. Es scheint dir wieder besser zu gehen. Wir waren alle sehr besorgt um dich.“

„Keine Angst, Zwerge vergehen nicht so leicht. Kannst du mir mal erklären, was du da eben –“

„Du hattest mir einen Tee versprochen“, erinnerte sie ihn.

Als Timothy mit dem Servicewagen kam, untersuchte sie gerade das Handwaschbecken.

„Alles okay“, erklärte sie. „Und die Folie – Beim Einbau hat einer der Techniker den ganzen Block des Mausoleums mit einer vom Hersteller nicht vorgesehenen Plastschicht überzogen; die Folie würde anzeigen, wenn dein Mausoleum undicht geworden wäre.“

„Es ist immer wieder beruhigend, zu erfahren, wie gründlich ihr seid“, sagte Timothy spöttisch. „Aber das hätte ich dir auch so sagen können. Niemand war in meiner Abwesenheit hier außer Puissant, und der ist bestimmt kein Mitarbeiter der NSA.“

„Sei nicht so sicher, Napoleon könnte so manipuliert worden sein, daß er es dir nicht meldet.“

„Aber dann hätte ich zumindest erfahren, daß er manipuliert worden ist.“

„Und Josuah Trevers?“

„Der gute Joe ist ein Informant der NSA, ich weiß, und ich habe mir immer viel Mühe gegeben, daß er das Richtige zu melden wußte, aber ich habe auch aufgepaßt, daß er keine Dummheiten machen kann.“

„Berichte“, forderte sie. „Wie ist es dir ergangen, wie fühlst du dich jetzt, was brauchst du?“

„Hast du Zeit?“ Da sie nickte, gab Timothy ihr einen ausführlichen Bericht über seine Verhaftung, die Erlebnisse im Hauptquartier der NSA, die überraschende Freilassung und die Fortschritte seiner Wiederherstellung. „Ich denke“, schloß er, „in ein paar Tagen bin ich wieder ganz der alte – nein", korrigierte er sich, „das wohl nie mehr. So etwas prägt einen zeit seines Lebens. Aber ich werde wieder voll einsatzfähig sein. Und bereit."

Sie sah ihn prüfend an.

„Ihr denkt doch nicht etwa, daß man mich umgedreht haben könnte?"

„Du wärest nicht der erste. Bitte verstehe uns recht, Tiny. Es bedrückt uns nicht wenig, daß wir einen Bruder, der den Fängen der NSA entkommen ist, nicht einfach in die Arme schließen können, sondern ihm mißtrauen müssen, aber –"

„Wollt ihr mich testen?"

„Wenn du weiter mitmachen willst, müssen wir es."

„Okay. Wann?"

„Du weißt, was das bedeutet?"

„Ich weiß es." Timothy sah ihr in die Augen. „Wenn ich nicht mehr sauber bin, werde ich es nicht überleben, weil ich sonst das Geheimnis des Tests verraten könnte – das meinst du doch?"

„Es sei denn, du wärst ein unbewußter Spion und wir könnten den hypnopädischen Auftrag löschen. Doch das ist nur selten möglich."

„Berichte, ich sei bereit."

„Wann, Tiny?"

„Von mir aus sofort."

Sie lehnte sich zurück, nahm das Teeglas und sah ihn fast liebevoll an. „Ich hoffte, daß du so reagieren würdest. Ich hatte Angst, du könntest versuchen, Zeit zu gewinnen, einwenden, daß dein Kopf noch keine Belastungen verträgt . . . Also heute. Der Große Bruder braucht dich."

„Kennst du ihn persönlich?" Timothy wurde ganz aufgeregt. „Erzähl mir von ihm. Ich will nicht wissen, wer er ist, aber wie ist er? Ich kenne doch nur diese blecherne Quaserstimme. Manchmal stelle ich ihn mir jung und kraftvoll vor, dann wieder denke ich, er muß uralt sein, ein weiser Mann mit gütigem Gesicht –"

„Und einem weißen Vollbart?" Sie prustete los.

„Du bist albern."

„Entschuldige, bitte." Sie mußte sich zwingen, wieder ernst zu werden. „Das ist nun der berühmteste Detektiv der Staaten. Der Große Bruder, lieber Tiny –"

„Sag nicht, daß es nur ein Automat ist!"
„Der Große Bruder bin ich."
„Du?" Es dauerte lange, bis Timothy die Sprache wiederfand. „Warum hast du denn –"
„So große Augen?" ergänzte sie. „Damit ich dich besser durchschauen kann. Und warum hast du –"
„So große Ohren?" fuhr Timothy in fast feierlichem Ton fort. „Damit ich besser lauschen kann."
Er wollte aufspringen und sie umarmen, aber dann beugte er sich nur zu ihr hinüber und hielt ihr die Hand hin. Sie drückte sie mit beiden Händen. Er entdeckte in dem Grau ihrer Iris goldgelbe Pünktchen.
„Erinnerst du dich?" Er kicherte. „Einmal habe ich gesagt, ich würde dich mir als eine schöne Frau vorstellen und mich in dich verlieben."
„Und nun bist du enttäuscht, daß ich nicht schön bin."
„Ich finde dich sehr schön. Nur diese Haare! Warum färbst du sie so billig blond?"
„Um der echten Fischlieferin ähnlich zu sehen."
„Hoffentlich glaubt uns die NSA ein kleines Abenteuer. Du weißt doch, daß ich überwacht werde?" fragte er erschrocken.
„Keine Angst, die NSA-Leute wissen nicht, daß ich hier bin. Hier oben haben sie nur Technik installiert. Vorhin, als ich scheinbar ging, war zufällig ein elektronischer Breakdown in deiner Etage. Niemand hat gesehen, daß ich nicht einstieg. Unten ist dann wieder das echte NEPTUN-Girl aus dem Fahrstuhl gestiegen."
„Und wie kommst du wieder weg?"
„Das geht dich gar nichts an."
„Weißt du was", sagte Timothy vergnügt, „ich trink einen Whisky, den ersten seit über drei Wochen. Willst du auch?"
„Wir beide nicht, Tiny. Ich werde dich jetzt testen."
„Jetzt gleich?"
„Hast du Angst?"
„Lach mich nicht aus – wie soll ich dich eigentlich nennen? Großer Bruder geht nicht mehr."
„Wie gefällt dir Anne?"
„Sehr gut." Timothy goß Tee nach, tat Zucker hinein, rührte lange, bevor er aufblickte. „Ja, Anne, ich habe Angst. Was weiß ich, was alles mit mir geschehen ist, und ich möchte so gerne noch – noch mal einen Whisky trinken."

„Du sollst ihn bekommen“, versprach sie.

„Hoffentlich nicht als Henkersmahlzeit.“

Anne brauchte lange für die Vorbereitungen. Timothy ertappte sich ein paarmal bei dem Gedanken, ob er sie nicht um Verschiebung bitten sollte, doch sie nickte ihm immer wieder ermutigend zu, während sie den Quaserschwingquarz im Waschbecken sendebereit machte, Elektroden, Kabel und einen Haufen elektronischer Paks aus ihrer Uniform hervorzauberte, zusammenbaute und schließlich Timothy die Elektroden an Stirn und Schläfen, an Hinterkopf, Nacken und Puls, über dem Herzen und der Wirbelsäule befestigte.

„So, wir können anfangen.“ Sie sah ihm in die Augen. „Willst du mir vorher noch etwas sagen? Ich könnte es verstehen, wenn du schwach geworden wärst. Ich müßte dir dann nur das Kurzzeit- und das Mittellanggedächtnis löschen, um die Erinnerung an diesen Vormittag zu tilgen. Du könntest weiterhin der berühmte Timothy Truckle sein. Nur nicht mehr unser Bruder.“

„Auch wenn ich gesungen hätte, Anne?“

„Was hättest du schon verraten können? Nur dich selbst. Als wir erfuhren, daß man dich verhaftet hat, haben wir sofort alle alten Verbindungen gekappt. Ein Kundschafter weiß wenig über das eigene Lager.“

„Ich habe nichts verraten, Anne, und sie haben mich nicht umgedreht, zumindest nicht wissentlich. Fang schon an.“

Sie injizierte ihm das Testserum. Timothy spürte ein Brennen, das sich durch die Adern ausbreitete, zum Herzen zog, unter die Schädeldecke, dann schwanden ihm die Sinne; er hörte gerade noch, wie sie mit den Testfragen begann.

2.

Seine erste Wahrnehmung war der Geruch von Whisky. Anne hielt ihm ein Glas unter die Nase. „Trink, Tiny, du hast es hinter dir. Alles okay.“

Als Timothy nach dem Glas greifen wollte, faßte er ins Leere. Er fühlte sich schwach und ausgehöhlt. Sie setzte ihm das Glas an die Lippen und gab ihm einen winzigen Schluck, er zerdrückte ihn auf der Zunge wie einen alten, kostbaren Wein.

„Ganz sicher?“ Er mußte das linke Auge zukneifen, um sie scharf zu sehen, er konnte die Augen nicht koordinieren. „Was, zum Teufel, hast du mit mir gemacht?“

„Das vergeht wieder“, beruhigte sie ihn. „Wir haben dein Gedächtnis durchgeprüft. Wir können, was die NSA zum Glück noch nicht geschafft hat, alle Blockaden durchbrechen. Auch eine Hilfe von DRAUSSEN. Ich habe dich über den Quaser an einen Computer gekoppelt, der deine Erinnerungen an diese Tage abgerufen und aufgezeichnet hat. Es war so, wie du es geschildert hast, nur noch viel mehr. Ach, Tiny, du hast Dinge erlebt, von denen du hoffentlich nie etwas erfahren wirst. Keine Angst, dein Gehirn hat das abgeblockt. Aber für uns war es wichtig; wir wissen jetzt noch besser über ihre Methoden Bescheid. Versuche, dich zu entspannen. Ich muß wenigstens noch kurz ein Problem mit dir erörtern.“

Timothy bat sie, „Schneewittchen“ hereinzuholen. Dann lagen sie beide in ihren Sesseln und lauschten den Tönen, die Timothy der Sonic entlockte.

„Wie schön“, flüsterte Anne, „wie unsagbar schön!“

„Ich darf gar nicht daran denken, daß ich es vielleicht nie mehr erlebt hätte.“

„Auch ich hatte Angst davor“, gestand sie. „Ich mag dich, Tiny. Ich habe um dich gebangt. Wie viele Brüder und Schwestern haben die Kammern der NSA nie mehr verlassen. Oder nur als körperliche oder seelische Wracks.“

„Oder als Verräter.“

„Ein Glück, daß wir jetzt den Test haben“, sagte sie, „daß diese schreckliche Ungewißheit vorbei ist.“

Anne hatte die Augen geschlossen und die Hände gefaltet, sie preßte sie, daß die Fingerspitzen rot anliefen.

„Ich glaube, ich bin jetzt soweit“, sagte Timothy. „Was ist das für ein Problem?“

Sie sah ihn nicht an. „Eine Drossel“, sagte sie leise. „Eine Drossel im Inneren Kreis.“

„Bist du verrückt?“ Timothy hatte sich aufgesetzt und starrte ungläubig zu ihr hinüber.

„Es gibt leider keinen Zweifel mehr, Tiny. Vor ein paar Wochen ist ein Bruder, den wir in die NSA geschleust haben, aufgerückt. Er entdeckte, daß regelmäßig Informationen aus dem IK an die NSA gelangen. Er konnte nicht herausbekommen, wie. Daraufhin wurden die Sicherheitsbestimmungen überprüft, immer wieder durchgetestet, verändert, verschärft; nichts hat geholfen. Seit ein paar Tagen ist klar, warum: Der Verräter muß ein Mitglied des IK sein. Ich gehöre zum Komitee für Sicherheit, Tiny. Wir sind am Ende mit unserem Latein."

„Und wie sollte ich euch helfen? Ich habe doch keine Ahnung, wie es jetzt UNTEN aussieht. Wie viele Jahre ist es her, daß ich zum letztenmal da war –" Er sah sie prüfend an. „Meinst du, ich soll meine Zelte hier abbrechen?"

„Würde es dir schwerfallen?"

Timothy griff nach der Whiskyflasche, sah aber erst zu Anne, bevor er sich eingoß. Sie nickte, auch als er ein zweites Glas auf den Tisch stellte.

„Ich habe in den letzten Tagen viel darüber nachgedacht. Ich habe viel Zeit gehabt, über Timothy Truckle nachzudenken, Bilanz zu ziehen. Was ist aus mir geworden? Du hast ja keine Ahnung, Anne, was ich einmal für ein Feuerkopf gewesen bin. Weißt du, was meine Leidenschaft war? Bomben. Als ich meine erste Bombe bastelte, war ich gerade zehn. Ich wollte meinen Studiomaten sprengen. Zwei Jahre später gelang es mir. Meine Eltern haben das damals vertuscht. Es muß sie ein Vermögen gekostet haben. Ich weiß nicht mehr, wann und von wem ich zum erstenmal von ‚Freiheit, Gleichheit, Brüderlichkeit' hörte, ich war noch nicht vierzehn, und ich wußte nicht, was das wirklich bedeutete, aber die Worte faszinierten mich. Ich schwor mir, das sollte mein Lebensziel sein. Ich träumte davon, eines Tages Krieg gegen die Paläste zu führen; wahrscheinlich habe ich nur deshalb so besessen gelernt und studiert. Und heute? Heute lebe ich selbst in einem dieser Paläste. Timothy Truckle, der Stardetektiv der Big-Bosse, der Gourmet, der Snob – Was ist aus mir geworden?"

Anne hob das Glas. „Prost, Tiny. Bruderherz."

„Ich hatte keine Ahnung, worauf ich mich einließ. – Als ich dabei war, meinen dritten Doktorhut zu erwerben, lernte ich einen Bruder kennen. Er muß mich schon lange beobachtet und genau studiert haben, denn es dauerte nur ein paar Tage, bis er offen mit mir sprach. Ich war begeistert. Ich wollte sofort in den UNDERGROUND gehen. Er aber machte mir den Vorschlag, als Kundschafter zu arbeiten und mich als Privatdetektiv zu tarnen. – Was ist jetzt noch Tarnung, Anne, was ist inzwischen Teil von mir selbst geworden? Ich fürchte mich vor der Antwort auf diese Frage. Die Eitelkeit – ist sie wirklich nur noch gespielt? Der Wohlstand – man kann sich so verdammt schnell an ein angenehmes Leben gewöhnen. Dieses Bad, die Gemälde, Musik, die Videowelten –" Er lachte auf. „Damals konnte ich nicht mal einen echten Kaffee brühen. Und heute? Ich fürchte, es ist eine unkorrigierbare Leidenschaft geworden, zu kochen, gut zu essen, erlesene Weine und echten Whisky zu trinken. Und der Sonnenuntergang in der ‚Stardust'-Bar! Ich fürchte, Anne, ich bin durch und durch korrumpiert von diesem Leben."

Sie legte ihm die Hand auf den Arm. „Was sollte schlecht daran sein, Freude an Essen und Trinken zu haben, was sollte Verderbliches an der Schönheit des Sonnenunterganges sein?"

„Wie viele von uns sehen niemals mehr das Tageslicht, leben seit Jahren unter der Erde oder kommen nur für einen Einsatz nach oben? Wie viele Menschen hungern, während ich schlemme. Ich kann es verdrängen, Anne, ich kann mich damit beruhigen, daß das zu meinem Image gehört, aber kann ich es vergessen?"

„UNTEN gibt es auch Küchen", sagte sie, „und ich kenne eine ganze Reihe von Brüdern, die leidenschaftlich gern kochen. Aber ich wollte dir nicht vorschlagen, nach UNTEN zu gehen. Du bist hier wichtiger. Was ich von dir erhoffe, ist eine Idee, ein Anhaltspunkt, auf den wir nicht gekommen sind."

„Ich? Was könnte ich besser als der Ooverall*? Ich kenne weder die Umstände noch den Kreis der Verdächtigen, ihre Lebensläufe, ihre Gewohnheiten, Tagesabläufe; ich weiß doch nicht mal, wer zum Inneren Kreis gehört. Sind es noch zwölf? Ich kann nur vermuten, daß Jerome P. Jerome zum IK zählt und Ironsides – wenn sie überhaupt noch am Leben und im Lande sind. Willst du mir die Namen und Daten verraten? Na, also. Wie sollte ich klüger sein als ihr?"

---

* Ooverall = Bezeichnung für den Vorsitzenden des Sicherheitskomitees. Die Mitarbeiter werden Overall genannt, ein Name, der sich Ende des vorigen Jahrhunderts einbürgerte, weil die für den Schutz von Demonstrationen und Streiks verantwortlichen Arbeiter Overalls trugen, wie man damals Arbeitsschutzanzüge nannte. Andererseits ist es ein Wortspiel mit „over all", was umgangssprachlich auch „überall", und mit „all over", was „ganz und gar, mit Haut und Haaren" bedeutet.

„Vielleicht gerade, weil du nicht von der scheinbaren Offensichtlichkeit der Fakten beeinflußt, weil du nicht betriebsblind bist. Überlege, was du alles tun würdest, wenn du Ooverall wärst. Alle nur denkbaren Maßnahmen, Tiny, und wenn sie dir noch so verrückt vorkommen. Dann wollen wir vergleichen."

„Ich brauche wenigstens die Informationen, die die NSA ohnehin hat und in welchem Grad sie UNTEN bekannt waren, dazu einen Kommentar, warum ihr glaubt, daß die Drossel im Inneren Kreis sitzen muß."

„Das wird möglich sein", versprach sie. „Ich schicke dir sobald wie möglich einen gefüllten Fisch; kann aber sein, daß ich dich nicht vorher informieren kann."

3.

In den nächsten Tagen benutzte Timothy eine merkwürdige Technik, seinen Fisch vorzubereiten; er untersuchte zuerst mit Skalpell und Pinzette Kiemen und Schwanzflosse, löste dann vorsichtig die Augen heraus und zerlegte sie. Am vierten Tag wurde er fündig. Als er sich anschickte, den Kristall aus dem Hechtauge zu schälen, sprach der Communicator an. Timothy drückte kurz auf den Bildschirm neben dem Herd, um zu sehen, wer vor der Tür stand. Devlin!

Im ersten Reflex wollte Timothy das Auge samt Kristall hinunterschlucken, er führte es sogar schon an die Lippen, schob es dann aber wieder in die Augenhöhle des Hechts zurück, glättete die Haut mit den Fingern, schnitt den Fisch in drei Stücke und legte die in das bereitstehende Essigwasser.

Devlin begrüßte ihn ausgesucht höflich. „Darf ich eintreten?" fragte er, als warte er tatsächlich auf eine Erlaubnis.

„Könnte ich es Ihnen verwehren?" fragte Timothy zurück.

„Es ist ein inoffizieller, fast privater Besuch, Mister Truckle. Wenn ich Ihnen ungelegen komme –"

„Kommen Sie nur herein. Ich habe nichts zu verbergen. Ich bin gerade dabei, einen Hecht zum Mittag vorzubereiten."

Er zeigte auf seine Schürze.

„Sie essen jetzt oft Fisch, nicht wahr?"

„Jeden Tag. Sollten Sie das nicht wissen?"

„Aber ja. Hier, nicht wahr? Das ist doch Ihr Mausoleum?"

Devlin hatte die Hand schon auf der Klinke.

„Wenn Sie nichts Vertrauliches mit mir besprechen wollen, würde ich den Wohnraum vorziehen; er ist gemütlicher."

„Gehen wir in die Küche", schlug Devlin vor, „ich möchte gerne einmal zusehen, wie ein so berühmter Koch ein Essen vorbereitet."

„Da hätten Sie sich einen günstigeren Tag aussuchen sollen. Einen Hecht zu kochen ist kein Kunststück: säubern, säuern, salzen, eine Zwiebel und Wurzelwerk ins Wasser, kochen. Dann die Soße. Ich bevorzuge eine kaum angedickte Soße aus einem Drittel Fischwasser, den zerriebenen und passierten Wurzeln, Petersilie und zwei Dritteln Butter, ein allerdings kostspieliges Vergnügen, da das mit synthetischer Butter nicht geht." Timothy hatte, während er sprach, die Fischstücke aus dem Bad genommen und gesalzen und legte sie jetzt in das siedende Wasser.

„Kochen Sie Flossen und Kopf mit?" erkundigte sich Devlin.

„Man merkt, Sie sind kein Fischesser. Das gibt erst den richtigen Geschmack. Wenn ich habe, tue ich noch ein paar Muscheln und frische Algen in das Kochwasser."

„Ich wundere mich, daß ein Feinschmecker wie Sie so oft Fisch ißt", sagte Devlin leichthin.

Timothy registrierte, wie Devlin ihn aus den Augenwinkeln belauerte.

„Daran sind Sie schuld. Fisch ist das einzige, was ich seit Ihrer famosen Kur noch herunterbekomme, ohne kotzen zu müssen. Haben Sie es mit Absicht ausgespart?"

„Sicher nur, weil selbst unser Etat begrenzt ist."

„Meiner leider auch", knurrte Timothy. „Und ich kann nicht absehen, wann ich wieder arbeitsfähig sein werde."

Devlin gab sich bekümmert. „Ich hoffe doch, Mister Truckle, Sie haben keinen bleibenden Schaden erlitten."

„Das hoffe ich auch!"

„Es tut mir leid – ich habe zu spät mitbekommen, was mit Ihnen los war; ich dachte, es sei nur Halsstarrigkeit oder daß Sie tatsächlich etwas zu verbergen hätten."

„Sie waren halsstarrig, Devlin, Sie! Sie hätten nicht so verbohrt auf dem Wort Bruder herumreiten sollen; damit haben Sie ein Kindheitstrauma mobilisiert."

„Davon hatte ich keine Ahnung, wirklich."

„Und ich habe immer gefürchtet, die NSA wisse alles!" Timothy lüftete kurz den Deckel des Kochtopfs; das gab ihm Gelegenheit, sein Grinsen zu unterdrücken. „Ich hatte einen Bruder. Er ist als Kind gestorben. Ich hatte gehofft, in ihm endlich einen Spielkameraden zu haben. Niemand wollte mit mir Zwerg spielen."

„Das also war es", sagte Devlin befriedigt.

„Das und Ihr autoritäres Gehabe. Sie sollten sich mit der Psychologie der Zwerge beschäftigen, Mister Devlin, wir haben ein extremes Empfinden für Würde. Ich bin geradezu allergisch gegen jede Form von Gewaltandrohung und zugleich überaus ängstlich; ich verkrampfe mich sofort. Denken kann ich nur, wenn ich völlig entspannt bin. Wenn Sie wüßten, welch einen Aufwand ich treiben muß –", Timothy seufzte, „und es scheint mit den Jahren immer schlimmer zu werden."

„Daß ich das nicht gewußt habe!" rief Devlin ärgerlich. Es klang, als nähme er sich vor, dem verantwortlichen Rechercheur die Hölle heiß zu machen.

„Es hätte unser Gespräch um vieles erleichtert", sagte Timothy, „uns beiden. Ich habe ja jetzt genug Zeit, darüber nachzudenken. Es war Ihr Fehler. Sie wollten mich brechen, statt zu biegen. Ich war im Prinzip bereit, Ihre Fragen nach bestem Wissen zu beantworten."

„Ich kann nur hoffen, daß Sie sich nicht allzu gut an unsere – Gespräche erinnern."

„Leider setzt meine Erinnerung sehr früh aus. Ich kann mir gar nicht vorstellen, was ich all die Zeit getan haben soll, und ich muß gestehen, das beunruhigt mich."

„Kein Grund zur Beunruhigung. Haben Sie auch über mein Angebot nachgedacht, mit uns zusammenzuarbeiten?"

„Besuchen Sie mich deshalb?"

Devlin lächelte verlegen. „Nicht nur deswegen, aber –"

„Sie hätten keinen Nutzen davon", sagte Timothy, „und ich nur Schaden. Meine Klienten würden sich nie mit einem Detektiv einlassen, der für die NSA arbeitet, und auf die Dauer bliebe das doch nicht geheim."

„Ja, ja." Devlin schnaufte verächtlich. „Wir sind gut genug, diesen Herren die goldenen Sessel zu beschützen, aber sie behandeln uns, als seien wir der letzte Dreck!" Er sah Timothy in die Augen. „Haben Sie sich über mich beschwert?"

Bist du deshalb gekommen? dachte Timothy. Er schüttelte den Kopf. „Ich habe mich verpflichtet zu schweigen, und ich habe auch wenig Lust, über unsere gemeinsamen Stunden zu plaudern – allerdings, wenn Sie mich nicht in Ruhe lassen ..."

Es klingelte. Devlin blickte sich mißtrauisch um.

„Der Fisch ist gar", erklärte Timothy. „Ich müßte nun die Soße machen."

„Lassen Sie sich bitte nicht stören."

Wenn Timothy jemals auf die Finger geschaut worden war, dann jetzt, während er die Soße bereitete und Toast röstete. Als Devlin keine Anstalten machte zu gehen, lud Timothy ihn kurz entschlossen ein. Er servierte ihm das Mittelstück, nahm selbst den Kopf und ließ sich sehr viel Zeit, ihn sorgsam auszupulen. Als er die Gabel beiseite legte und sich die Finger abwischte, griff Devlin nach seinem Teller. „Darf ich mal sehen? Ich habe noch nie einen Fischkopf aus der Nähe betrachten können."

„Sofort." Timothy löste blitzschnell mit den Fingern das linke Auge heraus, träufelte Zitrone darüber und schluckte es hinter vorgehaltener Hand hinunter, tat dann aber so, als zerdrücke er es genießerisch mit der Zunge am Gaumen.

„Das ist das Beste am Hecht. Probieren Sie mal."

Devlin sah ihn mit unverhohlenem Ekel an. „Nein, danke!" Er studierte aufmerksam den leergegessenen Kopf, dann sah er zu, wie Timothy sich das Schwanzstück nahm und mit Genuß zerlegte. „Ich werde nie verstehen", sagte er, „wie jemand horrende Summen ausgeben kann, um Fisch zu essen."

„Ich dagegen preise mich glücklich, daß ich ein Fischesser bin", erwiderte Timothy, „sonst müßte ich jetzt glatt verhungern."

„Haben Sie noch ein paar Tage Geduld, dann legt sich das. Wenn nicht, kommen Sie zu mir, und ich pole Sie wieder um. – Was ich Sie noch fragen wollte, Mister Truckle, wie haben Ihre Gönner eigentlich erfahren, daß Sie bei uns waren?"

„Napoleon hat sie informiert. Ich werde ihm ewig dankbar sein. Sonst, wer weiß –"

„Und woher wußte es Ihr Napoleon?"

„Ein Anruf, ich weiß nicht, von wem. Das Communic war verstümmelt."

„Darf ich es einmal sehen?"

Timothy führte ihn in den Arbeitsraum. „Napoleon, gib mir das Communic, durch das du von meiner Verhaftung erfuhrst."

Devlin hatte noch gar nicht richtig begonnen, sich den Raum anzusehen, da drückte Timothy ihm schon den Streifen in die Hand.

+ + communic 13 + 16.3. 15.03 p.m. + akustisch-öffentliches netz + ohne angabe von sendelizenz oder identicat + verstümmelt empfangen (starke redundanz) + text: timothy truckle in gefahr – verschwunden in dunkelblock 81. straße ecke hollywood boulevard (ergänzung: nsa headquarter) – hilfe dringend ... + abbruch ohne endbestätigung + n. + + +

„Das ist ja interessant", sagte Devlin. „Da waren Sie noch nicht einmal bei mir gelandet!"

„Vielleicht hilft es Ihnen, eine undichte Stelle zu finden? Wollen Sie den Tageseingang des Communicators abfordern, um die Korrektheit der Kopie zu prüfen?"

„Danke, das genügt mir." Devlin strich nachdenklich über sein Kinn. „Sie scheinen eine Menge Freunde zu haben, Mister Truckle."

„Freunde?" erwiderte Timothy bitter. „Davon merke ich nichts. Nicht einmal Smiley Hepburn läßt sich mehr blicken. Wenn nicht Joe Trevers mal reinschaute, wäre ich völlig vereinsamt. Ein Zwerg wie ich hat es schwer, einen wirklichen Freund zu finden; da bleibt immer ein Rest von Wundertier, der wahre Freundschaft wohl unmöglich macht."

„Es hat wohl wenig Sinn, wenn ich Ihnen meine Freundschaft anbiete", sagte Devlin, „aber vielleicht können Sie eines Tages vergessen, was geschah. In mir könnten Sie einen wirklichen Freund gewinnen. Glauben Sie mir, Tiny – ich darf doch so sagen? –, ich mag Sie. Was ich tat, mußte ich tun. Es ist mein Job, und Sie werden mir beipflichten, daß man seinen Job so gut wie nur möglich tun muß."

Timothy nickte.

„Ich habe nie an Ihre Schuld geglaubt. Ich bin ein ausgebildeter Kriminalist, und ich lasse mir den Leitsatz nicht nehmen: Ohne Motiv keine Tat. Wo aber wäre Ihr Motiv? Sie würden sich doch nur den eigenen Ast absägen. Sie sind voll integriert, Ihr ganzer Lebensstil, Ihre Arbeit, Ihre Erfolge – ich beneide Sie, Tiny, wirklich. Ich habe auch dafür gesorgt, daß Sie nicht markiert wurden. Sie wissen, es wäre ein leichtes gewesen, und Sie hätten es nie erfahren."

Timothy zwang sich ein Lächeln ab. „Ich bedanke mich",

sagte er. „Wenn ich auch etwas fragen dürfte: Wer hat sich eigentlich für mich eingesetzt?"

„Ich habe es vergessen." Devlin grinste. „Nur soviel, eine bezaubernde Frau war dabei."

„Daisy Dayton?"

„Ich habe nichts gesagt. Wußten Sie eigentlich, daß sie ihren Stiefsohn Abraham geheiratet hat?" Devlin ging zur Tür. „Ich hoffe, Sie laden mich demnächst einmal zu einem Braten ein. Übrigens, Ihre Überwachung wird heute eingestellt."

4.

Devlin schien die NSA-Leute tatsächlich abgezogen zu haben. Anne bestätigte es, als sie am Abend anrief. Timothy berichtete ihr ausführlich von Devlins Besuch. Wieviel Mühe er gehabt hatte, den verschluckten Kristall zu retten, verschwieg er.

Er hatte schon begonnen, die Informationen mit Napoleons Hilfe aufzuschlüsseln.

„Ich fürchte nur, das hilft auch nicht weiter", seufzte Timothy. „Warum entführt ihr nicht ein paar Devlins und unterwerft sie dem Test?"

„Wenn es eine Chance gäbe, dadurch etwas zu erfahren, hätten wir es längst getan", antwortete Anne. „Aber es scheinen nur ein oder zwei der obersten Devlins zu wissen, wer die Drossel ist, und an die kommen wir nicht heran."

Auch Timothy, das zeigte sich, als sie seine Liste durchscheckten, war auf keine Idee gekommen, die die Overalls nicht selbst gehabt hatten.

Alle wichtigen Sitzungen fanden in abhörsicheren Katakomben statt, und Informationen wurden grundsätzlich nur dem kleinstmöglichen Personenkreis zugänglich gemacht. Das Sicherheitssystem schien so perfekt wie nur möglich zu sein. Es gab nicht nur Video-, Funk-, Radar-, Snarr- und Sonarüberwachung; obwohl man sicher sein konnte, daß die NSA die Quaserübertragung noch nicht besaß, wurden auch diese Frequenzen ständig überwacht, und es hatte seit Jahren schon keinen Versuch einer illegalen Sendung nach OBEN gegeben. Es war auch über drei Jahre her, daß ein Spion enttarnt worden war. Die NSA versuchte zwar immer wieder, ihre Leute nach UNTEN zu schicken, aber die entlarvten sich innerhalb weniger Tage oder stellten sich, soweit sie erpreßt worden waren, sobald sie UNTEN eintrafen. Natürlich konnte bei der immensen Ausdehnung, die das Gebiet des UNDERGROUNDS inzwischen angenommen hatte, nicht ausgeschlossen werden, daß es irgendwo geheime Kabel gab – immer wieder wurden Teile der riesigen unterirdischen Anlagen, Bunker und Straßen, die noch aus der Zeit der Atomkriegshysterie um die Jahrtausendwende stammten, oder ganze Straßenzüge von den Behörden aufgegeben und dem UNDERGROUND überlassen, manchmal auf Betreiben der NSA, die dort vorher komplette Sendeanlagen und Diversionsstützpunkte für ihre Agenten installierte –, aber seit Wochen wurden alle Personen, die Kontakt mit den Mitgliedern des IK hatten, besonders überwacht. Der regelmäßige Betrieb einer fest installierten Anlage hätte entdeckt werden müssen.

Das alles ließ keinen anderen Schluß zu, als daß die Informationen entweder von der Drossel in einem toten Briefkasten abgelegt oder über eine Kette bis zu einem Agenten weitergegeben wurden, der bisher noch nicht überwacht wurde. Sollte man nun allen und jedem mißtrauen? Sollte man gar alle informieren und zu besonderer Wachsamkeit gegenüber jedermann auffordern?

Anne berichtete Timothy, daß das Komitee für Sicherheit sich mit dieser Frage beschäftigt und sie verneint hatte; es gab genügend Beispiele aus der Geschichte der Revolution, wie verhängnisvoll so etwas ausgehen konnte.

Auch in Timothy sträubte sich alles gegen den Gedanken, daß es nicht nur eine Drossel im Inneren Kreis, sondern sogar ein ganzes Spionagenetz geben sollte. „Vielleicht ist das Ganze ein Manöver der NSA, um auf diese Weise die Führung des UNDERGROUNDS durch gegenseitiges Mißtrauen lahmzulegen."

„Die Berichte unseres Bruders in ‚Hollywood' beweisen leider, daß tatsächlich vertraulichste Informationen aus dem Inneren Kreis verraten werden", antwortete sie. „Aber soviel ist jetzt mindestens klar: Die Drossel ist kein Mitglied des IK. Alle haben sich dem Wahrheitstest unterworfen, und das Ergebnis war jedesmal negativ."

„Könnt ihr wirklich sicher sein, daß der Test zuverlässig ist?"

„Absolut."

„Kann es sein, daß die NSA das Verfahren auch besitzt und

ein Mitglied des Inneren Kreises anzapft, ohne daß der es merkt?"

„Unmöglich, Tiny. Dazu gehört nicht nur ein speziell programmierter Höchstleistungscomputer und das Serum, sondern auch große Übung. Und du hast doch am eigenen Leibe erlebt, wie schlapp man sich danach fühlt und wie lange es dauert, bis die Sinnesorgane wieder richtig funktionieren."

„Wenn ihr nun versucht, die undichte Stelle im Ausschlußverfahren zu ermitteln, wenn ihr eine Reihe von kontrollierbaren Informationen ausgebt, die jeweils nur ein Mitglied des Inneren Kreises erfährt –"

„Haben wir versucht", unterbrach ihn Anne, „aber das hat zu nichts geführt. Entweder, die Informationen sind nicht bis zur NSA gelangt, oder man wußte, daß es Fallen waren."

„Wer wußte von dieser Aktion?"

„Nur der Ooverall und ich."

„Also der Ooverall", sagte Timothy nachdenklich. „Denn wenn du ein Verräter wärst, hättest du mich kaum eingeschaltet."

„Schlag dir das aus dem Kopf, Tiny. Der Ooverall ist seit Jahren UNTEN und –"

„Es wäre nicht das erste Mal, daß ein Agent jahrelang auf Eis gelegt und erst, als er eine interessante Position erreichte, aktiviert wurde."

„Du kennst Patrick nicht. Er ist seit über vierzig Jahren bei uns, und er hat Prüfungen hinter sich, die nur wenige überlebt hätten; er hat mehr Standhaftigkeit und Charakter beweisen müssen, als ein Agent haben könnte, für welche Belohnung auch immer er arbeiten mag. Und Erpressung? Man hat seine ganze Familie ausgerottet, seine Tochter vor seinen Augen zu Tode gefoltert – womit sollte man ihn noch erpressen können? Daß er sterben muß? Er ist ein todkranker Mann und lebt nur noch für seine Aufgabe. Außerdem nimmt er nicht an allen Tagungen des Inneren Kreises teil, und einige Informationen, die die NSA bekommen hat, kannte er nicht."

„Eine andere Frage, Anne: Wenn im Inneren Kreis eine Drossel sitzt, muß die NSA die Mitglieder kennen. Warum versuchen sie nicht, den ganzen IK zu eliminieren?"

„Was würde das einbringen? Es gibt genug erfahrene und nicht weniger geeignete Brüder, die an ihre Stelle treten würden, die NSA aber müßte riskieren, daß ihre Drossel auffliegt.

Außerdem ist es nicht einfach, den IK zu liquidieren, der jeweilige Tagungsort wird erst Minuten vorher ausgelost, und außerhalb der Tagungen treffen nie mehr als drei Mitglieder zusammen."

Timothy arbeitete von Tag zu Tag etwas länger und intensiver, und daß er das schaffte, gab ihm Auftrieb. Nach einer Woche konnte er sich zum erstenmal wieder ein Kalbsragout zumuten. Er fuhr auch wieder zum Sonnenuntergang in die „Stardust"-Bar hinauf. Melvin zeigte sich besorgt.

„Sie arbeiten zuviel", flüsterte er. „Sie sollten mal einen Arzt konsultieren."

„Die beste Medizin ist immer noch ein anständiger Whisky", antwortete Timothy.

Der Barkeeper kritzelte etwas auf seinen Block und drückte Timothy einen Zettel so in die Hand, daß die Nachbarn auf den Barhockern es nicht mitbekamen. Timothy las, während er scheinbar ganz in den Sonnenuntergang vertieft war: Ich habe eine Flasche 23er „King George" bekommen. Zwinkern Sie, wenn Sie einen wollen, aber das Glas kostet achtzig Dollar.

Timothy zwinkerte nicht. Er bat den Barkeeper um einen Stift und schrieb auf die Rückseite des Zettels: Heben Sie mir bitte einen auf!

Es dauerte lange, bis Anne sich meldete.

Timothy beklagte sich wieder, daß der Quaser ihre Stimme zu einem unidentifizierbaren blechernen Klirren verunstaltete.

„Hör zu, Große Schwester", sagte er dann, „vielleicht ist es eine Schnapsidee, aber habt ihr mal versucht, die Sitzungen optisch zu blockieren, ich meine, sie nur im absoluten Dunkeln oder bei Infrarotlicht durchzuführen?"

„Du meinst, jemand könnte sie optisch aufzeichnen und dann mit Hilfe eines Computers die Stimmen nachsynchronisieren? Darauf sind wir schon gekommen. Fehlanzeige."

„Habt ihr es auch mal mit stummen Tagungen probiert? Es erscheint zwar als ausgeschlossen, daß einer die Sitzungen abhören kann, aber du sagtest, ich sollte dir auch die verrückteste Idee mitteilen."

Knapp vierzehn Tage danach beglückwünschte Anne ihn für seine Idee. Timothy hatte inzwischen wieder einen Fall bearbeitet, eine nicht allzu verzwickte Erbschaftsangelegenheit, aber es war die Fergusson-Dynastie, die ihn engagiert hatte, und das nahm ihm die Angst, er könne für alle Zeiten von den oberen Zehntausend boykottiert werden.

„Ich habe heute Nachricht von unserem Mann in ‚Hollywood' bekommen“, teilte Anne mit. „Man ist dort in heller Aufregung, weil die Drossel seit zehn Tagen schweigt; das ist genau der Tag, seit dem alle Mitglieder des IK in die Stummzeit gegangen sind, wie sie sagen, und nur noch mit Lichtschreibern arbeiten.“

„Das heißt also, daß die NSA doch mit Abhöranlagen arbeitet.“

„Ja, Tiny, aber wie?“

„Ich werde Napoleon nachdenken lassen.“

Schon zwei Tage später sagte Timothy, daß er vielleicht eine Möglichkeit sehe, das Geheimnis zu lüften.

„Ich sage vielleicht, Große Schwester. Es ist nur eine vage Chance, und ob sie uns weiterführt, läßt sich nur an Ort und Stelle prüfen. Beantrage also, daß ich nach UNTEN darf, um mit dem Ooverall zu plaudern.“

„Glaubst du wirklich, daß die NSA dich frei herumlaufen läßt? Sag mir, was du wissen willst; es gibt nichts, was du nicht auch über mich klären könntest.“

„Aber wie umständlich, wie zeitraubend! Zwischen Frage und Antwort und Rückfrage vergehen Tage. Hier geht es vielleicht um Stunden.“

„Es geht um deine Sicherheit. Wie willst du erklären, wo du gewesen bist? Dein Platz ist OBEN, wir brauchen dich da.“

„Wenigstens einen Tag.“

„Sei nicht bockig, Tiny. Sag mir, was du weißt.“

„Nichts. Ich habe nur eine Idee, und ich würde höchstens Verwirrung und Unruhe stiften, wenn ich sie so in die Welt setze. Ich muß es mit dem Ooverall durchsprechen.“

„Es geht nicht. Es gibt nun einmal kein Double für einen Timothy Truckle.“

„Ich werde mein eigenes Double sein. Paddington kann helfen. Ich werde krank, und er muß mich für ein paar Tage in eine Untersuchungskammer sperren; die Werte nehmen wir vorher hier ab und bauen dazu ein Videodouble, falls jemand in die Kammer gucken will.“

„Tiny“, sagte Anne mit Nachdruck. „Da steckt doch noch was anderes dahinter!“

„Nun gut, ich geb's zu, ich habe Heimweh. Vielleicht war ich zu lange allein und ohne Arbeit. Dazu die Devlin-Kur. – Bitte, Anne, du mußt es möglich machen."

Anne gab schon am nächsten Morgen Bescheid, daß sein Antrag gebilligt worden war, auch der Plan mit dem Videodouble, allerdings nicht Paddingtons Hilfe; man würde einen Bruder aus der Psychiatrischen Klinik der PUBLIC HEALTHFARE schicken.

Am Nachmittag bekam Timothy den ersten Nervenzusammenbruch. Der Arzt blieb lange. Er gab Timothy präzise Verhaltensregeln und richtete das Schlafzimmer so her, daß es mit Hilfe der Videowand wie eine „Gummizelle" aussah; als er mit der Probeaufzeichnung zufrieden war, verabschiedete er sich mit einem vergnügten „Auf Wiedersehen in der Klapsmühle".

Vom nächsten Tag an wurde Timothy gleich nach dem Frühstück zur Probe verrückt. Stundenweise, weil er es sonst nicht durchgehalten hätte. Er fuhr jetzt jeden Abend in die Bar, kam eine halbe Stunde früher als sonst und blieb, bis der letzte Lichtschimmer über der Stadt versunken war. Danach arbeitete er noch ein paar Stunden im Arbeitsraum, ließ aber Napoleon in Ruhe, sah dafür den Inhalt aller Schränke und Geheimfächer durch, packte zwei Container voll Papiere und Kristalle und sicherte jeden Schrank einzeln mit einer Selbstzerstörungsanlage. Vor dem Schlafengehen spielte er noch eine Viertelstunde mit Napoleon Schach oder Trickmühle, und bevor er ins Bett ging, wünschte er ihm eine gute Nacht, und Napoleon antwortete jedesmal: „Ich wünsche auch Ihnen angenehme Ruhe und einen schönen Traum – was immer das ist."

Es dauerte über eine Woche, bis Timothy genug Material für einen zweitägigen Ausflug zusammen hatte. Dann lud er Joe Trevers zum Essen ein. Schließlich brauchte er einen Zeugen für seinen Tobsuchtsanfall und einen hilfreichen Freund, der den Psychiater benachrichtigen konnte. Und die NSA.

5.

Die IK-Tagung fand in der „Katakombe des Schwarzen Berges" statt, wie sie nach der darüberliegenden „Blackhill Avenue" genannt wurde, doch es war nicht der Name, der ihr etwas Unheimliches gab, auch nicht der abgedunkelte Raum, sondern die Stille. Als Timothys Augen sich an das Dämmerlicht gewöhnt hatten, erkannte er, daß er sich in einem kahlen, mit Plasttafeln ausgekleideten Raum befand, dessen einziger Komfort die bequemen Sessel waren, die im Halbrund vor einem Videoschirm standen. Timothy und Patrick waren als letzte gekommen. Der Ooverall hatte Timothy zu dem Sessel an der äußersten Linken geführt und war noch einmal zur Tür gegangen.

Timothy kannte nur drei der zwölf IK-Mitglieder, Jerome P. Jerome, dessen dichtes weißes Haar wie eine silberne Kappe über der schwarzen Stirn lag, wahrscheinlich der meistgesuchte Mann der Staaten, er zählte seit über vier Jahrzehnten zur Führung des UNDERGROUNDS, dann Betty Wiltshire, einst eine der Hoffnungen der Chemieindustrie, die nach UNTEN gegangen war, um eine Erfindung, über die man noch heute die sensationellsten Vermutungen hören konnte, nicht den Konzernen und den Staatsorganen ausliefern zu müssen, und den nicht weniger legendären Sidney Stuart, genannt Ironsides*, der vor Jahren den Streik der Minenarbeiter von Ironwood geleitet und beinahe das Leben verloren hatte, als das Militär die Streikleitung mit Aethylbomben beschoß; es war fast ein Wunder, daß Ironsides die schweren Verbrennungen überlebte, man hatte ihm große Teile der Haut durch synthetisches Gewebe ersetzen und den rechten Unterschenkel und den linken Arm transplantieren müssen.

Die Tür wurde geschlossen, Patrick huschte auf seinen Sitz.

Jerome P. Jerome hob die Hand, um die Tagung zu eröffnen. Er sprach die traditionelle Eröffnungsformel, aber kein Laut kam über seine Lippen – der Tonwandler zeichnete seine Worte als Schriftzeichen auf den Videoschirm.

„Ich gelobe, mein Leben für die Verwirklichung der zwölf Grundrechte eines jeden Menschen einzusetzen, für das Recht auf Leben, das Recht auf Tod, das Recht auf Identität, auf nicht kontrollierten Freiraum, für das Recht auf Nahrung, auf Wohnung, auf Bildung, auf Arbeit, für das Recht auf Gesundheitsschutz, auf Freizügigkeit, auf Gerechtigkeit, für das Recht auf Kinder."

---

* Ironsides hießen die Reiter Cromwells in der bürgerlichen englischen Revolution.

Die vielfachen Konturen auf dem Bildschirm zeigten, daß jetzt alle mitsprachen. „Das gelobe ich. Do or die!“

Timothy hatte schon bei den ersten Worten ein Gefühl der Ergriffenheit gespürt, und er schämte sich nicht, als ihm jetzt Tränen in die Augen schossen. Dann wurde er voll davon in Anspruch genommen, die Worte auf dem Bildschirm zu erfassen; die anderen waren geübter, so schnell zu lesen.

„Diese IK-Tagung wurde auf Antrag unseres Ooverall einberufen“, sagte Jerome. „Die Tagesordnung besteht nur aus einem Punkt: der uns allen bekannte Verrat von internen Informationen an die NSA. Ich habe auf Antrag des Ooveralls unseren Bruder Timothy Truckle eingeladen, dessen Name und dessen Arbeit allen ein Begriff ist, den aber die meisten von uns bisher nicht persönlich kannten. Gibt es Einwände?“ Der Videoschirm blieb dunkel. „Dann begrüße ich unseren Bruder Timothy als offiziellen Teilnehmer der Tagung. Ich möchte die Gelegenheit nutzen, ihm unsere Anerkennung für seine Arbeit auszusprechen.“

Es war das erste Mal, daß Töne aufklangen; Ironsides begann, dann klatschten alle. Timothy richtete sich auf und bedankte sich mit einem verlegenen Lächeln. Jerome erteilte dem Ooverall das Wort.

Patrick gab einen kurzen Überblick über das Sicherheitssystem und die zusätzlich getroffenen Maßnahmen, über die dennoch an die NSA gelangten Informationen und die vergeblichen Versuche, den Spion ausfindig zu machen. Ein paarmal gab es Unruhe im Raum; offensichtlich hatten nicht alle gewußt, wie ernst es tatsächlich stand.

„Ein erster Erfolg zeigte sich, als wir auf Vorschlag von Timothy in die ‚Stummzeit‘ gingen“, schloß Patrick. „Seitdem ist der Informationsfluß an die NSA unterbrochen. Aber dazu und zu seiner Theorie, wer die Drossel ist, soll er selbst sprechen.“

Timothy setzte sich zurecht und räusperte sich ein paarmal; daß er sein Krächzen als Zackenbänder über den Videoschirm laufen sah, brachte ihn durcheinander; er verhaspelte sich, kam ins Stottern, was sich wiederum als eine Folge von Streichungen und Wiederholungen abzeichnete, so daß Jerome die Hand hob und ein „Schön ruhig, Tiny!“ auf den Bildschirm schickte.

„Es ist tatsächlich nur eine Idee“, sagte Timothy, „eine ziemlich absurd klingende dazu. Und daß ich daraufgekommen bin und nicht die Overalls, liegt nicht daran, daß ich schlauer war als sie, sondern dümmer." Timothy drehte sich erschrocken um, weil eigenartige Kurven über den Schirm huschten; einige hatten gelacht.

„Doch, so ist es. Sie hatten sämtliche Fakten, ich kannte weder die genauen Daten der Sicherheitssysteme noch den Kreis der Verdächtigen, also konnte ich freier kombinieren, und man hatte mir den Auftrag gegeben, auch die verrücktesten Ideen zu durchdenken. Da alle logischen Wege in Sackgassen endeten, mußte die Lösung irgendwo in dem als unmöglich Ausgesonderten liegen. Ich will keinen langen Vortrag über die vielen vergeblichen Versuche halten, die mich nicht nur einmal verzweifeln ließen. Es blieben ein paar Fragen, auf die es keine befriedigende Antwort gab, die allerdings auch in keinem Zusammenhang zu stehen schienen. Erstens: Wenn es eine Drossel im Inneren Kreis gibt, muß die NSA die Namen der IK-Mitglieder kennen. Warum versucht sie nicht, sie zu liquidieren? Gut, es ist unmöglich, den Tagungsort rechtzeitig herauszubekommen und alle auf einen Schlag zu vernichten, was aber ist mit den Grenzgängern, mit den Brüdern, die OBEN leben? Sollte die NSA sie ungeschoren lassen, weil dann nur andere, ihnen unbekannte an ihre Stelle treten würden? Würde die NSA in ihrem blindwütigen Haß nicht vielmehr jeden vernichten, dessen sie nur habhaft werden könnte? Würde sie nicht versuchen, sie festzunehmen und in den Videokammern auszupressen? Meine Antwort: Die NSA kennt die Mitglieder des Inneren Kreises nicht. Wie aber ist das möglich, wenn sie doch unbestreitbar Informationen bekommt, von denen niemand außerhalb dieses Kreises weiß?

Zweitens: Es erscheint nicht nur als unmöglich, daß ein Außenstehender die IK-Tagungen belauscht, durch die zusätzlichen Sicherheitsmaßnahmen erschien es auch als unmöglich, die Informationen weiterzugeben, es sei denn, wir wollten ein ganzes Spionagesystem annehmen, dessen Kopf ein IK-Mitglied ist.

Die dritte Ungereimtheit: Daß einer von euch ein Verräter sein sollte. Ganz abgesehen von dem unendlich harten, überprüfbaren Weg, den jeder zurückgelegt hat und den niemand durchgestanden hätte, der nicht für unsere Sache aufginge, wo sollte das Motiv sein? Was könnte die NSA denn Verlockendes bieten? Wenn einer von euch ein sorgloses Leben führen wollte, er würde die Möglichkeit finden, nach DRAUSSEN zu gehen; und niemand würde es verargen, wenn einer erklärte, er sei jetzt müde und im Kampf verbraucht.

Meine vierte Überlegung: Warum hatte mein Devlin nur vermutet, daß ich ein Bruder sei? Wenn es einen Verräter im Inneren Kreis gäbe, würde er nicht als erstes unsere Kundschafter ausspionieren? Wieso kannte die Drossel mich nicht?

Den letzten Anstoß bekam ich, als ihr in die ‚Stummzeit' gingt und so die Drossel zum Schweigen brachtet. Gewiß, das konnte ein zufälliges Zusammentreffen sein; vielleicht war nur der Informationskanal irgendwo unterbrochen. Wenn es aber kein Zufall war? Konnte die Drossel nur hören und nicht sehen?

Das würde erklären, warum die NSA die Namen der IK-Mitglieder nicht kennt: Sie werden nie ausgesprochen. Das würde auch erklären, warum Devlin nicht wußte, wer ich bin: Die Namen und Dats der Kundschafter werden nie genannt. Ich prüfte noch einmal, was wir durch unseren Mann in ‚Hollywood' wußten, gewiß, es war keine vollständige Übersicht der verratenen Informationen, aber sie hatten eines gemeinsam: Es handelte sich nur um Informationen, die mündlich gegeben worden waren, in keinem Fall aber um optisch oder elektronisch auszuspähende Fakten. Ein Zufall?

Andererseits finden alle IK-Tagungen in abhörsicheren Katakomben statt, die regelmäßig überprüft werden, so daß es nicht möglich ist, ein Mikrophon oder einen Recorder zu installieren. Da sagte Napoleon –", Timothy machte eine verlegene Handbewegung, „so nenne ich meinen Computer. Napoleon sagte, dann müsse einer der Tagungsteilnehmer das Gerät mitbringen. Das sei unmöglich, wandte ich ein, schon der Wahrheitstest schließe aus, daß einer ein Spion sein könne. Er antwortete: Vielleicht unbewußt?

Ich habe daraufhin die technische Durchführbarkeit überprüft. Ja, es ist möglich, nicht nur ein Mikrophon, sondern einen ganzen Sender oder einen Recorder in einen Körperteil einzupflanzen."

Ein Stöhnen ging durch den Raum, auf dem Bildschirm flakkerte es wild durcheinander.

„Die jahrelange wartungsfreie Stromversorgung mit einer Atombatterie ist kein Problem, ich trage selbst eine für meinen Herzschrittmacher unter dem Arm. Solch ein Gerät würde auch die Weitergabe der Informationen erklärbar machen: Sie könnten irgendwann, beispielsweise im Schlaf, abgerufen und dann von einem unverdächtigen Mann sichergestellt und weitergeleitet werden. Aber, so fragte ich mich, sollte das nie aufgefallen sein? Sicher werdet ihr regelmäßig und gründlich von guten Ärzten betreut, ein implantiertes Gerät müßte sich doch in der Röntgenaufnahme oder durch Anomalien des Blutkreislaufs oder was weiß ich verraten."

Timothy mußte eine Pause einlegen. Sein Mund war strohtrocken. Patrick reichte ihm ein Glas Wasser. Alle starrten ihn an.

„Mikrophon und Recorder", fuhr Timothy fort, „sind so simple und alltägliche Geräte, daß niemand, ich eingeschlossen, sich darüber noch Gedanken macht. Aber jetzt wußte ich, wonach ich suchen mußte, und ich fand es in einer fast fünfzig Jahre alten Aufzeichnung: eine Erfindung, die wieder verschwand, weil sie mit so hohem Aufwand verbunden war, daß es unsinnig gewesen wäre, sie industriell zu verwerten – elektronische Bauelemente aus organischem Material. Aus ihnen ließen sich Mikrophon, Transistoren und Dioden herstellen, die störungsfrei mit dem Körpergewebe verwachsen und nur durch Zufall entdeckt werden können. Kabel und Schaltkreise für schwache, die Werte bioelektrischer Ströme nicht übersteigende Leitungen könnten in die Unterhaut oder die Muskulatur tätowiert werden, so ähnlich wie eine aufgedampfte Schaltung.

Auf einem Oberschenkel zum Beispiel könnte man so eine Speicherkapazität anlegen, die ausreicht, zwanzig Stunden Gespräch aufzuzeichnen. Kurzum, ich vermute, daß einer von euch, ohne es zu wissen, in einen lebenden Recorder verwandelt wurde. Wer von euch hat, egal wann und wo, eine Transplantation bekommen?"

Jerome P. Jerome hob als erster die Hand, dann Ironsides und eine noch ziemlich junge Frau sowie ein glatzköpfiger, beleibter Mann, in dem Timothy jetzt den vor Jahren spurlos verschwundenen stellvertretenden Stabschef der Armee zu erkennen glaubte.

6.

„Ich würde so gerne für einen Augenblick nach oben gehen", sagte Timothy, als Anne ihn fortbringen wollte, „in der ‚Blackhill Avenue' habe ich meine Kindheit verlebt, aber das geht wohl nicht?"

„Jetzt wäre es zu gefährlich, Tiny. Wir beherrschen das Gebiet zwar nachts, aber bei Tageslicht kommen nicht selten Panzerstreifen hier durch."

„Das ist das traurige Los der Agenten", seufzte Timothy. „Sonst traue ich mich nicht hin, weil ich Angst haben muß, von den eigenen Leuten als Spion gefaßt und hingerichtet zu werden, wenn ich von außen komme."

Auf dem Herweg waren sie in einer von der Stadtverwaltung aufgegebenen und vom UNDERGROUND wieder in Betrieb gesetzten U-Bahn-Strecke gekommen, jetzt fuhren sie mit einem Elektrowagen durch lange, zum Teil hell ausgeleuchtete Tunnel; einmal glaubte Timothy in einer Abzweigung die Lichter von Schaufenstern zu sehen und kurz darauf sogar einen Rummelplatz. Anne bestätigte ihm, daß er sich nicht getäuscht hatte.

„Die Zeiten, da es hier nur Schlafräume, Magazine und Werkstätten in den alten Atombunkern und Stollen gegeben hat, sind längst vorbei. Wenn du nicht so lange mit Patrick verhandelt hättest, hätte ich dich schon gestern ein wenig durch die Unterstadt geführt; jetzt müssen wir uns im Club zur Verfügung halten."

Der Club erwies sich als eine äußerst behagliche Gaststätte mit einem Garten unter künstlichem blauem Himmel, in dem Blumen und sogar ein paar Bäume gediehen und dessen Speisekarte Timothy in Erstaunen setzte. Nach dem Essen führte Anne ihn in die Bibliothek, und es dauerte keine fünf Minuten, da hatte Timothy sich mit einem Armvoll Bücher in einer Ecke verschanzt; er sah erst auf, als Anne ihm eine Flasche Moselwein hinstellte. Er wollte das Buch beiseite legen, aber Anne winkte ab.

„Lies nur", sagte sie lächelnd. „Wir können uns in den nächsten Monaten und Jahren noch genug unterhalten."

„Hoffentlich", erwiderte Timothy. „Obwohl ich jetzt keine Sorge mehr habe, daß ich mich hier UNTEN nicht wohl fühlen könnte."

„Aber, Tiny“, sagte Anne mit gespieltem Staunen, „und der Sonnenuntergang in der ‚Stardust‘-Bar?“

„Am liebsten bliebe ich hier und ließe das ganze ‚Nebraska‘ samt Sonnenuntergang sausen.“

„Und Napoleon?“

„Ja, Napoleon!“

Es war schon Abend, als sie gerufen wurden. Der künstliche Himmel hatte zwar keinen Sonnenuntergang simuliert, sondern war plötzlich dunkel geworden, aber zu Timothys Vergnügen tauchten jetzt Sterne und sogar die schmale Sichel des Mondes am offensichtlich naturgetreu nachgeahmten Nachthimmel auf.

Sie fuhren zu einer anderen Katakombe, die aber aufs Haar der vom Schwarzen Berg glich. Als Patrick mit dem Leiter der medizinischen Untersuchungskommission und den vier Kandidaten hereinkam, bedurfte es keines Wortes, um mitzuteilen, wer die Drossel war.

Ironsides schien in den vergangenen Stunden um Jahre gealtert zu sein. Der Held von Ironwood, dessen kluge, geduldige Arbeit und persönlicher Einsatz maßgeblich dazu beigetragen hatten, daß eine Welle von Streiks durch die Staaten lief und zu dem großen Aufschwung der revolutionären Bewegung führte, stand jetzt mit hängendem Kopf da, die Arme pendelten kraftlos von den Schultern. Ironsides gab sich einen Ruck, drückte das Kreuz durch, blickte von einem zum anderen, hob die Arme zu einer Geste der Hilflosigkeit, Tränen lösten sich aus seinen Augen; Timothy sah, daß sie auf der synthetischen Haut der linken Wange schneller herabrollten als auf der anderen Seite.

„Setzt euch“, sagte Jerome. „Du auch, Ironsides.“

„Wenn wir nicht gewußt hätten, wonach wir suchen mußten, wir hätten es nicht entdeckt“, erklärte der Arzt; er hatte Mühe, den Untersuchungsbericht ruhig vorzutragen. „Als Ironsides damals mit seinen Verbrennungen in der Klinik lag, muß die NSA ihn identifiziert haben. Es ist so, wie vermutet: In beide transplantierte Glieder sind Mikrophone und Tonwandler aus organischem Material eingepflanzt worden; es gibt zwei voneinander unabhängige Systeme, die von getrennten Atombatterien gespeist werden, im linken Unterschenkel und im rechten Arm; in die Muskulatur des Oberschenkels und des ganzen Rückens wurde ein Speichersystem tätowiert.“

Ironsides hob die Hand. „Brüder, ich – ich bitte euch nur um eines: Glaubt mir, daß ich von alldem nichts gewußt habe. Ich war unserer Sache immer treu ergeben. Erlaubt mir, daß ich mein Leben auf eine würdige Art beende. Ich bin seit Jahren als lebender Recorder der NSA herumgelaufen; laßt mich jetzt als lebende Bombe in das Hauptquartier der NSA gehen und es in die Luft sprengen."

„Wir werden einen anderen Weg finden", sagte Jerome, „der es erlaubt, unseren Bruder Ironsides in unseren Reihen zu behalten."

Er nickte Timothy zu, der sich gemeldet hatte.

„Ich schlage vor, den Unterschenkel und den Arm einfach wieder auszuwechseln. Ich verpflichte mich, geeignete Transplantate zu beschaffen. Professor Paddington würde sie organisieren, ohne zu fragen, und wir könnten ohne Mühe einen Einbruch in die Klinik vortäuschen."

„Wir werden darüber beraten", sagte Jerome. „Ich danke dir, Tiny. Du hast uns sehr geholfen."

„Ich gebe ja zu, die Idee ist nicht schlecht", sagte Timothy zu Anne, als sie sich auf den Rückweg machten. „Es ist verlokkend, Ironsides so umzubauen, daß seine Apparatur ein- und auszuschalten ist, um so der NSA Falschinformationen zuzuspielen, trotzdem, ich hätte gerne bei Paddington eingebrochen."

„Du mit deinen absurden Einfällen", erwiderte Anne; es lag viel Zärtlichkeit in ihrer Stimme. „Wer stiehlt schon Unterschenkel!"

PS:

Einen Teil dieser Geschichten hatte ich schon bei meinem Besuch in den Staaten von Timothy Truckle selbst erfahren, wenn auch nicht in dieser Ausführlichkeit; über den vierarmigen Samuel und über die Drossel hatte er verständlicherweise nicht gesprochen. Sie werden jetzt verstehen, wie sehr ich es bedauerte, von Timothy zu absolutem Schweigen verpflichtet worden zu sein.

Vor nunmehr fast einem Jahr aber erhielt ich ein winziges Päckchen, es war durch viele Hände gegangen, ehe es mich erreichte, und es gelang mir nicht, die Kette bis zu ihrem Ende zurückzuverfolgen. Zweifellos hatte Timothy Truckle dieses Päckchen selbst an mich adressiert. Ich ließ die Handschrift von den besten Experten mit jenen Zeilen vergleichen, die Timothy vor meinen Augen im Mausoleum seines Appartements im „Nebraska“ in mein Notizbuch geschrieben hatte, außerdem fand ich in dem Begleitbrief das Losungswort, das wir damals vereinbart hatten (Timothy erklärte, es sei sein Prinzip, stets Vorsorge zu treffen), wie verabredet an der dreiundzwanzigsten Position und als zehntletztes Wort: Stolitschnaja.

Das Päckchen enthielt vier Kristalle: die Geschichten dieses Buches. Ich nehme an, Timothy hat daran mitgearbeitet. Ich habe mich darauf beschränkt, die Texte aus dem Amerikanischen zu übersetzen, und sie nur soweit bearbeitet, wie es mir unbedingt notwendig erschien.

Warum Timothy Truckle sich entschlossen hat, diese Fälle jetzt preiszugeben, und warum er mich ausdrücklich beauftragte, sie zu veröffentlichen, läßt sich nur vermuten.

Vor einigen Monaten erhielt N., ein Mann, dem ich voll vertrauen kann und der sich in komplizierten und heiklen Situationen auf das beste bewährt hat, Gelegenheit, in die Staaten zu reisen. ich weihte ihn ein, soweit ich es für möglich hielt, und bat ihn, sich mit der gebotenen Vorsicht nach Timothy umzuhorchen, wenn er nach Chicago käme. N. fand heraus, daß in jenem Appartement im „Nebraska“ jetzt eine Schauspielerin wohnt. Es gelang ihm, ihre Bekanntschaft zu machen und von ihr eingeladen zu werden, er entdeckte jedoch keine Spur mehr von dem Mausoleum und auch nichts von Napoleon, das Schlafzimmer aber befand sich noch in dem gleichen Zustand, den ich ihm beschrieben hatte.

Für eine Flasche französischen Kognak durfte N. die Einwohnerdatei des „Nebraska“ einsehen. Zu seiner Überraschung war Timothy nirgends vermerkt. Auch bei seinen weiteren Erkundigungen stieß N. immer wieder ins Leere, als habe es nie einen Timothy Truckle gegeben. Smiley Hepburn, das konnte er herausbekommen, ist mitsamt seinem Büro einem Bombenanschlag zum Opfer gefallen, der nie aufgeklärt wurde. N. ging schließlich so weit, sich um ein Interview mit Deborrah Johnson, inzwischen Vizegouverneur von Illinois, zu bemühen, doch die Bachstelze war nicht bereit, jemand von DRAUSSEN zu empfangen.

Der Zentralcomputer von Chicago gibt auf das Stichwort „truckle“ nur einen Hinweis auf die semantische Kartei. Dort erfährt man: Truckle – soviel wie Rolle, Rädchen; to truckle – zu Kreuz kriechen.

Heute weiß ich erst richtig zu würdigen, was Timothy meinte, als er mir damals in der „Stardust“-Bar sagte, er sei zwar nur ein „truckle“, aber er verabscheue es, „to truckle“.

Wenn ich nicht selbst so viele Stunden mit ihm verbracht hätte, würde ich vielleicht daran zweifeln, daß es ihn gegeben hat; so hoffe ich, daß er rechtzeitig untertauchen konnte. Schon das wenige, was wir wissen, läßt vermuten, daß die Behörden der Staaten ihn zur Unperson erklärten und alle Spuren seiner Existenz löschten, um Timothy wenigstens im Nachhinein zu annullieren.

Ich hoffe, daß wir dennoch erfahren werden, was geschehen ist, und ich hoffe – ja, ich bin auf eine unsinnige Weise sicher, daß er eines Tages vor meiner Tür stehen wird. Ich habe schon eine Flasche „Old Finch“ kalt gestellt.

Inhalt

„...im neuen Outfit, glänzend (mit Farbtupfern)."
Rostocker Neueste Nachrichten

★

„...geschickt gebaute Kriminalgeschichte(n)."
Jeder Art

★

„...unterhaltsam mit kritischen Zeitdarstellungen."
Märkische Woche

★

„...setzt auf Erzählung und sprachliche Sauberkeit."
Ruhr-Nachrichten

★

„...des Lesens wert - zumal auch Urkomisches geboten wird."
Die Weltbühne

DIE-REIHE **NR. 149**
Karl Heinz Berger
Was ich weiß, macht mich heiß
208 Seiten
Broschur
6,80 DM
ISBN 3-359-00505-8
Lieferbar

DIE-REIHE **NR. 150**
Dorothea Kleine
Rendezvous mit einem Mörder
160 Seiten
Broschur
6,80 DM
ISBN 3-359-00660-7
Lieferbar

DIE-REIHE **NR. 151**
Hartmut Mechtel
Tod in Grau
200 Seiten
Broschur
6,80 DM
ISBN 3-359-00670-4
Lieferbar

DIE-REIHE **NR. 155**
Max D. Adam
Yeti sei tot
300 Seiten
Broschur
6,80 DM
ISBN 3-359-00667-4
Erscheint im September

DIE-REIHE **NR. 156**
Klaus Möckel
Auftrag für eine Nacht
160 Seiten
Broschur
6,80 DM
ISBN 3-359-00668-2
Lieferbar

DIE-REIHE **NR. 157**
-ky
Mit dem Tod auf du und du
192 Seiten
Broschur
7,80 DM
ISBN 3-359-00684-4
Erscheint im April 1993

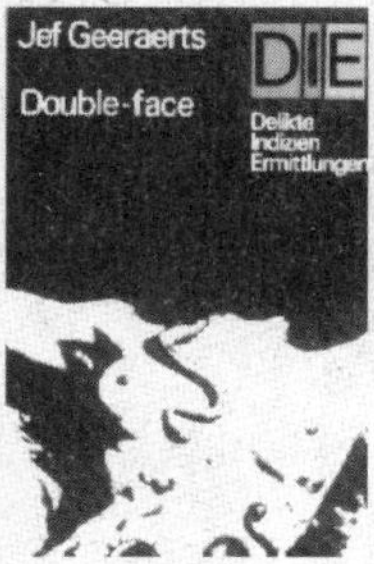

DIE-REIHE **NR. 152**
Jef Geeraerts
Double-face
Aus dem Niederländischen von Ulrich Potrafky
300 Seiten
Broschur
6,80 DM
ISBN 3-359-00671-2
Lieferbar

DIE-REIHE **NR. 153**
Harry Thürk
Die toten Masseusen von Kowloon
176 Seiten
Broschur
6,80 DM
ISBN 3-359-00669-0
Lieferbar

DIE-REIHE **NR. 154**
Joe Alex
Ich sag euch, wie er starb
Aus dem Polnischen von Kurt Kelm
224 Seiten
Broschur 6,80 DM
ISBN 3-359-00666-6
Lieferbar

Es lohnt sich auf jeden Fall neugierig zu sein! ★★★★

DIE-REIHE **NR. 158**
Wolfgang Schreyer
Nebel
368 Seiten
Broschur
8,80 DM
ISBN 3-359-00685-2
Erscheint im April 1993

DIE-REIHE **NR. 159**
Joachim Wohlgemuth
Blutiger Kies
192 Seiten
Broschur
7,80 DM
ISBN 3-359-00686-0
Erscheint im April 1993

DIE-REIHE **NR. 160**
Hans Pfeiffer
Am Rande des Abgrunds
176 Seiten
Broschur
7,80 DM
ISBN 3-359-00687-9
Erscheint im April 1993

DIE

DELIKTE INDIZIEN ERMITTLUNGEN

★

Spannend, vielseitig, unterhaltend

★

Seit 1970 ein Markenzeichen des Verlages Das Neue Berlin

★

Mehr als 150 Krimis sind bisher erschienen

★

Seit 1990 in neuer Ausstattung

·NB·

Eulenspiegel Das Neue Berlin Verlagsgesellschaft m.b.H.

Kronenstraße 73/74
Berlin O - 1080
Tel. 220 21 26
Fax 229 22 19

ISBN 3-359-00715-8

1. Auflage (dieser Ausgabe)

Umschlaggestaltung: Erhard Grüttner
Printed in Germany
Gesamtherstellung: Graphischer Großbetrieb Pößneck GmbH
Ein Mohndruck-Betrieb